校本研修与整校推进的实践与探索

小学语文

主　编◎肖　英　郭红霞

编　委◎侯杰颖　沈宏玲　朴英兰　杨怀文
　　　　周　燕　贺　欣　周　艳　于京莉
　　　　向　昆　武月红　赵鑫馨　李琢文
　　　　李海云　许亚南　刘　莹　樊微微

北京师范大学出版集团
BEIJING NORMAL UNIVERSITY PUBLISHING GROUP
北京师范大学出版社

图书在版编目(CIP)数据

校本研修与整校推进的实践与探索. 小学语文/肖英，郭红霞
主编. —北京：北京师范大学出版社，2016.3
(教师专业成长丛书)
ISBN 978-7-303-19705-7

Ⅰ．①校…　Ⅱ．①肖…②郭…　Ⅲ．①小学语文课－教学
研究　Ⅳ．①G623

中国版本图书馆 CIP 数据核字(2015)第 262495 号

XIAOBEN YANXIU YU ZHENGXIAO TUIJIN DE SHIJIAN
YU TANSUO XIAOXUE YUWEN
出版发行：北京师范大学出版社　www.bnupg.com
　　　　　北京市海淀区新街口外大街 19 号
　　　　　邮政编码：100875
印　　刷：三河市兴达印务有限公司
经　　销：全国新华书店
开　　本：730 mm×980 mm　1/16
印　　张：19.25
字　　数：315 千字
版　　次：2016 年 3 月第 1 版
印　　次：2016 年 3 月第 1 次印刷
定　　价：40.00 元

策划编辑：张漫漫　张洪玲　　　　　责任编辑：张漫漫
美术编辑：王　蕊　　　　　　　　　装帧设计：高　霞
责任校对：陈　民　　　　　　　　　责任印制：孙文凯

校长寄语

扎根学科，伙伴研修，催生学校"自发展力"

    2012 年，我校格局调整一新，一校三址，校园着实变大了。面对这样一份大家大业，如何真正丰富"大"的内涵，成就大校之大，成为考验我们每一位"石油人"的现实问题。一所学校最大的财富是拥有一批学问、人品皆佳的教师。因此，学校决心下大力气，锤炼队伍，力求通过提升教师专业素养使大校的教育品质立起来，正所谓"借大力而大立"。

    大力何来？又如何借大力呢？借由认真的思考和真诚的沟通，2012 年初，我们与北京教育学院合作，成为北京市中小学"校本研修与整校推进"培训项目的第一所基地校，分别与北京教育学院的小学语文、小学数学指导教师团队相约每周二、周三下午，开始了以教研组为单位、以课例研究为载体的伙伴式校本研修。期间，教育学院的 9 位指导教师每周进校至少一次（2012 年上半年课例研究期间，几位指导教师每周进校多达三次），深入各自带领的教研组，和老师们一起备课、磨课、观课、议课，浓郁的研修气息就这样在校园里弥漫开来。一场静悄悄的、追求卓越的革命就这样开始了……

一、回首向来路：我们做了什么

    2012 年北京市中小学"校本研修与整校推进"培训项目的主题是：研究"真问题"与"真的"做研究，从而提高学校校本研修实效性，推进学校整体发展。在这个主题引领下，在北京教育学院指导教师的协助下，我校语文、数学两大学科的全体教师一步一个脚印地体验了"主题聚焦，角色明晰，重视过程，交流成果"的校本研修历程。

语文、数学十二个教研组的校本研修同步展开，蔚为壮观。各组的研修风格迥异，但都以"课例研究"为载体展开。经历了一年的深度研究，我们理解的"课例研究"就是聚焦学科教育教学中的"真问题"，以教研组为单位，以教师为主体的"确定问题，基于证据，分析问题，提出对策并实践"的循环研究。

二、低头找幸福：我们收获了什么

回顾一年的研修之旅，我们收获的绝不仅仅是 18 个研究主题、12 节研究课、12 份课例研究报告。在追求卓越的自发展道路上，我们更收获了——

（一）规范的校本研修意识与方法

规范的校本研修强调严谨的调研工具设计、严格的数据统计分析、有预有谋的研究计划制订、如实的研讨记录等。这一系列的规范告诫我们不能只凭经验想当然地做研究。

在指导教师们的陪同与协助下，我们温习并更新了有关语文、数学学科本质和学生研究的专业知识，熟悉了从教材解读、学情调研、教学设计到课堂观察、持续改进、课后反思的研究流程，实践了文献阅读、设计工具、分析数据等规范的研究方法，习得了聚焦主题、重视证据、持续反思、落笔沉淀等研究意识。尤其是对"真问题"，我们有了深刻的体认。二年级语文组长沈宏玲老师说："经历了学情调研贯穿始终的校本研修过程，我们每一个人都惊喜于发现了真问题，感叹于真问题的可贵。我们每一个人都渐渐踏上了一条探索之路，一条教师研修之路，一条提升自己专业发展之路。"

（二）自觉的反思习惯与证据意识

经历了课例研究的磨炼，语文、数学两大学科各教研组的研究气氛更浓了，老师们的研究意识也增强了。大家不再仅仅满足于经验的丰富，而是更自觉地追求经验背后的理论依据，更自觉地随时随地积累"证据"，养成了以"证据"说话的习惯。

语文老师们这样说——我们不再忽视文本解读中的"小"问题，我们敏感地捕捉教学中的"证据"。在课上，我们会让学生将自己的想法第一时间记录下来，而学生的每一次作业与考试也成为了我们分析与思考的有力"证据"，这样的研究会给我们的工作带来烦琐与压力，但是我们乐在其中！

"有个问题问问大家"是数学老师每天早上的"必修课"，"今天上课我这样做的"是每天课后的"讨论题"，教研随时随处可见。我们都提出并讨论了以下这些问题："圆的本质是什么？""有必要让学生尝试各种方法画圆吗？""运动轨迹怎样能让学生体会？""圆的周长真正的难点在哪？""怎么就想到圆周长和直径有关系呢？""圆面积推导的方法学生能自己想到吗？他们会怎么想？""方和圆有着怎样的联系？""化曲为直和以曲代直的区别是什么？"……伴随着这些问题的提出、讨论、学习与实践研究，我们的教学更加丰富了，思考更深入了，也更接近本质了。

行为变化的背后其实是思维方式的彻底转变。也因为这种思维方式的转变，越来越多的老师们深切地感受到研究其实可以无处不在，理论原来如此生动可感。

（三）崭新的管理思路与做事风格

校本研修项目推进过程中，教育学院指导教师团队新颖的管理思路和务实的做事风格给我们留下了深刻的印象，同时也潜移默化地影响并改变着我们。

1. 教师前台站

把舞台给老师，激发老师们的潜能，是项目指导团队秉持的理念。在语文教研组的活动中，每一次的主持与点评均由六位教研组长轮流担当，每一次都有一位老师做好书推荐。最令我们感动的是，从未承担过公开做课任务、年过四十的姚红艳老师勇敢地代表二年级语文组展示了研究课《瀑布》。而数学活动中，在指导团队与学校骨干教师的带领下，一拨年轻的教师们站在了课例研究展示、汇报的前台。

校本研修的培训项目，让我们真切地感受到学校的自发展得力于骨干教师的成长，更扎根于每一位教师的专业自发展。成长须磨炼，体验是财富。在校本研修中，仅仅"拔尖"是不够的，我们更要关注如何"补底"。

2. 组长很关键

一年的校本研修中，我们深切地体会到教研组长有多么重要！组长们不仅仅是上传下达诸多行政事务的"传声筒"，他们更应该是教学研究的专业领导者。我们要努力把教研组长们培养成校长的"教学专业替身"。

一位指导教师跟进一个教研组，"n＋1＋1"的研修共同体中，教研组长责任重大。一年级语文组长宋春艳老师在研修总结中，这样说："一个学期的时间，老师们除了教研，还有很多教育教学方面的事情，工学矛盾很突出。老师们写作水平参差不齐，畏难情绪很普遍，难免会急躁，说泄气的话。作为组长，除了发挥组织协调引领的作用，还要做好组员的思想工作，要及时地给予劝导、鼓励，伸出援手解决。我每天用积极的心态，影响大家，经常给大家打气，关心每个组员在工作生活中遇到的问题和困难，创设轻松的工作氛围，力求让大家认真、愉快地完成各项任务"，"组长的能力有多高，这个组的研修就能走多远"。

　　经历了一年的磨砺，我校语文、数学十二位组长得到了极好的锻炼，专业领导力正在潜滋暗长。

　　3. 干部勤在场

　　伙伴式的校本研修中，大小两个齿轮在同时运转，"润滑"的工作可离不开教学管理干部默默的付出与努力。教学干部是校本研修协调者、疏解者、润滑者、推进者。校本项目结束后，校长收到了来自教育学院两位学科负责人的这样一条短信："肖校，您好！最近我们在整理校本项目绩效考评的各项资料，在很多照片中都发现了您和郭红霞副校长、贾素艳主任的身影。对比我们在另一所学校的经历，不由地感慨——您的在场是多么重要啊！感谢您的倾情支持！"

　　经历校本研修，让我们知道了心中要有人——尊重每一个教师，为了教师的发展；让我们知道了心中要有事——明晰做事的方法，学会筹划；让我们知道了做事要有心——态度决定一切，用心做事，收获颇丰。

三、潜心自发展：我们还需要什么

　　刘加霞老师说，校本研修与整校推进项目的宗旨在于提升学校及教师的自发展能力。聚焦"自发展"，展望未来的路，我们还缺什么呢？

（一）"真合作"为基础的教研组文化建设

　　在此次校本教研中，根据项目组的要求，我们严格执行了角色明晰的任务分工。这样的分工，照顾了教师的特点与专长，也保障了全体教师的集体参与。在研修中，老师在各司其职的同时积极交流互助，体现出强大的团队智慧。但是，如何保持并提升教师之间合作的品质，形成良好的教研组文化，仍需我们进一步的思考与努力。

(二)"真研究"激发专业自觉与专业幸福

研究真问题，真的做研究，真的很辛苦。那么，如何让老师们更加自觉地促进专业成长，追求作为教师的专业幸福呢？我们感觉这只是一个开端，远未结束。然而，正如证严法师所言："只要找到路，就不怕路远!"我们坚信：有人方能成事，有心方能善事! 事情是做出来的! 新学期，让我们从"心"开始，共同成就学校蓬勃发展之态势!

肖　英

（北京石油学院附属小学校长）

序　言

　　2012 年 5 月 29 日，我应邀参加了北京石油学院附属小学举办的"如何提高识字与写字教学效率"课例研究论坛，深刻感受到学校语文教研团队高涨的研究热情及执着改进课堂教学的智慧与勇气。时隔三年，看到学校将推行课例研究的优秀成果认真打磨并结集出版，为老师们感到由衷的高兴。

　　选入本书的 12 个课例研究报告，按学段编辑，较鲜明地体现了不同学段学与教的重点，也如实反映了石油附小语文团队践行课例研究的探索轨迹。这些由不同教研组集体完成的课例研究报告，在内容安排、行文方式上不拘一格：有的完整呈现了为解决某个具体问题而展开的"一课步步高"的实践过程，有的则侧重展现老师们在研究过程中如何分工合作、鼎力互助并形成"研究共同体"；有的则重点梳理了老师们在一波三折的探索中对共同关注问题的认识变化……翻阅这一个个鲜活的课例，如同身临其境，自然而然地就会与老师们一起在"语文教学现场"发现问题、思考并尝试解决问题，在这一智慧的碰撞中往往又能激发出更多新的想法、新的思路。

　　此外，本书还精心汇编了老师们在课例研究过程中独立撰写的教学反思。团队协作中激发出的点滴灵感，经由老师们反复揣摩、不断追问，最终形成了一篇篇灵动而又不乏见地的反思性小论文。文章虽小，但涉及到文本解读、学情调研、教学内容选择、教学策略优化等诸多语文教学中的"真问题"，颇值得参考。

　　更为难能可贵的是，作为老师们经由课例研究"做中学"之后的理性提炼成果，本书中已有一部分老师不约而同地开始将关注的焦点由教师的"教"转向学生的"学"。这一认识上的变化，可能会对学校未来的语文课例研究产生积极而深远的影响。

　　近年来，课例研究已经成为不少中小学改进课堂教学、推进校本研修的重要方式。据我了解，北京石油学院附属小学语文团队的课例研究，最初是在北京教育学院初教系小学语文培训团队的指导下展开的，经历了院校协作、整校推进的"拓荒期"。如今，石油附小语文团队已经结合学校的独特情境，将课例研究的方式深深扎根于校本研修的实践中，并逐渐呈现出自己的特色。从这个角度而言，本书只是石油附小语文课例研究的阶段成果，因此衷心祝愿石油附小语文团队的课例研究之旅以这种朴素、扎实的姿态走得更远！

郑国民

（北京师范大学教授，博士生导师）

目　录

上篇　课例研究报告

下篇　课例研究反思

上篇

课例研究报告

第一学段　处理好识字与阅读的关系

依托语境，科学识字

——《小鱼的梦》课例研究报告①

北京市中小学"校本研修与整校推进"培训项目于 2012 年 1 月 10 日上午在我校启动。以"基于特定文本，聚焦学习过程"的课例研究为载体，以年级教研组为单位，体验"主题聚焦，角色明晰，重视过程，交流成果"的校本研修历程。我校全体语文教师都参与了该项目。

第一阶段	寻找"真问题"	1 月 10 日～3 月 6 日	校本研修计划
第二阶段	基于"真问题"的课例研究	3 月 7 日～6 月 5 日	课例研究（三教三反思）
第三阶段	梳理"真问题"解决过程，提炼研修成果	6 月 6 日～7 月 13 日	撰写研究成果

一、选题中的踯躅：在阅读与识字之间

• 第一次选题：提高学生的阅读能力

为了清楚了解老师们教学中真正的困难点、需求点，确定低段语文校本教研主题，提高老师们的校本研修能力，使我们的课堂更具时效性。研究前，对组内 7 位语文教师做了相关的问卷调查。详见表 1、表 2、表 3。

_____

① 本研究报告由宋春艳、于京莉、赵鑫馨、蒋庆红、梁爽、胡珺、刘莹执笔。课例研究负责人宋春艳，成员包括于京莉、赵鑫馨、刘莹、蒋庆红、梁爽、胡珺。

表 1　对本次培训最感兴趣的内容

	频率	百分比
识字写字	3	42.9
阅读	4	57.1
看图作文	0	0
口语交际	0	0
综合性学习	0	0
合计	7	100.0

由表 1 可知，3 位教师选择了"识字写字"，4 位教师选择了"阅读"，没有 1 人选择"看图作文"、"口语交际"和"综合性学习"，这反映出一年级教师偏重识字写字和阅读教学的旨趣。

表 2　在识字写字教学中，我最关注的内容

	频率	百分比
独立识字能力的培养	3	42.9
符合汉字特点的识字方法	3	42.9
良好的写字习惯	1	14.2
识字写字兴趣	0	0
识字量	0	0
汉字学知识的合理应用	0	0
正确的写字姿势	0	0
合计	7	100.0

表 3　在识字写字教学中，我最困惑的内容

	频率	百分比
独立识字能力的培养	7	100.0
符合汉字特点的识字方法	0	0
良好的写字习惯	0	0
识字写字兴趣	0	0
识字量	0	0
汉字学知识的合理应用	0	0
正确的写字姿势	0	0
合计	7	100.0

由表 2 可知，对"独立识字能力的培养"这一问题，老师们的关注度是 42.9%；对"符合汉字特点的识字方法"这一问题，老师们的关注度是 42.9%。从表 3 可以看出，对"独立识字能力的培养"这一问题，7 位老师都感到困惑。由此可见，在识字写字教学中，如何培养学生独立识字的能力是老师们比较关注和困惑的。

本组上学期的教研重点是识字教学的研究，主要是帮助由高年级调到低年级教学的老师学习如何进行识字教学的设计。经过一学期的努力，老师们通过研究课、教研活动，基本掌握了低年级识字教学的方法。基于组内成员的结构特点和研修需求特点，结合本次培训主题、学校发展要求，本组研究的主题定为：提高学生的阅读能力。经过讨论，我们提出了两个研修问题：1. 通过激发想象力帮助学生理解词语。理解文中的重点词语是老师阅读教学的重点，是学生阅读的难点，词语不能正确理解势必影响学生对句子的理解和对课文的学习，理解词语的能力需要从低年级培养。2. 通过表演读帮助学生深入理解课文。一年级学生读书还停留在能读流利的程度，怎样读出感受，有待老师的指导。但考虑到两个研修问题有点多，老师们在研修中会有困难，经过讨论，我们决定留下第一个问题。因为理解词语是学生阅读中重要的能力，具有普遍性，但是在理解词语时，我们使用的联系上下文、结合生活实际、通过直观图片等方式是老师们常用的，所以这次教研我们想尝试用激发学生的想象来理解。最终确定的研修课文是《小鱼的梦》，这首儿童诗生动有趣，生字有特点，在低年级识字教学中具有较强的代表性。加之比较短小，在一堂课的教学中，能够展现识字教学的多个侧面，便于尝试识字教学的多种策略。

- **第二次选题：根据具体学情、字情，确定科学的识字方法**

第一次集体备课《小鱼的梦》，我们聚焦在"珍珠被"一词的理解上，以往的教学多是以读代讲，没有让学生理解这个词语的意思，备课时我们凭借经验确定这个词语学生理解会有困难，希望通过激发想象力帮助学生理解词语，为此我们以一年级(4)班 36 人为调研样本，进行了前测。

1. 前测分析

测试目的：

掌握学生对课文学习的兴趣点、困惑点，以学定教，顺学而导。

测试题目：

文中的"珍珠被"是什么？

数据分析：

①认为是泡泡的学生占 42％

②认为是珍珠的学生占 14％

③认为是星星的学生占 30％

④认为是星星的影子的学生占 3％

⑤无效回答占 11％

从前测的结果可以看出，有 67％的学生完全不理解词语的意思，剩下的少数学生理解到是星星，但表达不出是星星落在水中的倒影。在让学生圈画书中不理解的词语时，大多数学生也圈出了"珍珠被"这个词语，因此我们认为，"珍珠被"是学生学习的困难点。为了突破难点，我们设计了这样一个问题：请你想象一下，珍珠被什么样？什么颜色？有什么样的花纹？在胡珺老师第一轮讲课时，学生出现了胡乱想象的结果，我们设计的问题把学生带歪了，没有达到预期的目的。同时，由于老师们习惯了先集中识字再学文的教学模式，对本课的随文识字模式掌握得不好，使得教学层次不清，吕俐敏博士指导我们对学生进行了后测。

2. 后测分析

第一轮教学完成后，我们及时进行了教学后测，进行对比。

测试题目：

文中的"珍珠被"是什么？

数据分析：

①认为是泡泡的学生占 36％

②认为是珍珠的学生占 16％

③认为是星星的学生占 25％

④认为是星星的影子的学生占 14％

⑤无效回答占 9％

通过后测发现，有些学生前测时出现的错误，后测时依然存在，教学效果并不理想。"珍珠被"是什么，是学生理解课文的困难点，难点没有突破，识字重点没有落实，这个困难仍摆在我们面前。

陈晓波博士组织的课题论证会，促使我们重新考虑我们的研究主题，《语文课程标准(2011 年版)》(以下称"新版课标")指出："识字、写字是阅读和写作的基础，是第一学段的教学重点，也是贯串整个义务教育阶段的重要教学内容。"虽然经过上学期半年的教研，老师们基本掌握了识字教学的方法，但怎样在学生已有知识的基础上，结合课文生字的特点，选择科学的识字方法，激发学生的识字兴趣，我们的研究还很肤浅。在研究过程中，我们发现"提高学生的阅读能力"这个选题偏离了低段的教学重点，要求偏高，无法引导教师深入探究，还应以识字教学为主，所以经过反复慎重的研究，我们决定把"根据具体的学情、字情，确定科学的识字方法"作为课例研究主题。希望借助专家和集体的智慧，在识字教学策略上有一个新的突破。

二、改进中的迷惘：识字与阅读孰轻孰重

(一)阅读的改进："珍珠被"，理解起来真的这么困难

1. 第一次施教："珍珠被是黄色的镶嵌珍珠的被子！"

第一轮研究课由胡珺老师执教，以下是其中的教学片段。

师：是啊，活泼可爱的小鱼躺在池塘的怀抱里，波浪推着摇篮，风儿唱着催眠曲，星星怕它冷，还给它盖了一床被子。盖了一床什么样的被子啊？什么颜色、什么花纹的被子啊？想象一下……

生：黄色的，镶嵌珍珠的被子。

师：为什么是黄色的啊？

生：有很多黄色的气泡。

师：想来看看吗？

生：想。

师：咱们轻轻地，不要吵醒小鱼啊，来看看。

波光粼粼的水面上，出现了什么啊？点点的是什么啊？

生：珍珠被。

师：这就叫珍珠被了。

还有哪位同学来说说，你怎么理解的珍珠被啊？为什么说它是珍珠被呢？

生：亮亮的。

师：它像珍珠一样发出什么亮光啊？

生：晕染着蓝色的光。

师：那咱们看一看，把这样一床发光的珍珠一样的被子，盖在小鱼的身上，小鱼睡得美不美啊？

生：美。

2. 第二次施教："泡泡软软的、圆圆的，就像一个个小珍珠。"

第二轮研究课由梁爽老师执教，以下是其中的教学片段。

师：小鱼怎么会盖了一床珍珠的被子呢？

生：把珍珠搭在身上了，所以说盖了一床珍珠被。

师：真的是用珍珠做的被子吗？

生：不是，水里的小泡泡软软的、圆圆的，就像一个个小珍珠。

师：夜色下，小鱼睡着了，池塘里也一定黑黑的，这些小水泡怎么能看得见呢？怎么会像闪闪的珍珠呢？

生：小水泡反射了星星的光。

师："天上星星落下来，为它盖床珍珠被。"是谁为它盖的这床珍珠的被子呀？

生：星星为它盖的。

师：星星是怎么给小鱼盖上这床珍珠的被子的呢？

生：天上星星的影子照在水里，影子有点光，就像珍珠似的。

师：这水面上闪闪的星光就像一颗颗美丽的珍珠，请你闭上眼睛感受一下，这床珍珠被的样子。（学生随音乐想象，老师描述：天上的星星闪闪亮亮，就像珍珠一样晶莹而柔美，它们倒映在静静的池塘中，宁静的水面上星光闪闪，真像是一颗颗闪闪发光的珍珠嵌在水面上。这样的一床被子是多么神奇、多么美妙呀！）

师：有语气地朗读，读出对美景的感受来。

3. 第三次施教："天上星星的倒影映在水里，就像珍珠被。"

第三轮研究课由蒋庆红老师执教，以下是其中的教学片段。

师：为什么小鱼会盖上一床珍珠被呢？一边读一边想一想，相信你能很快找到答案。

师：同桌互相讨论一下。

师：为什么小鱼会盖床珍珠被呢？

生：因为天上星星的倒影映在水里，就像给小鱼盖上了一床珍珠的被子。

师：他说得多好啊！天上的星星一闪一闪，它们落在静静的湖面上，就像是一颗一颗的珍珠一样，就像是给小鱼盖上了一床珍珠的被子。多么神奇呀！谁愿意读出它的神奇？

4．关于"珍珠被"理解的简单调研。

在《小鱼的梦》施教之前，我们做了一次前测，第二、三次施教之后又分别做了后测，测试题目是"文中的'珍珠被'是什么?"测试结果如下表所示：

观点 测试	认为是泡泡	认为是珍珠	认为是星星	认为是星星的影子	无效回答
第一次施教之前测试	42％	14％	30％	3％	11％
第一次施教之后测试	36％	16％	25％	14％	9％
第二次施教之后测试	16％	8％	8％	55％	13％
第三次施教之后测试	5.4％	2.7％	5.4％	84％	2.7％

通过上述数据，我们可以看出，对"珍珠被"的理解确实是本课的难点。教学前的测试，只有3％的孩子能够理解"珍珠被"是"星星的影子"。经过三次施教，不断地改进教学设计，对"珍珠被"能正确理解的学生终于达到了84％。这不由得让我们反思，"珍珠被"的难，难在哪里?

5．"珍珠被"的难，难在哪里?

（1）比喻句教学之难

"珍珠被"在本文处在一个比喻的语境当中，"天上星星落下来，为它盖床珍珠被。"这个比喻句中，本体是星星微弱的光投射到湖面上洒下的大片的光芒;喻体是莹洁的珍珠被。"珍珠被"在此是一个极具形象感的词语，是一个通过想象才能抵达的画面。想象本来是一年级孩子与生俱来的能力，这首儿童诗的选择，非常符合一年级儿童的认知。但是，为什么孩子理解起来这么困难?

回看我们的测试题，"文中的'珍珠被'是什么"，把"珍珠被"从语境中单独拿出来理解，也许本身就给孩子一种模糊的暗示，"珍珠被"是个具体的事物。并且在第一、第二次施教的时候，老师对这种意识做了进一步强化，在上述教学片段一当中，我们可以看到老师的描述："活泼可爱的小鱼躺在池塘的怀抱里，波浪推着摇篮，风儿唱着催眠曲，星星怕它冷，还给它盖了一床被子。盖了一床什么样的被子啊? 什么颜色、什么花纹的被子啊? 想象一下。"老师强化星星给小鱼盖了一床被子，被子有颜色、有花纹。把诗歌想象的情境"坐实"，犹如非得质疑庐山瀑布飞流直下时是否真有"三千尺"。孙绍振先生在《名作细读》中讲到比喻时，曾有一段非常精彩的论述："比喻不能绝对地追求精确，比喻的生命就在不精确中求精确。""是在有形的自然与无形的精神之间发现相通之点，在自然和心灵之间架设想象的桥梁。"

（2）问题设置之难

课堂教学中提问，是一门很大的学问，对比上述三次施教的问题。

问题一："盖了一床什么样的被子啊？什么颜色、什么花纹的被子啊？"

问题二："小鱼怎么会盖了一床珍珠的被子呢？"

问题三："为什么小鱼会盖上一床珍珠被呢？"

问题一指向于描述"珍珠被"本身的样子和颜色，即回答"是什么"；问题二回答"怎么样"；问题三回答"为什么"。结合本文的情境看，"珍珠被"是什么样子，需要通过想象来实现，要想实现这个想象，就需要知道"珍珠被"是怎么产生的，其实就是第二个问题。至于第三个问题，为什么会盖上"珍珠被"，既可以结合原文回答因为小鱼在"池塘妈妈怀里睡"，所以要盖被；也可以回答因为"天上星星落下来"，所以小鱼盖上了"珍珠被"。

但是，教学片段的真实情境是：问题三直接把学生导向了"因为天上星星的倒影映在水里，就像给小鱼盖上了一床珍珠的被子"。在问题三的情境中，老师要求学生边读边想，同学之间互相讨论。显然是这种学习方法，给了学生思考的空间。问题一和问题二的情境中，教师一直不停地追问，寻求正确答案的过程过于急迫，不符合学生的学习规律。

（3）插图利用之难：都是插图惹的祸？

从上述图表可以看出，在第一次前测时，对于"'珍珠被'是什么"这个问题，回答是泡泡的同学占到全班的 42%。

为什么学生会觉得"珍珠被"是泡泡呢？通过研究教材、向学生提问，我们了解到，原来问题出在对书中插图的理解上。其实，"珍珠被"应该是天上的星星倒映在水中的影子，但是这一景象大部分学生没有见过，而"珍珠"在学生生活中倒是很常见。学生在仔细看图后不难发现，书里画的众多的小泡泡就像一颗颗珍珠。学生在比较"珍珠"、"珍珠被"这两个词后，觉得有相同的地方，错误答案由此产生。许多同学都被书中的图片误导了。

本篇课文的插图很美，从白到蓝的渐变色，仿佛从水面过渡到水底。小鱼在碧绿的水草中微微张着小嘴，一副闲适的样子。插图很美，但是作为教材插图，仅仅起到装饰作用是远远不够的。

这就不由得让我们心生疑问：插图的作用到底是什么？鲁迅先生曾说过，

"书籍的插图，原意是在装饰书籍，增加读者的兴趣，但那力量，能补助文字之所不及。"插图就是要用鲜明的形象来表现较抽象的文字内容。色彩鲜明、形象逼真的画面能给学生以枯燥平板的文字所不及的视觉刺激。学生喜欢看插图，继而喜欢看课文并引起图文之间的思维互动，由此喜欢教科书。此外，插图还应起到帮助理解的作用。但是，图中的一串串小泡泡成了学生阅读理解的绊脚石。

所以，插图的编绘应该立足于学生，符合学生的年龄特点、认知水平，紧密联系学生实际，同语文教学相结合，为养成学生良好的语文素养服务。

(二)识字教学的改进：多音字，到底应该如何教

1. 第一次施教：讲字义，辨字音

以下是其中的教学片段。

师：你们仔细地看看，其中老师挑出了这个词：催眠曲。在前面咱们还学习了《小山村》对吗？一起来读读这句话。注意加粗字的读音。

生：新修的山间公路弯弯**曲曲**，伸向远方。

师：说说你发现了什么？

生：我发现"曲"是多音字。

师：你发现它多音了。那在第一句话里，咱们用的是哪个音呢？找个同学来拼一拼。

生：曲(qǔ)。

师：你能读完整的吗？你来读这第一句，完整的。

生：风儿唱起催眠曲(qǔ)。

师：第二句话读的是哪个音，你能再读读吗？

生：新修的山间公路弯弯曲曲(qū)，伸向远方。

师：那你能再拼拼吗？这个字读什么音呢？

生：qū。

师：好。那咱们看看，"曲"读三声的时候用在跟音乐有关的地方，对不对？

师：唱歌有同学说了，那"曲"读一声的时候，表示弯弯曲曲、不直，对不对？

师：那你仔细思考一下，用"曲(qǔ)"还能组哪些词语？

生：歌曲。

11

师：还有吗？你来。

生：乐曲。

师：乐曲，那你们看看，老师也找到了两个词语，跟你们刚刚想的一样。一起来读读。

（学生读。）

师：用曲（qū）呢，还能组哪些词语？

生：曲调。

师：曲调，这个还是跟音乐有关，所以说几声啊？三声。

师：那曲（qū）呢？一声呢？

生：弯曲，弯弯曲曲。

师：不错。老师也找到了两个，来看看。

师：曲线　曲折

师：曲线，是什么样的线？

师：好多同学已经表现出来了，还做出了动作。弯弯曲曲的。

2. 第二次施教：选字义，辨字音

以下是其中的教学片段。

师：出示字卡"催眠曲"。

师："曲（qǔ）"是个多音字，它还读"qū"。谁来读读《小山村》里的这句话？

指名读句："新修的山间公路弯弯曲曲，伸向远方。"

师：字音不同，字义的区别更大。你能给这两句话中的"曲"字，选择正确的解释吗？

①弯，跟"直"相对。

②歌，能唱的文辞。

③不公正，不合理。

生：读句子，并选择正确的字义。

师：理解了字义，你一定能把这个多音字读准，请你来读读这些词。

曲线　戏曲　歌曲　曲折

生：分别读这四个词。

师：什么样的是"曲线"呢？

生：弯弯曲曲的线。

师：对呀，弯弯曲曲的线才是"曲线"。谁再来读读这个词？

　　生：曲（qǔ）折。

　　师：树林里有一条曲折的小路（边说边做曲折的手势），曲折是不直的路，你能再读读这个词吗？

　　生：曲（qū）折。

　　师：指名学生再认读，并齐读。

　　生：齐读四个词语。

　　3．第三次施教：组词语，找规律

　　以下是其中的教学片段。

　　师："曲"是一个多音字。在这篇课文中读曲（qǔ），"催眠曲"的"曲"。你能用"曲"来组个词吗？

　　生 1：乐曲。

　　生 2：曲子。

　　生 3：歌曲。

　　师：刚才同学组的词语中，你发现了什么时候读曲（qǔ）？

　　生：表示音乐的时候读曲（qǔ）。

　　师：你真是个细心的孩子！我们发现了和音乐有关的时候读曲（qǔ）。这些词语都和音乐有关系，快来读读。

　　生：歌曲、乐曲。

　　师：对呀，和音乐有关的都读曲（qǔ），那什么时候读曲（qū）呢？（教师用手势画曲线来提示孩子）

　　生：弯曲的时候。

　　师：对了，表示不直的时候就读曲（qū），谁能给"曲"字组个词？

　　生：曲线。

　　师：这个字的读音你读的真准确，我们来读读这些词。

　　生：曲线、曲直。

　　师：在课文中读"催眠曲"，我们把这个词送回课文中再读读。

　　4．探讨：多音字教学，怎样才能有效？

　　（1）第一次施教

　　4 月 10 日，梁爽老师执教《小鱼的梦》，这一课出现了多音字"曲"，课堂上教师安排了先读句子，初步感知。

　　本课句子：风儿唱起催眠曲（qǔ），波浪又把摇篮推。

前课句子：新修的山间公路弯弯曲（qū）曲。

认读后，为了达到让学生明白"曲"这个字在不同语境下词性不同、词义不同、读音也不同，教师给出了两个不同的解释，让学生去选择与不同字音相对应的字义。

①跟"直"相对；②能唱的文辞。

教学到这里时，学生还能按老师的预设达到教学目标。进而进入巩固环节，认读字词"曲线、歌曲、曲折、戏曲"。原以为通过以上两个环节的学习，学生能够准确地认读了，但实际情况是"曲线、曲折"两个词学生还是读错了。本课的教学目的显然没有达到。

课下，组内老师在指导教师的带领下，就这个问题展开了热烈的讨论，大家各抒己见，有的说可以借助图画帮学生理解；有的说不要出现序号，而是直接出现拼音让学生选择；有的说这个音容易误读，最好能分开一个音一个音让学生学习。

（2）第二次施教

4月12日，蒋庆红老师带着修改后的教案又上了一节《小鱼的梦》，在多音字教学这个环节，蒋老师是这样设计的：先出示字典中的解释，接着出示图片，最后出示字音。两个音一个一个出示。可是最后巩固练习环节中学生又出现了错误，"曲线"一词读错了。

课下大家研讨时，认为每次都是"qū"这个音出现错误，课堂上应有意识地强调这个音，此外，我们认为生活中大人经常误读也会对学生产生一定影响，那么不妨激励学生，看谁掌握好这个多音字后，回家可以考考大人能否读对这个多音字。

（3）第三次施教

4月17日，全校展示，蒋庆红老师带着全组老师智慧的精华再次执教《小鱼的梦》，这一回多音字环节学生没有出现错误，大家心里都很高兴。

【分析问题】"曲（qū）"，为什么是过不去的坎儿？

①学情把握不准

学生们对"歌曲"这样的词接触很多，读音不会错。可是生活中很少读"弯曲"、"曲线"等词。那么这两个音就不能平均使用力量，既然要让孩子区分音和义，那就要在"qū"这个音上多下功夫。

②教学环节设置不符合学生认知规律

第一次施教，教师让学生选择与不同字音相对应的字义。①跟"直"相对；②能唱的文辞。学生对这两个解释还处于一知半解的状态，教师就让学生据义定音，真是难为一年级的孩子了。

③教师深入理解不够

不同读音、不同意义的很多词关联在一个字上。如果找不到意义间的区别和联系，就会有混沌难辨的感觉。多音字常出现的误读情况也稍微复杂一些，有的字某一读音整体误读作另一读音，如：处。上声常被整体误读作去声。有的字可能存在着口语同书面语脱节的现象，例如"尽"：jìn 尽头。jǐn①力求达到最大限度；②以某个范围为极限，不得超过；③让某些人或事物在先；④最。"jǐn"是口语中常用单音节词，但人们似乎是知其音义，不知其字。待遇到书面语词时又不知这个字原来还有这个音义。尽（jìn），所造书面语词恰好集中在一个义项上，于是被按照另一个音来读。本课中的"曲"字也属于这种情况。qū：弯曲，曲线。qǔ：歌曲，乐曲。"qū"这个音经常被误读为上声。

【归纳与梳理】

现代汉语多音字来源很多，如：词义引申引发的多音字，汉字简化引发的多音字，文白异读引发的多音字，古代假借通用文字造成的多音字，古今音变造成的多音字，等等。因此，多音字教学方法要多样化，以减少学生误读误用。要在语言环境中加强理解，在运用中得到感悟。

①联系词性区别读音

有的多音字不同的读音代表不同的词性，如："好"，形容词读 hǎo，意思是优点多的；动词读 hào，意思是喜爱。

②根据意义区别读音

字总是与词相联系的，一个字造出来的词有很多，词义可能全不一样，但是字只有一个，把某一个字的某一读音里的意义搞清楚了，就能了解一批词语之间的共同点和差异。这样做的好处是不会使字音字义脱离语境、脱离词语的运用。从词入手的积累是必需的，但要使自己的积累有规律可循就得抓住字这个"纲"，把大量词语归拢到字上，当然这个归拢的工作主要靠教师来做，学生自己很难独立完成。如：快乐与音乐；歌曲与弯曲。

③根据应用情况区别读音

有些多音字的各读音所表达的意义之间差别不大，我们很难从意义上把各个读音区分开，但它们或者使用情况不同，或者运用的场合不同，我们可以根据这两点把它们区分开。如："削"，读 xiāo，用于单纯词，削苹果、削铅笔；读 xuē，用于合成词，削弱、削减、剥削。

④多读多念，提高字音使用频率，建立音义的联系

反复地念读字词这一方法对学习一些特殊的多音字会非常有效。姓氏、人名、地名、国名、音译词、化学元素用字等多音字的读音和这些多音字的其他读音意义上一般不会有联系，我们也无法从词性、应用角度上区别它们，只能反复诵读，以加强音义之间的联系，机械记忆。

（三）识字教学的改进：随文与集中，如何选择

《小鱼的梦》一课短小有趣，内容浅显，语言活泼，易读易背，不仅是学生学习生字很好的载体，也是让学生自然而然发现美、感受美的重要途径。低段教学以识字为主，根据这篇课文的特点，我们决定把识字策略定为以随文识字为主，听读识字为辅，把识字贯穿在导入、初读、感悟、提升的全过程中，取得了较好的效果。

1. 听读识字

初读课文后，指名读，其他同学认真听，听听他字音读得准不准。

2. 设境导入，以境引字

课堂上要把学生的学习积极性调动起来，情境创设无疑是最有效的途径之一。

3. 课题识字

老师来考考你们，最认真听讲的孩子才能最快找到答案：夕阳林下落（打一个字），板书"梦"。孩子们，我们睡觉时都会做梦，小鱼做了个什么样的梦呢？今天我们就一起来学习这篇课文。板书，齐读课题。

4. 导语引字

"珍珠被"到底是什么样子的呢？快闭上眼睛想象一下。老师讲解：是呀，天上的星星在夜空中一闪一闪的，就像珍珠一样晶莹而柔美，倒映在静静的池塘中，宁静的水面星光闪闪，真像是洒在水面上的闪闪发光的珍珠。这样的一床珍珠被是多么神奇啊！顺势出示第二句："天上星星落下来，为它盖床珍珠被。"

5. 文中识字

为了提高阅读课上识字的实效，随文识字是个好办法，但要巧妙设计，

避免为识字而设问，造成"费时低效"的现象。

(1)字族识字

①玩水：读一读，你怎么记住"玩"字？

玩－(王)＋( )＝( ) (完 园 远)

②"波"字和我们刚刚学过的一个字长得很像，快找找。(学生找出了"被"字)，谁有好办法区分一下？

(2)读悟引字，积累运用

第三句中"波浪又把摇篮推"，其中有"摇"、"推"两个字："你发现了什么？"细心的孩子一定发现了文章的最后一行还有一个带提手旁的生字——摆，带有"扌"的生字和什么有关？和手的动作有关(通过动作理解)。

教师将"摇、推、摆"等字词的教学，融入到阅读教学之中，通过演示、观察字形、想象、联系具体语言环境，让学生记住了这几个生字，最后朗读句子加强记忆。这种将识字、朗读、积累语言有机融合，"在阅读中识字，在识字中感悟"的做法，不仅有效地完成了识字任务，同时也取得了良好的阅读效果。

(3)总结回顾，整体巩固

在资源拓展中巩固：在最后一个环节，教师出示了一首小儿歌让学生朗读。

摇　篮

小时候，我还很小很小，

我的摇篮是妈妈的怀抱。

在她轻柔的歌声里，

我静静地静静地睡着啦。

我梦见星星和月亮，

我梦见太阳和小鸟。

我在温暖的摇篮里，

还梦见了妈妈嘴角的微笑。

这一环节的设计让学生再次发现美、感受美，并把生字进行了重现与巩固。心理学原理告诉我们，单纯机械地复现生字，儿童记忆的效果比较差，如果能在新的语言环境中复现，不仅能使学生加深对生字的记忆，同时还可以提高学生的阅读能力。

【反思与疑惑】

我国低年级阅读教学中的识字，历来有两种做法：集中识字和随文识字。集中识字是在阅读前集中识字，先指导学生读准字音、认清字形，然后开始阅读。随文识字是把生字穿插在阅读教学的各个环节中，边阅读边识字。集中识字的核心在于，使小学低年级学生见到字形而能够知道读音。这种方法教学任务单一，识字重点突出，教师容易操作，但也容易走向模式化，而且缺乏对汉字的复杂意义和运用能力的培养与训练。随文识字让生字在阅读中记忆与巩固，让识字认词目标在具体语言环境中落实，更有利于学生对字词的理解、积累与运用。随文识字的优势在于可以通过每篇短文的学习使学生对本课生字的字形、字音和字义有比较牢固的掌握。随文识字的缺陷在于识字速度太慢，容易割裂学生对美文的感悟与理解。

两种识字形式有利有弊，如何针对利弊，优化教学环节，提高课堂识字教学效率呢？本课识字教学虽然采取随文识字，但是教师如果能在课堂上将集中识字和随文识字有效结合，既把集中识字发挥得淋漓尽致，又运用随文识字引导学生在一定的语言环境中识字，就能使学生更加扎实地识字，达到最佳的识字效果，促进学生发展。采取何种识字方法，能更好地激发学生识字兴趣，提高识字教学效率，需要一线老师进行长期的思考与实践。

三、回首来时路：阅读与识字，不离不弃

（一）阅读与识字的关系

"新版课标"指出："识字、写字是阅读和写作的基础，是第一学段的教学重点，也是贯串整个义务教育阶段的重要教学内容。"小学阶段必须对识字、写字引起足够的重视，特别是第一学段，识字、写字是教学的重点。一是要读好课文，通过多种方式的朗读，达到正确、流利、有感情地读课文。二是积累语言，积累好词佳句，积累好的篇章。其中，最让老师们困惑的，就是如何处理好识字与阅读的关系，使阅读教学更有效。

北师大版语文教材低段编排的课文，大多篇幅短小，以儿童诗和童话故事为主，随课文识字是识字教学最主要的方式。识字的目的是为了阅读，识字是阅读的基础。多识字有助于培养学生的阅读能力，丰富学生的知识储备。而阅读又是巩固生字最有效的途径，学过的字经常在阅读中复现，就能够把生字记牢、记准。不能够通过阅读获得各种信息，识字也是徒劳。识字与阅

读绝不能各自为政。只有在具体的语言环境中识字，两者相辅相成，才能为学生打下良好的语文基础，提高学生的语文综合素养。

(二)如何处理好阅读与识字之间的关系

本学期我们进行的课例研究中，三轮课的讲授过程是不同的，第一轮是集中识字，后两轮是随文识字。第一轮集中识字：让学生把字词反复认读，再回到语境中反复读文。第二轮随文识字：一步步在语境中识字，再跳出语境多种形式地读，但不做过多分析。第三轮随文识字：先在语境中识，再跳出语境，其间尽量运用形象生动的识字方法让学生识记。实验结果见表4。

表4　学生识字情况统计

	全班正确率	"波"字错误率	"被"字错误率	"推"字错误率	"摆"字错误率
第一轮教学	86％	5.6％	5.6％	8.3％	8.3％
第二轮教学	86％	0％	5.6％	5.6％	5.6％
第三轮教学	91.7％	0％	0％	5.4％	5.4％

从这个实验中，我们不难发现"先在语境中识，再跳出语境，其间尽量运用形象生动的识字方法让学生识记"是最有效的方法。要以读文为主，引导学生在具体的语言环境中，在读中反复与生字见面，并教给学生识字方法，以达到识字与阅读双线并进。

低年级的课堂要让读书贯穿课的始终。读的形式要多，读的面要大，读的时间要保证。如老师示范读，让学生小声跟读；学生自由读；同桌互读评读……不能让少数学生读，其他学生看热闹。保证一堂课有三分之二的时间有琅琅的读书声。

参考文献：

1. 吕俐敏．系统观照，凸显汉字的意义教学——以"栽"字为例谈汉字教学．小学教学(语文版)，2010(12)：6—8.

2. 安桂清．课例研究主题的确立．人民教育，2010(21)：40—43.

3. 安桂清，桑雪洁．教案的合作设计．人民教育，2010(22)：47—50.

4. 安桂清，徐晶．课例研究报告的撰写．人民教育，2011(2)：43—46.

5. 安桂清．课例研究：信念、行动与保障．全球教育展望，2007(3)：

42—46，85.

　　6. 中华人民共和国教育部. 义务教育语文课程标准(2011 年版). 北京：北京师范大学出版社，2012.

附

教学评价工具的开发和设计

于京莉

　　课堂观察是课例研究的中心环节，该环节提供反映教学效果的依据，是对教学进行反思和重新规划的基础。课堂观察的重点是基于课例研究的主题确立的，观察重点一旦确立，就需要选取或开发适当的观察工具。

　　分组研讨中，我们认为《小鱼的梦》一课中"珍珠被"这个词语的理解对学生来说有难度，"珍珠被"什么样，课文中把什么比作"珍珠被"等，都是我们预设的难点，在这个思路引导下，我们确定了本组的研究主题——"激发想象，理解关键词语"。我们认为如果观察者带着明确的目的，凭借自身感官及有关辅助工具，直接从课堂上收集资料，最后依据资料做相应的分析和研究，这样就能实现全方位多角度观察课堂。之后我根据这个主题，参考刘悦老师的讲座内容，以《小鱼的梦》为例设计了我组的课堂观察用表。

课堂观察教师用表一

授课题目：　　　　授课教师：　　　　年级：　　　　日期：　　　　观察员：

			教师	学生	综合分析
教学目标	环节设计	预设问题			
		追问问题			
		随机问题			
	读书方法	引读			
		范读			
		想象读			
		齐读			
	情感				
	组织教学	读书			
		写字			
		倾听			
	评价语言				
目标达成度					
板书					

课堂观察学生用表一

授课题目：　　　授课教师：　　　年级：　　　日期：　　　观察员：

				学生活动	小记
学习目标	导语	反馈			
	设问	主要问题反馈			
		追问反馈	预设反馈		
			随意反馈		
	情感				
	课件（音乐、文字、图片、视频）	反应			
	各种形式的读	（　）读			
		（　）读			
		（　）读			

　　这两张表的设计重视观察教师课堂知识的传授与学生学习的状态，教师用表关注了以下几点：①教师课前预设的内容与观点有没有知识性错误；②教师课前的预设与课堂生成有没有很好地帮助学生进行思考与想象；③教师情感与组织教学的能力是否带动了学生积极参与学习。学生用表关注了以下几点：①学生有没有投入学习的状态；②学生有没有经历思维的过程；③学生参与互动过程是否表现出了积极性。

　　我组第一轮试教由胡珺老师承担。在这次听课中，本组老师手中没有听课本，人手一张观察表。随着课堂的进度，老师们准备记录，可是操作起来，才发现不知如何下笔。关于"珍珠被"的讲解，教师用表中问题的提出部分可记录的地方太小，学生用表中反馈的地方也很小，读书方法记录的地方太大。看似全面的表格让老师无法操作，一会儿跳到上一行，一会儿跳到下一行，实在是不方便记录。

　　课下，针对这张观察表，吕俐敏老师给出了中肯的建议，要方便老师记录，要能真实反映学生状态。

　　第一轮研究课结束后，根据各方面意见，我们决定把本组研究的主题改为"根据具体的学情、字情，确定科学的识字方法"，根据研究主题，课堂上识字方法要体现多样性、科学性，符合学生的认知规律。在这个新的主题下，我结合第一张表格出现的问题和大家的建议，设计了第二张课堂观察表。

课堂观察教师用表二

授课题目：　　授课教师：　　年级：　　日期：　　观察员：

教学环节（识字教学）	教师活动（预设问题、追问问题、随机问题、创设情境、导语等）	学生活动简记（认识、见解、态度、情感、生成等）	效果（符合认知规律、调动积极性、感兴趣等）
目标达成度	（达成、差距、超越）		

课堂观察学生用表二

授课题目：　　授课教师：　　年级：　　日期：　　观察员：

教学环节（识字）	教师活动简记（问题、导语、读书要求等）	学生反馈（学习方法、课堂生成、情感、态度等）	学生学习状态（投入、积极、享受、思考等）

这两张表的设计关注了以下几点：①教师在引入新知之前有没有做好充分的铺垫，包括以往知识的回顾、情境的创设、问题的激发；②学生面对新知有没有顺利地接受和理解；③学生经历互动之后有没有产生新的认识与见解；④教学相比较课前计划的目标有没有达成；⑤在课前计划的教学目标下，学生的课堂学习状态有没有达到理想的效果。

我组第二轮研究课由梁爽老师执教。课下研讨时，老师们都认为这次设计的表格能方便大家记录，能全面反映老师和学生的状态。同时，我们也发现，以前评课时常会出现教师不从教学目标出发，凭借自己的感觉逐一评价，忽视或弱化教学目标的可检测性等现象，而使用课堂观察表记录更有针对性，研讨时，教师能紧扣观察角度，用数据、事实说话，提出具体改进建议和对策，改变了老师们的思维方式。

例如：

梁爽老师教学多音字"曲"，课堂上教师安排了先读句子，初步感知。

风儿唱起催眠曲（qǔ），波浪又把摇篮推。

新修的山间公路弯弯曲（qū）曲。

认读后，为了让学生明白"曲"这个字在不同语境下词性不同、词义不同、读音也不同，教师给出了两个不同的解释，让学生去选择与不同字音相对应的字义。

①跟"直"相对；②能唱的文辞。

教学到这里时，学生还能按老师的预设达到教学目标。进而进入巩固环节，认读字词"曲线、歌曲、曲折、戏曲"。原以为通过以上两个环节的学习，学生就能够准确地认读了，但实际情况是"曲线、曲折"两个词语有一半学生还是读错了。本课关于多音字教学的目标显然没有达到。

课下，组内老师在指导教师的带领下，就这个问题展开了热烈的讨论，大家各抒己见，有的说可以借助图画帮学生理解；有的说不要出现序号，而是直接出现拼音让学生选择；有的说这两个音容易误读，最好能分开教学。

接着，蒋庆红老师根据大家的建议修改了这一环节的教学设计，进行试讲。课堂上，认读词语"弯曲、曲线"时，底下有同学窃窃私语，多数人说"qū"，少数学生说"qǔ"。课下研讨时，我们认为这一环节的错误率比上次少了很多，但依然出现误读，跟生活中人们长期误读有关系，不如激励学生记住正确读音，回家后给家长正音。

随后的全校展示，蒋庆红老师带着全组老师智慧的精华再次执教《小鱼的梦》，这一次多音字环节学生没有出现错误，目标顺利达成。

在指导老师的建议下，为了检验教师是否关注全体，我们又设计了座位表作为课堂观察的工具。

讲　台					
1	1	1	1	1	1
2	2	2	2	2	2
3	3	3	3	3	3
4	4	4	4	4	4
5	5	5	5	5	5
6	6	6	6	6	6

　　有了座位表，方便记录学生发言的次数，记录教师巡视的路线，体现了教师对全体学生的关注度，对学困生的关注度。座位表不仅能反映学生个体的状况，还将整个班级学生在经验和认识上的联系、冲突以及互动学习的方式一目了然地展现在执教教师和观课教师面前，为课例研究中的群体反思提供了具体而真实的素材。由于教师的所思所悟扎根实践，教学改进也随之有了可能性。

　　通过本学期的课例研究，我们更新了教学观念，提高了业务能力，我们将物化已取得的成果，开始研修的新旅程。

灵活有效运用多种方法，提高课堂识字效率

——《两件宝》课例研究报告①

一、研究背景及课题的提出

识字教学是小学语文教学的起点，是低年级语文教学的重点和难点，是阅读和写作的基础。识字的多少，直接影响学生的阅读能力。把好识字关，学生语言的发展就能在高起点上步入快速高效的轨道，并对其今后的语文学习产生深远的影响。

但是，低年级识字教学的现状却不容乐观，具体表现为以下几点。一是目前的识字教学呈现出一些机械重复识字的现象，主要表现在让学生反复抄写生字，这达到了一定的字形记忆目的，但却忽视了字音、字义，既让学生感到枯燥乏味，又不能达成识字教学的目标。二是有些教师在识字教学中包办代替，面面俱到，没有调动起学生识字的主动性，没有让学生自主参与到学习活动中，以探寻识字规律及识字方法。三是识字游戏低效，有些识字教学在巩固环节安排游戏，但是没有注意到游戏的有效性，无法达到全员参与，也无法检验识字的效果。四是学生识字出现严重的两极分化，教学脱离学生的发展，忽视学生已有的积累和个体的差异。在教学实践中，"重整体，轻个体，忽视个性的和谐发展"这一教育传统压抑了学生的积极性、主动性和创造性，使学生的思维活动处于被动的消极状态，对智能的顺利形成与发展产生了消极的影响。

针对以上现状，我们提出了"灵活有效运用多种方法，提高课堂识字效率"的课题，试图通过一系列的实践与探索，使我们的小学低年级语文教师能灵活地运用多样化的教学方法，培养学生多样化的识字能力，提高识字教学的效率，为学生今后的阅读、写作打下坚实的基础。

---

① 本研究报告由朴英兰、卢慧娟、刘琳、梁爽执笔。课例研究负责人朴英兰，成员包括卢慧娟、刘琳、梁爽、白雪、袁青、韩旭。

二、课题的界定

通过对《语文课程标准(2011 年版)》《义务教育语文课程标准(2011 年版)解读》《新版课程标准解析与教学指导 小学语文》等理论书籍的学习，我们进一步明确了在识字教学中"要运用多种识字教学方法和形象直观的教学手段，创设丰富多彩的教学情境，提高识字教学效率"。

由此，我们对"灵活有效运用多种方法"的界定是：以儿童的认知特点和心理发展水平为出发点，以实践性、自主性、开放性为原则，集各家识字方法之长，科学地采取各种识字方法，注重观察、想象、合作、探究思维的发展，进行大量的、高效的识字教学。

三、关于集中识字与随文识字

(一)关于集中识字

1. 什么是集中识字

自有汉字始，即有汉字教育。集中识字便是一种建立在汉字基础上，符合汉字形、音、义规律的快速识字方法。集中识字也就是归类识字，基本的方法有形声字归类、基本字带字和形近字归类三种。

形声字归类教学法充分利用形声字的特点，将一些形声字归类，让学生认识其构字规律，如教学生学习"青——清、晴、情、精、静"一组字，使他们知道这一组字的共同点是都有表音的声旁"青"，加上不同的表义的形旁就构成了这几个字。

基本字带字就是通过给基本字加偏旁部首，引导学生利用基本字学字、记字，如"主"是"住"、"柱"、"往"一组字的基本字，其关键在于利用一组字的相同部分组成字串，突出其不同的偏旁部首，通过分析比较，强化记忆字的不同部分，以识记生字。

形近字归类法是抓住一组字字形的相同部分，突出其不同点来记住生字。

由此看来，集中识字教学法是基于汉字字形的构成特征，把形旁或声旁等一致的汉字进行归类，指导学生在识字时分析、比较一组字的异同点，概括出一组字的字形规律进行识字，注重的是汉字的生成性特征。

2. 集中识字的优点

首先，基本合乎汉字规律。"基本字带字"体现了汉字的系统性。当一组形体相近的汉字呈现给学生时，必须引导辨异，这时可以让汉字内部结构的理据性发挥作用。其次，基本合乎汉字识记规律。表现在以下两个方面：第一，利于突破字形难点，"基本字带字"本身就把突破字形难点摆在最突出的位置。把握结构的理据，建立音、形、义内在必然联系，可以降低字形掌握的难度。第二，这种突出理据的深加工，有助于记忆，并大大增加记忆的有效线索，利于再现。

3. 集中识字的不足

第一，识字与阅读分开，不利于书面语言的学习。先识字后读书是集中识字的基本特点。先期孤立识字费时太多，影响儿童尽早阅读。识字与阅读分开进行，势必延长从识字到阅读的转换过程，一定程度上延误书面语言学习的最佳时机。

第二，脱离语言环境孤立识字，影响识记效果。语言环境是识字的辅助性线索，离开环境孤立识字，会在一定程度上影响记忆。学生识了一批一批形体相近的汉字，却不能及时得到复现和运用，便会很快遗忘。

(二)关于随文识字

1. 什么是随文识字

"随文识字，生字随课文出现，其魅力在于它根据儿童的语言思维发展水平与特点，从儿童的兴趣与接受能力出发，建构学习体系与内容；同时把识字与阅读及发展语言结合起来，以识字与学习书面语言互相促进的方式而形成的一种识字教学方法。也就是说，随文识字不仅使学生的阅读能力得到训练，生字词得到巩固，口语表达及书面表达能力得到锻炼，受到规范语言的熏陶，还有利于促进儿童的思维发展和健康成长。"①

随文识字的方法是多种多样的。例如：随课题识字，随词语、句子识字等。"入课后，我们一般都会有读词句的环节。这一环节我们要精心设计。既要考虑易读错的词语，又要考虑读读与内容密切相关的词语，从识入篇。""从识悟情，达到文与字完美的统一。这是随文识字的精髓。因为汉字是表意文字。它有魂，有神韵，有风骨，这就是汉字文化。因此，我们在备课时要首先读透语言文字，把握阅读的重难点，然后分析生字，找准字与文的结合点，

---

① 秦小平. 小议随文识字. 科学咨询(教育科研)，2012(11)：79.

抓住重点字词感悟课文的思想内涵。"①

由此可见,随文识字即边学文边识字,字不离词,词不离句,句不离篇,将识字任务贯穿于课文学习中。

2. 随文识字的优点

首先,随文识字基本合乎识字与书面语言学习相互促进的规律,大大缩短了从识字到阅读的转换过程,实现了汉字识别的自动化。其次,生字新词的出现和讲解都在具体的语言环境中进行,为记忆提供了一定的线索;学生对课文的反复诵读,提高了生字新词出现的频率,也有助于记忆。

3. 随文识字的不足

首先,对汉字规律重视不够。教师对汉字理据缺乏应有的认识,不能引导学生建立音、形、义的必然联系,致使学生陷于机械记忆。

其次,未能获得最佳的识记效果。这种教学法主要以字义作为识记的线索,未能突出汉字的理据,加上汉字具有多义性,在具体的语言环境中其字义往往不是本义而是引申义,故难以建立音、形、义的内在联系。

最后,识字进程缓慢。低年级识字量不多,对阅读能力的尽早培养和提高形成了一种制约。

四、研究方法及过程

(一)准备阶段

1. 教材分析

《两件宝》是北师大版教材一年级上册第 13 单元"手和脑"的第一篇主体课文。陶行知先生主张教学合一,他提出要解放儿童的头脑、双手、嘴、时间和空间等。本文是其诸多文章中的一篇。全文以"两件宝"为题,揭示了手与脑对于人的劳动与创造的重要性,层层深入地告诉我们双手与大脑的作用,劳动与创造要靠手与脑的道理。语言精练,通俗易懂。

全诗共有八行四句。第一句讲双手和大脑是人的两件宝。这句里把双手和大脑称为人的两件宝,告诉读者手和脑对人的重要性。第二句的两个分句分别讲双手与大脑的作用,这两个分句句式工整。第三句讲只有手与脑并用才能有创造,在第二句分别讲手和脑的作用的基础上深入揭示道理。第四句

---

① 王朝芹. 小学低年级随文识字教学策略研究. 小学教学参考,2013(1):75.

的第一个分句讲一切创造靠劳动。一切，即所有的，也就是说所有创造都是靠劳动的。第二个分句讲劳动要靠手与脑。这两个分句是顶针的手法，说明了一切创造都要靠手和脑。

全诗层层深入，由"两件宝"引出人的重要器官——手和脑，分别叙述它们的作用，进而揭示手脑并用对人类的意义。在层层深入的基础上，进行高度总结：创造要靠劳动，劳动要靠手和脑。

其中，"做工、思考、劳动、创造"等词语虽然抽象，但是容易和学生的经验相联系。

2. 学情分析

学习本单元时，学生入学已有两个多月，学习了前面 12 个单元的课文，知道了用字与画（第 1 单元）的联系和听读识字（第 2～6 单元）的方法学习汉字，基本掌握了听读识字的方法，同时，通过第 8 单元至第 12 单元"字与拼音"的学习，基本掌握了拼音识字的方法，同时也掌握了常用笔画的书写。但是，通过对学生前测的分析，了解到他们之间的识字能力存在差异，独立识字能力还需要进一步培养和提高。

（二）研究方式

有了前期的准备，研究课的试教顺利展开。针对各班不同的学情，结合执教者自身的特点，聚焦每堂课发现的新问题，我们反复地调整教学设计，展开了三教三反思的课堂教学改进历程。

（三）研究过程及分析

一教一反思

本课教学中，力求教给学生识字方法，通过识用结合，运用多种形象直观的教学手段，激发学生的识字兴趣，培养学生的独立识字能力。

教学目标

1. 练习运用学过的识字方法来认读生字，学写 7 个生字和新笔画"竖提"、"弯钩"。培养学生先观察、记忆，再动手的好习惯。

2. 初步理解课文内容，知道手脑并用的道理。结合课文内容和生活实际理解"创造"与"劳动"的意思。

3. 练习正确、流利地朗读课文并背诵。

4. 练习用"会"说话。

教学重点

1. 运用多种识字方法学习生字。

2. 指导书写带有新笔画的字："手"、"切"。

教学难点

体会在学习中既要多动脑又要多动手的道理。

教学环节

环节一　激趣导入，揭示课题。（2分钟左右）

环节二　集中识字，读准字音，读通课文。（12分钟左右）

1. 学习"手"字。展示课件，了解"手"的字理演变；用"手"字组词。

2. 学习"双"字。教师先讲解什么是"双"字（两个"又"字交朋友，就是"双手"的"双"）。接着，教师边说边演示：我的一只手，再加上你的一只手，这是一双手吗？最后拓展，"一双（　　）"，你还会说这样的词吗？

3. 学习"工"、"脑"。扩词。读句：双手会做工，大脑会思考。

4. 学习"会"字。说说你是怎么记住这个字的；用"会"字说句话。

5. 出示"又、才能、创造"，把这三个词语连起来说一句话。

6. 出示"一切"，理解词义。读句子：一切创造靠劳动。

7. 出示"劳动"。

①指读，仔细观察这两个字，你发现了什么？（两个字中都有一个"力"字。）

②为什么都有"力"字呢？——我们学习需要用功，花费精力，工人做工需要下力气，科学家搞研究更需要全力以赴，这就是劳动。

③小结：一个"力"字帮助我们理解了"劳动"的意思，我们的汉字多有意思呀！真是一种充满智慧的文字！

环节三　读中见悟，析字明词，读懂课文。（14分钟左右）

环节四　读好课文，熟以至背。（5分钟左右）

环节五　观察比较，指导书写。（7分钟左右）

教学反思

1. 激发学生兴趣，营造宽松的课堂氛围

以导入环节为例：教师从课题的关键字"宝"入手，让学生看图猜字，引发学生思考，从而集中注意力识记"宝"这个字。然后通过质疑，自然而然地引出"大脑"、"双手"。老师告诉孩子们，双手和大脑可是我们人体的两件宝，著名教育家陶行知爷爷还专门为"手和脑"写了一首儿歌呢！标题就叫《两件宝》，揭示并指导读课题：两件宝。这一环节的设计可以使学生在轻松愉快的氛围中对所学的汉字进行理解和记忆，同时也体现了字理识字具有的博采众长的兼容性，而且还发展了学生的形象思维能力。

2. 培养识字兴趣，体味识字快乐

教师在生字教学时采用集中识字的方法，根据生字不同的特点，采用不同的教学策略，在音、形、义等方面有不同的侧重，从而提高教学的实效性。

板书课题时加入生字指导，理解"宝"字的含义，通过看图、字理识字记住它。"双"字的教学，采用与"又"对比的方式帮助学生记忆，左边的"又"很谦让，它把脚收回去一些就不会碰到右边的"又"了。接着帮助学生进行词语积累，想一想还有"一双什么"，让学生记住"双"的用法。"劳动"两个字的教学，采用字义与字形相结合的方法帮助学生记忆；"脑"字通过组词帮助学生记忆，揭示"月"字旁的构字规律。这样设计就是通过梳理汉字的规律，让学生读准字音，认清字形，了解字义，并灵活运用。

3. 识字方法应符合一年级学生的认知规律

第一轮研究课我们采取了集中识字的方法，然而一年级学生思维活跃，注意力难以长时间集中在一件事物上。这样长时间的集中识字，会让其感到厌烦，从而影响教学。此外，集中识字脱离了具体的语境，将汉字脱离语境孤立起来机械学习，字义理解、复习巩固起来较为困难，使得识字与阅读分家，既影响了识字的质量，也不利于培养学生的阅读能力。

我们认识到，识字的最终目的是为了发展语言，因此，识字教学不能孤立地教字，要在具体的语言环境中进行，把生字词放在特定的语言环境中让学生来感知、理解和掌握。

于是，我们开始了第二轮探索。

二教二反思

第二轮教学我们聚焦在"随课文分散识字"上，随文识字主张把生字词放在特定的语言环境，即具体的一篇篇课文中来感知、理解和掌握。把识字和阅读结合在一起，在语境中识字，从而形成"字不离词，词不离句，句不离文"的教学主张。

随文识字的优势在于：第一，将识字寓于具体的课文、具体的语境之中，能于无形中调动起学生识字的兴趣，同时有利于其识字的巩固。第二，便于学生对字音、字义的把握。第三，因为随文识字寓识字于阅读之中，所以在识字的同时可以通过阅读发展儿童的智力和语言。

因此，我们第二轮研究课采用的是随文识字的教学方法。

教学目标

1. 学会利用已学的识字方法认读 12 个生字，会写"手、又、双"3 个字。

2. 练习正确、流利、有感情地朗读课文，并背诵。

3. 激发学生喜欢自己动手干和肯于动脑想的热情和积极性。

教学重点

认识 12 个生字，会写"手、又、双"3 个字和新笔画"弯钩"。

教学难点

认识 12 个生字，会写"手、又、双"3 个字和新笔画"弯钩"。

教学环节

第一个环节：猜字激趣，导入新课。

教学设计以"宝"字的图片及古文字导入，让学生猜字，激发其兴趣。有一间屋子里有贝，又有玉，这些都是珍贵的东西，本义"珍贵之物"。教师帮助孩子分析"宝"的字形，古人喜欢玉，所以把"玉"写在宝盖头的下面。由此引出课题《两件宝》，让孩子伸出小手和老师一起写课题，从整体上把握这三个字的字形。教师把"件"字标音，找学生带全班拼读，巩固拼音。这样在课题导入环节让学生认读"件"和"宝"。

第二个环节：通读课文，读准字音。

一读，用喜欢的方式解决不认识的字——学生汇报（学生自己尝试解决，经历了一个由不会到会的过程，会在其头脑中留下深刻的印象）。

二读，同桌互读。

三读，指两名学生读全文。

三遍读文完成之后，学生对字音基本掌握，并对课文有了一个整体的感知。

第三个环节：随文识字，理解文意。

本课采用随文识字，依据字不离词、词不离句、句不离文的原则，在语境中识字。于是，设计了四个问题，分别是：两件宝是什么？用手和脑能做什么？手和脑合作会怎么样？这些创造靠的是什么？这四个问题的答案分别是书中的四句话。

让学生在句子中识字，PPT 中采用变红或者变大的方法对生字进行突出强调。如：讲解"手"字时，先让学生带读这个字，解决字音。然后出现一张小手的图片，并出示古文字，让学生观察手的形状，和古文字进行比较，出示字的演变过程，让学生整体感知这个字，解决字形。然后提问："我们能用自己的小手做什么呀？"解决字义。最后进行拓展练习。

就这样把汉字放在特定的语言环境中，和句子联系起来，使汉字的形、音、义三个基本因素紧密联系。教师采用生动活泼的形式，深入浅出、形象生动地把识字训练的部分目标，融入到读解课文中去，是符合语文学习规律的。

随文识字之后，为了巩固识字效果，设计有梯度的练习。脱离语境出示一屏词，运用开火车的方式进行认读。再出现一屏字，运用游戏破译密码的方式进行认读，逐渐缩小语境，巩固字词认读。

第四个环节：回归课文，熟以至背。

第五个环节：观察比较，指导写字。

重点指导新笔画"弯钩"和"手、双、又"3 个字的写法。

观察——书空——师范写——生书写——评价——改进

教学反思

1. 拼音在两轮研究课中出现的频率都较低，应随时注意拼读，巩固拼读音节的练习，多读，多拼，勤练习，使学生牢固掌握拼音识字的方法。我们将在第三轮研究课上进行改进。

2. 本节课注重了部分字的拓展训练，忽略了识字教学本身的意义，没有统筹兼顾，应多关注字的音、形、义之间的联系。尽管各种识字方法对字的音、形、义的切入点不同，有的侧重字形，有的侧重字音，有的侧重字义，但都重视汉字的形声联系、形义联系、声义联系，以达到形、音、义的统一。识字教学中，还应充分运用象形、会意、指事、形声等造字方法，指导学生识字。这样可以激发学生的识字兴趣，提高其记忆效率。

三教三反思

教学目标

1. 学会利用已学的识字方法认读 12 个生字，会写"手、又、双"3 个字；

能正确、流利、有感情地朗读课文，并背诵。

2. 培养学生的合作意识和自学能力。

3. 激发学生喜欢自己动手干和肯于动脑想的热情和积极性。

教学重点

认识 12 个生字，会写"手、又、双"3 个字和新笔画"弯钩"。

教学难点

结合课文内容及生活实际理解"创造"一词的意思。

教学环节

环节一　猜谜激趣，导入新课。

环节二　通读课文，读准字音。

环节三　随文识字，理解文意。

1. 人有两件宝，双手和大脑。

(1)在这首小诗中，陶行知爷爷告诉我们人有哪两件宝呢？

(2)"手"(看课件，"手"字的演变)，我们都有一双手，你能用双手做什么呢？

我用手（　　）

妈妈用手（　　）

（　　）用手（　　）

(3)"双"扩展：一双(鞋、手、袜子、翅膀，2 个人回答)。

"双"表示成双成对的东西。

(4)"脑"：谁来当小老师带大家读读这个字？

"月"字旁，又叫"肉月旁"，它所构成的字多与身体各部位有关，指的是肉体。在我们身上就能找到很多这样的字。

读一读：背　脸　肚　脚　肢

(5)让我们再来认认这两件宝：双手、大脑(读板书上的字词)。再读这句话。

2. 双手会做工，大脑会思考。

有了双手和大脑这两件宝，我们用它们分别能做什么呢？

出示：双手会做工，大脑会思考。(板书：做工、思考)

(1)你自己来读读这句话。

(2)随机识字："会"，按字形结构记生字。你会拼读这个字吗？

出示：hui，怎样标声调？说出标调口诀(i、u 并列标在后)。

说话训练：会。

（3）随机识字："工"，出示：双手会做工，大脑会思考。

谁来带大家读一下这个字？

文中是做工，你还能用"工"组什么词？

男生再读读，女生再读读，我们全班再来读读这句话。

3. 手和脑都这么有用，那它们合作又会怎样呢？

（1）出示：用手又用脑，才能有创造。（板书：创造）

我们设计的班徽、动手制作的橡皮泥小点心（出示图片），这些都是双手和大脑合作起来创造的。板书："创造"，认读字词。

同学们，伟大的中华民族有着五千年的文明历史，勤劳、智慧的中国人，用辛勤的双手和聪明的大脑创造出一个又一个世界奇迹。（出示图片）

这些伟大的创造都是手和脑的功劳。

（2）谁再来读读这句话？

出示：用手又用脑，才能有创造。强调"又、才"。

（3）现在你自己试着读读这句话。

（4）全班带着手和脑合作的力量再来读读这句话。

4. 这些创造靠的是什么呢？

出示：一切创造靠劳动，劳动要靠手和脑。

随机识字："劳动"。

细心的你一定发现这两个字有什么相同之处？

引读：双手和大脑这两件宝的作用多大啊，所以说——

我们的创造离不开它们，因为（用手又用脑，才能有创造）。

我们的劳动更离不开它们，因为（一切创造靠劳动，劳动要靠手和脑）。

环节四　读好课文，熟以至背。

环节五　观察比较，指导书写。

教学反思

经过反复研修，两轮课后，《两件宝》这篇课文的教案已经成熟，课堂上也取得了很好的效果。根据第二轮课上的观察，以及刘琳老师的课后反思，在第三轮课上，我们对课堂中还存在的一点不足做了一些补充。

1. 加强拼音的工具性效能。

汉语拼音是帮助学生认读汉字、学好普通话的重要工具，在"新版课标"

中也突出了它的工具性，而拼音教学又是小学低年级教学的难点。孩子们刚刚学完拼音，半生不熟，需要有机会不断地去练习和巩固。因此，在教学设计中加大了拼音教学的内容。例如在"会"的识字过程中，让学生自己说出怎样拼读音节，课件出示"hui"后，再让学生加上声调，并说出标调的口诀：i、u并列标后者。再如，集中识字时对生字"会、工、又、才、切、双"进行整体拼读，并找出这些音节中的三拼音节是"shuāng"。还如，在指导写字的环节，也是在生字格中书写，在汉字上加拼音。这样做，就是要让孩子反复接触"拼音"环境，以强化效果。

2. 识字教学中，把握住音、形、义的结合。

汉字，是音、形、义三位一体的文字，在识字教学中根据汉字的特点，要把字的音、形、义紧密结合起来，使学生养成看形、读音、想义的习惯，达到读准字音、认清字形、理解字义的目的。在"宝"字与"手"字的识字过程中，都出示了图片以及两个字的演变过程，使得学生在解义的基础上记形，这样记忆更深刻，不易错。在学习"会"字时，加入了字形记忆法，分析字形结构，也利于孩子在书写时写得更漂亮。认识"脑"字时，老师提示"月"字旁，又叫"肉月旁"，它所构成的字多与身体各部位有关，指的是肉体，再带着学生认读一些带有"月"字旁的字：背、脸、肚、脚、肢，在这里对"分类识字"进行了渗透。

3. 加强说话练习，做到练习有梯度，让孩子打开思维。

如：我用手（　　）。

妈妈用手（　　）。

（　　）用手（　　）。（说一说各行各业的人都用手做什么。）

这三句话，从自己到熟悉的人，再到各行业的人，呈现了一个梯度，让每个孩子都能说，也能让程度好的孩子发散思维，得以提高。

4. 随文识字，方法要变通。

在教学中感觉到，通过随文识字还不能让学生完全认清汉字，所以，我们还应该让学生在通过多次阅读文本，与汉字多次见面后，把汉字有选择地集中起来，并趁此机会教给学生更多的识字方法，比如：儿歌识字、字谜识字、形象识字（根据汉字表意的特点，以及汉字的演变过程，形象地记忆汉字）、游戏识字、连环识字、自主识字、在生活中识字、字理识字等，以此提高学生的识字效率，让学生有主动识字的愿望，从而为阅读和习作打好坚实的基础。

五、研究结论

1. 识字教学应充分运用汉字构字规律。

东汉许慎在《说文解字》中提出"六书"之说，把汉字的构成和使用方法归纳为象形、指事、会意、形声、转注、假借六种。我们可以通过对象形字、指事字、会意字和形声字等的构字方法进行分析来帮助学生认字。对会意字字形字意的分析，使学生不仅识了字，还了解了一些汉字文化，他们非常感兴趣。对于形声字，我们可以利用音符和义符的比较来加快学生识字。

2. 识字教学应充分调动儿童识字的主动性。

识字教学是教儿童识字，只有把儿童识字的主动性调动起来，才能使他们愿意识字，喜欢识字。为此，教学要注意：识字量要适当；教学方法要多样化。根据儿童的年龄特点，可多采用直观演示法、比较法、游戏练习法等识字方法。儿童识字的过程是一个复杂的知觉、思维、记忆过程。因此，识字教学要求儿童必须做到耳听、眼看、口读、手写、脑记。要把儿童的观察能力、思维能力、记忆能力充分调动起来，对字音要听得准确，读得正确；对字形要观察仔细，认得清楚，写得工整；对字义要思考理解。总之，对字的音、形、义要记忆牢固。

3. 识字教学应充分体现语言规律。

识字的最终目的是为了发展语言，因此，识字教学不能孤立地教字，要在语言环境中教学字词义。学字要和学词结合，学词要和学句结合，要结合词、短语、句子理解字词义。此外，还要从同义、反义、近义字词的归类比较中，辨析字词义，要在组词、造句、阅读、问答、说话、写字、写话等练习中，加深理解和巩固字词义，训练学生在语言中运用字词的能力，这就是发展儿童语言的过程。

4. 多种识字方法相结合。

比如采用随文识字，精心巧妙地设计其中小范围的集中识字，将随文识字与集中识字有机结合起来，创设生字复现机会，让学生识字的过程不仅仅是一种习得，更多的是一种建构。

今后，我们还将在教学实践中，不断总结、积累和探索识字教学的经验方法，灵活多样地引导学生识字，激发学生主动识字的愿望，培养学生自主识字的能力，提高识字教学的实效性，让学生学得轻松，学得快乐。

随文识字与集中识字合理而灵活地运用

——《瀑布》课例研究报告①

一、问题的提出

在学期伊始，我们就针对校内科研课题做了一次全面的调查，通过调查结果发现，本组大部分老师将关注点聚焦在阅读教学上。如：在做研究意向选择题时，除一位教师选择了"识字写字"外，其余四位教师都选择了"阅读"，这反映出二年级教师比较偏重阅读教学。因此，在初定选题时，我们将阅读作为重点，将提高阅读教学的时效性作为我们的研究方向。

随后，为了进一步深入研究阅读教学的时效性，我们又将视角从篇章阅读细化到重点词、句、段的教学中。由于在小学阶段对重点词的理解贯穿各个学段，我们便把培养学生在句子中抓重点词语理解的能力放在了首位，最终确立了"结合上下文和生活实际理解重点词语"的研究题目。

随着校内科研项目的开展，我们在讲座中收获成长，认识到了低年级学习中阅读与识字的比重关系。这时，我们组的老师基本都意识到我们的研究主题好像哪里出了问题。于是，针对坚持课题还是变换课题的问题，我们在三楼的语文办公室开展了一场大辩论。

在辩论的过程中，我们一起研读了"新版课标"，其中对第一学段阅读的要求有："诵读儿歌、儿童诗和浅近的古诗，展开想象，获得初步的情感体验，感受语言的优美"等。对第一学段识字的要求有："学会独立识字"等。从关键词中，我们发现对阅读的要求基本用"了解"、"感受"、"学习"、"认识"等，而对识字的要求则是"掌握"、"学会"、"能正确使用"。可见，对低年级学生而言，识字比阅读更重要。此时我们已基本否定了我们的研究主题，并将识字作为我们新的研究方向。

我们在对选题结果进行汇报的过程中，了解到众多国内外学者对识字教

---

① 本研究报告由沈宏玲、冀舰、姚红艳、李海云执笔。课例研究负责人沈宏玲，成员包括冀舰、姚红艳、葛岩、李海云。

学的重要阐释。如：我国香港地区的安子介先生、日本的石井勋博士都认为识字对挖掘儿童潜能、开发儿童智力有着重要的作用。国内识字教学的研究也是硕果累累。集中识字、分散识字、部件识字、字理识字、韵语识字、字族识字、听读识字等识字方法异彩纷呈，借鉴了众多研究成果的小学识字教学也已基本形成自身的教学模式与风格。在组内研讨时，我们首先把研究重点放在了多种识字方法的运用上。

现今小语界，以随文识字、集中识字这两种识字方法为主导，集中识字胜在稳，使用的时间较久；随文识字虽在近几年才逐步兴起，但发展势头迅猛。两种识字方法各有所长，然而在实际运用过程中，两种识字方法要如何取舍才能达到教学效果的最优化成了困扰我们的难题。在经历了三次改题换题之后，我们的研究主题最终确立为"集中识字与随文识字的运用研究"。我们研究小组，在实践中不断改进与完善，努力探索一条最为实效的低年级识字教学之路。

二、研究的意义

该课题实施后将有助于提高教师的授课技艺。教师要通过选择最佳识字方法增强学生识字的效果，提高学生课堂识字的实效性，和课上的 40 分钟要效率。这次的研究也是对我组教师能力的考验，督促全组教师在实践中不断总结、提升自我。结题之后我们仍会开展一系列的听课、观摩、探讨等活动，提高我组教师的科研与教学水平。

同时，对识字教学方法的深入探讨，能突破传统的低年级识字教学以集中识字为主忽略随文识字的教学误区，使识字教学真正落到实处，大放异彩。我组教师在实际教学中将随文识字与集中识字交叉运用，进行了深入地对比研究，从中我们大胆创新，淡化两者运用时的明显分界，融合运用。即在处理一课生字时将适合随文识字的做随文处理，将适合集中识字的进行集中处理，以此来提高识字的实效。这种创新将有助于解决众多低年级教师对于集中识字与随文识字区分不清的问题，对低年级识字教学有一定的推动与引领作用。

三、集中识字与随文识字在教学中的灵活运用

(一)利用集中识字呈现的《瀑布》教学

在平日的教学中，我们习惯于先教学生识字，再学习理解课文。在第一次教学实践中，我们秉承了一贯的教学风格，先集中识字再学文，学文后指导书写。在郭佳梦老师的试讲中，我们就是利用集中识字来呈现识字环节的，其中还涉及了大量字理识字的内容，每个字都有一定的处理。

1."松"，形声字，木字旁，与木头有关，出示图片，填形容词。

2."丈"，手拿着尺子在丈量，逐渐变形。一丈大约是 3.3 米，有两个老师这么高。

3."脚"，"月"表示身体的一部分。

4."座"，出示"座"、"坐"，请学生试着填一填。

A：站如松，（ ）如钟，行如风。

B：远处有一（ ）高山。

C：上课铃响了，丁丁（ ）在（ ）位上等老师上课。

5."尘"，出示图片，猜谜语：三个小鹿跑，是"尘"，象形字，最终简化为"尘"。

随后在写字时，我们又一次强调了"脚"、"座"和"松"字，使得整堂课的前后略显冗杂与拖沓。

针对这种情况，我们在课后进行了激烈地讨论，认为集中识字的教学过程一般体现为三个环节：①集中初识字；②文中复识字；③集中巩固字。其中第一个环节存在较多的缺点与不足，归纳起来共有以下几点：①识字与阅读分开学习，不利于学生语言能力的形成。这种孤立识字占据了学生过多的阅读时间，延长了学生从识字到阅读的转换过程，在一定程度上延误了学生语言学习的最佳时机。②集中识字数量大、速度快，但每次出现的生字多，如果教学设计不够精致，学生会感到枯燥乏味。③脱离语境的识字影响识记效果，影响对文章的理解。在集中初识字阶段，我们主要让学生记住这一系列的字，教得深入一些也无非是让学生理解字的意思，但字不离词，在文本阅读中遇到的词的意思我们在这个环节其实并没有真正解决，然而，在这一环节中浪费的时间又使我们无法在第二个环节，也就是文中复识字的时候去深入剖析字与词的意思，帮助理解文意。

（二）利用随文识字取代集中识字

由于集中识字存在这样的不足，我们在讨论中大胆地进行了教学设计的改进。首先，我们决定加大识字第二环节文中复识字的比例，变复识字为初识字，以此作为教学重点。试着将集中初识字的部分去掉，学文之后再集中地复习巩固。于是，在不知不觉中，我们的识字教学方法从集中识字变成了随文识字。第二次试讲中，我们将课后的生字全部统一设计成随文识字，集中识字环节继续保留，转换成为学文后的识字巩固环节。这次试讲中对于随文识字的应用可以说是一次偶然的尝试，但这其中又怎会少了识字的必然趋势呢？

（三）识字教学的完善是随文识字与集中识字融合的结果

1. 一味随文，冲淡文情

将课文中的全部生字随文识记之后，我们并未收到预想中的效果。分析失败的原因我们发现，一味随文，冲淡了文情，即边学文边识字会打破文章原有的意境美，使课文变得支离破碎，不利于学生的学习，这也正是我们之前未考虑到的随文识字的致命缺点。于是在我们的共同努力下，我们对随文识字与集中识字的界限做了深入地讨论与区分。如：在第三次试讲时，我们将"尘"字设计成随文，运用字理教授，告诉学生三只小鹿一起奔跑，扬起的灰尘就是我们现在的"尘"字，学生听了之后立刻质疑说："老师，我觉得这个尘土跟瀑布如烟、如雾、如尘的那种水汽弥漫的感觉不太一样啊！"课下我们也对这一问题进行了讨论。为保留"尘"字的随文识记，我们又陆续想了多种方法，像"小土为尘"等，但我们发现，不管用哪种方法，"尘"字的随文都会在不同程度上破坏文境。于是，我们果断放弃"尘"字的随文，同时，也明白了，随文识字与集中识字其实并没有什么明显的界限。在我们的教学中究竟选择哪种识字方法，还要根据具体的教学实际而定。

2. 斟酌后随文，集中做后盾

随文识字并不是每个字都适用，但只要是适合随文识字的就一定能帮助学生理解文章意思。例如，姚红艳老师将"脚"字进行了随文的处理，即先由老师问："远处的瀑布如此美丽，让我们离它更近一些，现在我们来到了哪里？"学生齐声答："山脚下。"这时 PPT 中出现"脚"字，随文识记。老师问："你怎么记这个字的？"学生回答后，老师总结："脚"是月字旁，表示它是人体的一部分，在这里是指离瀑布很近了，就站在瀑布的跟前。这样的随文识字不仅没有脱离文境，而且还能帮助学生理解叶圣陶是到了山脚下，离瀑布越来越近了，巧妙地帮助学生理解了这课学习的一个难点——"由远到近"的写法。由此，我们认为随文识字应该是识字教学的首要选择。然而完美的随文识字设计并不一定课课出现，更不可能字字出现。生拉硬拽的随文识字会成为打破文境的元凶。如《瀑布》一课，要求会写的 5 个生字分别为"松、丈、脚、座、尘"，斟酌过后适合随文的只有"丈"和"脚"，这时集中识字就要为随文识字做坚实的后盾。

在《瀑布》展示课中，我们经过多次尝试最终形成了一种识字教学新模式。舍弃学文前的集中识字环节，在学文过程中识记"丈、脚"两个适合随文的字，在学文结束时，再利用集中识字的方法，学习剩余的字并复习"丈"与"脚"字。这一举动可谓是打破常规，但在授课中学生们的接受度较高。为了提高他们学习的效率和兴趣，我们实在不应该墨守成规，应该不时地突破和创新。

随文识字和集中识字各有利弊，这是毋庸置疑的。我们并不是要以随文识字取代集中识字，而仅仅是用随文识字弥补集中识字的不足，同时，集中识字也作为随文识字的补充，弥补随文识字的不足。这两种识字方法统一、融合才能使语文识字教学的效益最大化。

四、结论

在本论文中，我们试图通过《瀑布》一课的教学实践平衡随文识字和集中识字两种识字方法的关系，探索出两者之间的运用界限。正是由于这次的教学实践，我们认为应配合使用两种识字方法，即需要在文中讲解，并能促进文章理解的字，我们就随文识记；在文中讲解对学生识记没多大帮助的字我们都集中识记。由此可见，淡化两种识字方法之间的界限是我们现在应该努力的方向。在设计识字环节时，我们要再三审视，做到识字方法的最优利用。我们深知自己的能力有限，此篇论文中的一些观点还不够完善，许多想法还需再次落实到具体的教学中，但我们相信不久的将来一定会有更多的教育工作者参与到低年级识字教学方法的探索中来，低年级的识字教学水平一定会有所提高。

附

《瀑布》第一轮研究课教学设计

教学目标

1. 渗透识字 9 个。
2. 正确、流利、有感情地朗读课文。
3. 通过读感受诗歌的韵律美，体会瀑布的雄伟、壮观。
4. 体会课文的语言，激发孩子们热爱大自然、乐于亲近大自然的情感。
5. 背诵课文。

教学重、难点

1. 正确、流利、有感情地朗读课文。
2. 通过读感悟到诗歌语言的美，体会瀑布的雄伟与壮观。
3. 在读中培养语感，使学生受到美的熏陶，激发学生对大自然的无比热爱之情。

教学过程

一、激情导入

1. 我国幅员辽阔，有名的山川河流很多，让我们一起来看看我国的四大瀑布。（出示图片）

2. 庐山瀑布，说庐山道庐山，李白曾说过，出示："飞流直下三千尺，疑是银河落九天。"

3. 让我们来看看叶圣陶先生笔下的瀑布吧！

二、初读课文，整体感知

1. 自读，把字音读准确。

2. 同桌之间检查朗读，看是不是每个人都读准确了，开始吧！

3. 指名读。谁愿意给大家读一读？读时认真听，看他们能不能读准确。

三、集中识字

1. 带拼音自读

瀑布　叠叠　岸滩　这般　比喻　衬着　珍珠的屏　大雾　松林　千丈　脚下　一座　尘土

2. 指名带读

3. 去拼音抢读

4. 识字(生字在其中，你用什么方法记?)

"松"，形声字，木字旁，与木头有关，出示图片，填形容词。

"丈"，减一减，手拿着尺子在丈量，逐渐变形。一丈是3.3米，两个老师这么高。

"脚"，加一加，"月"表示身体的一部分，中间是行走的意思，右边是个人，人用来行走的是脚。

"座"，我们把它的好朋友请出来吧! 出示:"座"、"坐"。

请试着填一填。

A. 站如松，(　　　)如钟，行如风。

B. 远处有一(　　　)高山。

C. 上课铃响了，丁丁(　　　)在(　　　)位上等老师上课。

"尘"，出示图片，猜谜语:三个小鹿跑，是"尘"，象形字，最终简化为"尘"。

四、品读课文，感悟诗的意境美

出示全文:自读课文，把字音读准确，语句读通顺。

播放瀑布的声音，猜猜是什么声音，现在我们就来看看叶老笔下是怎样描写这种声音的。

(一)课文第一小节

1. 默读第一节，画出你喜欢的词，说说你为什么喜欢?

生答:叠叠，阵阵。浪很大，风很大。瀑布的声音也很大，一阵紧接一阵。

2. 自由读。师:听，叠叠的浪涌上了岸滩，一个浪接一个浪涌上来;阵阵的风吹过松林，一阵风接着一阵风，发出震耳欲聋的声响。(播放海浪声、松涛声)让我们边读边想象。

3. 指名读，老师指导朗读。

师:读到这里，你心情怎么样? 你觉得叶圣陶爷爷的心情是什么样的呢? (生:很激动，特别想看看瀑布。)把你激动的心情读出来。

4. 还没有看到瀑布，我们就已经感受到了它那磅礴的气势。瀑布到底是什么样的呢? 让我们跟随叶圣陶爷爷一起去看看吧。

(二)课文第二小节

1. 出示图片，师引"山路忽然一转"，同时出现第二节文字，学生接读。

2."啊！望见了瀑布的全身！"句子变红，师：终于看到了瀑布的全身，你是什么心情？把你的心情读出来。（多找几个学生读）

3. 生读"这般景象没法比喻，千丈青山衬着一道白银"。

师问为什么没法比喻？生答。师说太美了，不是不会比喻，而是面对这瀑布，什么样的语言都显得苍白无力，都无法表达这美呀！

多读，指名学生读书时，老师给予相应评价。

（三）课文第三小节

请你自己读一读，学一学。提出不明白的问题，我们共同探讨。

1. 老师归纳问题：为什么是"珍珠的屏"？"如烟"，"如雾"，"如尘"什么样？

2.（出示前两句）师：如果你就站在瀑布脚下，看到如此美丽壮观的瀑布，你会说什么呢？（生齐读前两句）瀑布为什么变成了"珍珠的屏"呢？追问珍珠什么样。归纳：晶莹剔透，光彩夺目，洁白无瑕。

珍珠的屏：瀑布从很高的山上流下来，水碰到石头上，溅起很多的小水珠，小水珠在阳光的照射下就像一颗颗珍珠，许多连在一起就像一座珍珠的屏。（课件：屏）

3. 师：这时忽然吹来一阵风，"珍珠的屏"会有什么变化呢？（看视频）

当风吹来，和我们平时看到的烟、雾、尘有什么相似的地方？

看录像后生说：如烟、如雾、如尘。

师：瀑布从千丈青山直泻而下，被风一吹，溅起许多的小水珠，那些轻飘飘的，纷纷扬起，像烟；那些密集一些的，迷迷蒙蒙的像雾；那些细小飞散落下的像尘。抬头仰望，这样美丽的景象，如人间仙境。你此时的心情如何呢？带着自己的感受读读这一小节。

4. 指名读，师评价。

那就让我们再次跟随叶老的脚步领略这瀑布的美吧！配乐齐读全文。

五、提问

为什么这瀑布有时像白银？有时像珍珠屏？（渗透由远及近的写法）

六、指导书写

出示带田字格的一类字，你们觉得哪些字写时有困难，按照学生的困难点指导写3个字。

板书：

瀑　布

远　叠叠的浪

白银

近　珍珠的屏

《瀑布》第二轮研究课教学设计

教学目标

1. 渗透识字 9 个。

2. 正确、流利、有感情地朗读课文。

3. 通过读感受诗歌的韵律美，体会瀑布的雄伟、壮观。

4. 体会课文的语言，激发孩子们热爱大自然、乐于亲近大自然的情感。

5. 背诵课文。

教学重、难点

1. 正确、流利、有感情地朗读课文。

2. 通过读感悟到诗歌语言的美，体会瀑布的雄伟与壮观。

3. 在读中培养语感，使学生受到美的熏陶，激发学生对大自然的无比热爱之情。

教学过程

一、激情导入

1. 我国幅员辽阔，有很多著名的山川河流，哪位同学见过瀑布啊？说说你在哪里见过瀑布？它什么样子？

2. 唐代大诗人李白就曾写过赞美庐山瀑布的名篇。出示："飞流直下三千尺，疑是银河落九天。"指名读。

3. 如今，又有一位著名作家叶圣陶先生，也登上了庐山，在当年李白曾经驻足的地方，写下了动人的诗篇。今天我们就来学习叶老笔下的《瀑布》。板书，生读课题。

二、初读课文，整体感知

1. 自读课文，用学过的方法把字音读准确。

2. 同桌互读，听听你的小伙伴是不是把字音都读正确了。

3. 指名读。谁愿意给大家读一读？其他同学认真听，看他们能不能把字音读准确，语句读通顺。

师：看来同学们字音都能读正确了，你们可真棒！

三、品读课文，感悟诗的意境美

导入：跟随着叶老的脚步，我们在弯弯曲曲的山路上前行，还没看见瀑布先听见瀑布的声音。板书：声音。

（一）课文第一小节

1. 小声读第一小节，找出描写瀑布声音的句子，读一读。画出你最喜欢的词，说说你喜欢的原因。

2. 理解：叠叠 阵阵（板书）

叠叠的浪：一浪涌来，又一浪涌来，又一浪涌来，一层又一层，前浪未平，后浪又至，这就是叠叠的浪。生读1。

海浪一叠接着一叠，冲上了岸滩，发出了阵阵鸣响，瀑布的声音就像浪涛翻滚时发出的轰鸣。生读2。

阵阵的风：风吹松林，松涛阵阵，瀑布从高山跌进深潭，发出的就是像松涛一样的吼声。生读3。

3. 指名读，老师指导朗读。

师：听你读我仿佛看到一阵风正吹过树林呢。谁再试一试，读出这"叠叠"、"阵阵"来。

师：听出了一浪接一浪，谁再来。生读4。

师：听出了清风阵阵，你也来试一试。生读5。

4. 师：听，叠叠的浪涌上了岸滩，阵阵的风吹过松林，发出震耳欲聋的声响。让我们边读边想象。齐读。

5. 师：读到这里，你心情怎么样？你觉得叶圣陶爷爷的心情是什么样的呢？（生：很激动，特别想看看瀑布。）

6. 还没有看到瀑布，我们就已经感受到了它那磅礴的气势，瀑布到底是什么样的呢？让我们跟随叶圣陶爷爷一起去看看吧。

（二）课文第二小节

1. 师引"山路忽然一转"，同时出现第二节文字。学生接读1。

2. 师：终于看到了瀑布的全身，你是什么心情？把你的心情读出来。

（多找几个学生读）生读2、3、4、5。

3. 生读"这般景象没法比喻，千丈青山衬着一道白银"。

4. 出示PPT，讲解"丈"字，一个人拿着工具在丈量，一丈是3.3米，两个老师这么高，千丈那得多高啊？把你的感受读出来。谁来？生读6。

5. 师：出示图，理解"衬着一道白银"。（板书：样子 白银）

PPT出示图片，看，这一座有千丈高的山上，满眼的绿色，就在这郁郁葱葱的密林中间，有一道白银似的瀑布飞流直下，格外显眼。你从课文中哪个字感受到的？"衬"，把你的感受读出来。生读7。

师：听你读我仿佛看到了那千丈高山，谁再来？生读8。

师：为什么没法比喻？生答。

师：太美了，不是不会比喻，而是面对这瀑布，什么样的语言都显得苍白无力，都无法表达这美呀！

6. 师读出这高、这美来。多读，指名学生读书时，师给予相应评价。

（三）课文第三小节

师：站在瀑布脚下，我们又看到了怎样的美景呢？

请你自己读一读，学一学。提出不明白的问题，我们共同探讨。

1. 老师归纳问题：为什么是"珍珠的屏"？"如烟"，"如雾"，"如尘"什么样？

2. 师：瀑布为什么变成了"珍珠的屏"呢？追问珍珠什么样。归纳：晶莹剔透，光彩夺目，洁白无瑕。

珍珠的屏：瀑布从很高的山上流下来，水碰到石头上，溅起很多的小水珠，这一滴滴、一串串的小水珠在阳光的照耀下，闪闪发亮，就像一颗颗珍珠，许许多多连在一起就像一座珍珠的屏。（板书：珍珠的屏）

3. 师：这时忽然吹来一阵风，"珍珠的屏"会有什么变化呢？

生读：如烟、如雾、如尘。

4. 看视频。

师：瀑布从千丈青山直泻而下，被风一吹，溅起许多的小水珠，水珠又小又轻，在空中纷纷扬起，水汽弥漫，迷迷蒙蒙，轻飘飘的，如烟、如雾又如尘。

师范读，再找两个同学读。

5. 抬头仰望，这样美丽的景象，如人间仙境。你此时的心情如何呢？带着自己的感受读读这一小节。

6. 指名读，师评价。

四、朗读思考

那就让我们再次跟随叶老的脚步领略这瀑布的美吧！齐读全文，如果会背就把书扣在桌上。

1. 边读边思考：为什么这瀑布有时像白银？有时像珍珠的屏？（渗透由远及近的写法）

2. 你能美美地夸夸这瀑布吗？

瀑布像 _____，瀑布像 _____，一阵风吹来，把它吹得如 _____，如 _____，如 _____。

五、集中巩固生字词

1. 指名带读

瀑布　叠叠　岸滩　这般　比喻　衬着　珍珠的屏　大雾　松林　千丈　脚下　一座　尘土

2. 出示第二组带三点水的词语学生抢读，读后问：你发现了什么？

师：三点水和水有关，形旁表意，归纳方法。

3. 出示：一座珍珠的屏　一阵风　一道白银，指名读。

"座"变红，师：你是怎么记住这个字的？出示 PPT，先让学生做练习，试着说出"座"与"坐"的区别（量词、动词），再查字典。

还能说一座（　　　）　一阵（　　　）　一道（　　　）

4. 出示带田字格的一类字。分别说"松、脚、尘"的记字方法。

5. 说重点字，为写做准备。

"松"

师：先请学生说，然后老师书写，提示"八"、木字旁的变形，评价时问："老师提示的部分都做到了吗？"

"脚"

师：错落有致是重点。

板书：

瀑　布

声音　叠叠　阵阵

样子　白银　珍珠的屏

《瀑布》第三轮研究课教学设计

教学目标

1. 渗透识字 9 个。

2. 正确、流利、有感情地朗读课文。

3. 通过读感受诗歌的韵律美，体会瀑布的雄伟、壮观。

4. 体会课文的语言，激发孩子们热爱大自然、乐于亲近大自然的情感。

5. 背诵课文。

教学重、难点

1. 正确、流利、有感情地朗读课文。

2. 通过读感悟到诗歌语言的美，体会瀑布的雄伟与壮观。

3. 在读中培养语感，使学生受到美的熏陶，激发学生对大自然的无比热爱之情。

教学过程

一、激情导入

1. 我国幅员辽阔，有很多著名的山川河流，你们谁见过瀑布啊？说说你在哪里见过瀑布？它什么样子？

2. 你眼中的瀑布是这样的，诗人李白曾这样赞美过瀑布，出示："飞流直下三千尺，疑是银河落九天。"学生齐读。

3. 在叶圣陶爷爷眼中的瀑布是什么样的呢？这节课我们就来学习他笔下的《瀑布》。（板书）伸出你的手和老师一起写课题。齐读课题。

二、初读课文，整体感知

1. 打开书的 74 页，自读课文，用学过的方法把字音读准确。

2. 认识这些生字了吗？同桌互读，听听你的小伙伴是不是把字音都读正确了。

3. 指名读。谁愿意给大家读一读？其他同学认真听，看他字音是否读准确，语句是否读通顺了。

师：看来同学们字音都能读正确了，你们可真棒！

三、品读课文，感悟诗的意境美

（一）课文第一小节

叶圣陶爷爷还没看见瀑布，就远远地听到了瀑布的声音。

1. 自读第一小节，找出描写瀑布声音的句子，读给你的同桌听。

师：你为什么要把"叠叠"和"阵阵"读得这么重啊？

理解：叠叠　阵阵

师：是呀，这声音持续不断，震耳欲聋，把你们的感受读出来吧！

2. 师：读到这里，你心情怎么样？（生：很激动，特别想看看瀑布。）还没有看到瀑布，我们就已经感受到了它那磅礴的气势，瀑布到底是什么样的呢？让我们跟随叶圣陶爷爷一起走近瀑布，去看一看吧！

（二）课文第二小节

1. 师引"山路忽然一转"，同时出现第二节文字，学生接读。

2. 师：终于看到了瀑布的全身，我感受到了你们激动的心情，谁再来读一读。连用两个叹号表达激动的心情。

3. 出示 PPT，师：瀑布的全身什么样？生读"这般景象没法比喻，千丈青山衬着一道白银"。

4. 出示 PPT，讲解"丈"字，一个人拿着工具在丈量，一丈是 3.3 米，两个老师这么高，千丈那得多高啊？把你的感受读出来，谁来？

5. 这白银指的是什么呢？生：瀑布。师：那瀑布为什么像一道白银？（水又白又亮）

6. 出示 PPT 图，理解"衬着一道白银"。

看，这一座有千丈高的山上，满眼的绿色，就在这郁郁葱葱的密林中间，有一道白银似的瀑布飞流直下，格外显眼。用你的朗读让我们感受到这份美，谁来？

师：为什么没法比喻？

师：太美了，不是不会比喻，而是面对这瀑布，什么样的语言都显得苍白无力，都无法表达这美呀！

7. 师：读出这高、这美来。同桌互相读。

（三）课文第三小节

1. 师：远处的瀑布如此美丽，让我们离它更近一些，现在我们来到了哪里？

出示第三节。

2. 出示 PPT"脚"，你怎么记这个字的？

师："脚"是月字旁，表示它是人体的一部分，在这里是指离瀑布很近了，就站在瀑布的跟前。

3. 请你自己读一读第三节。提出不明白的问题，我们共同探讨。

4. 老师归纳问题：为什么是"珍珠的屏"？"如烟，如雾，如尘"什么样？

5. 师：瀑布为什么变成了"珍珠的屏"呢？什么是"屏"？为什么是"珍珠的屏"？

师：瀑布从很高的山上流下来，水碰到石头上，溅起很多的小水珠，这一滴滴、一串串的小水珠在阳光的照耀下，闪闪发亮，就像一颗颗珍珠，许许多多连在一起就像一座珍珠的屏。

"座"变红，指名说怎么记。师总结带广字头的这个"座"，一般是量词，多指较高或固定的物体。

6. 师：这时忽然吹来一阵风，"珍珠的屏"会有什么变化呢？看录像。

你看到什么了？

师：瀑布从千丈青山直泻而下，被风一吹，溅起许多的小水珠，水珠又小又轻，在空中纷纷扬起，水汽弥漫，迷迷蒙蒙，轻飘飘的，就是如烟、如雾、如尘的样子。

7. 抬头仰望，这样美丽的景象，如人间仙境。你此时的心情如何呢？带着自己的感受读读这一小节。

8. 老师范读。学生练读。指名读，师评价。

四、朗读思考

那就让我们再次跟随叶老的脚步领略这瀑布的美吧！齐读全文。

叶老来到庐山，还没看到瀑布，先听到了瀑布的声音，这声音像_____，像_____。随着声音，来到瀑布面前，这瀑布又白又亮，像_____。走近瀑布，一阵风吹来，又把它吹得如_____，如_____，如_____。

刚才同学们介绍了自己看到的瀑布，没见过瀑布的同学也欣赏了瀑布，现在你能用课文中的一句话赞美瀑布吗？

五、集中巩固生字词

1. 指名带读。

瀑布　叠叠　岸滩　这般　比喻　衬着　珍珠的屏　大雾　松林　千丈　脚下　一座　尘土

2. 出示第二组带三点水的词语，学生抢读，读后问：你发现了什么？

师：三点水和水有关，形旁表意，归纳方法。

3. 出示：一座珍珠的屏　一阵风　一道白银（指名读）

出示 PPT，让学生做练习，还能说一座（　　　　）　一阵（　　　　）　一道（　　　　）

4. 出示含生字的词读一读。和你的同桌说说这些生字你是怎么记的。

5. 出示带田字格的一类字。

师：在前测中发现同学们是如何书写"尘"和"脚"这两个字的。

(1) 脚

师：错落有致是重点。

(2) 尘

师：小土为尘，强调小没钩。

板书：

瀑　　布

声音　　叠叠　　阵阵

样子　　白银　　珍珠的屏

《瀑布》第四轮研究课教学设计

教学目标

1. 渗透识字 9 个。

2. 正确、流利、有感情地朗读课文。

3. 通过读感受诗歌的韵律美，体会瀑布的雄伟、壮观。

4. 体会课文的语言，激发孩子们热爱大自然、乐于亲近大自然的情感。

5. 背诵课文。

教学重、难点

1. 正确、流利、有感情地朗读课文。

2. 通过读感悟到诗歌语言的美，体会瀑布的雄伟与壮观。

3. 在读中培养语感，使学生受到美的熏陶，激发学生对大自然的无比热爱之情。

教学过程

一、激情导入

1. 同学们，老师知道很多同学都曾亲眼或者在照片上见过瀑布。今天，老师就和你们一起走近瀑布去看一看。伸出小手和老师一起写课题——齐读课题。

2. 唐代诗人李白见到了庐山瀑布，这样赞叹道：

出示"飞流直下三千尺，疑是银河落九天。"学生齐读。（老师读出来）

3. 那么在叶圣陶爷爷眼中的瀑布又是什么样的呢？让我们去看一看。

二、初读课文，整体感知

1. 打开书的 74 页，小声读课文，用学过的方法把字音读准确。

2. 字都认识了吗？同桌一人读一节，听听你的小伙伴是不是把字音都读正确了。

3. 指名读。谁愿意给大家读一读？其他同学认真听，看他们字音是否读准确，语句是否读通顺了。

师：同学们都能把字音读正确，你们可真棒！

三、品读课文，感悟诗的意境美

师：现在就让我们跟随叶圣陶爷爷的脚步走近瀑布去听一听，看一看吧！还没看见瀑布，就远远地听到了瀑布的声音。

（一）课文第一小节

1. 谁来读读课文的第一小节，其他同学想一想瀑布的声音什么样？

师：你能用书上的句子说说瀑布的声音什么样吗？

生：像叠叠的浪　像阵阵的风……（板书：叠叠　阵阵）

师：你们自己再读读这句话，能不能用自己的话说说瀑布的声音什么样？

师：你们看这个"叠"字，上面三个"又"摞在一起，一层又一层。那"叠叠"更是堆积重复。瀑布的声音就是这样持续不断，震耳欲聋。

师：你能通过读让我们感受到这巨大的声音吗？谁再来读读第一小节。

评读：你的读让我感受到了，这瀑布的声音真的很大呀！

　　　我听出来了，这声音持续不断。

这声音，震耳欲聋。

2. 师：你们听，这就是瀑布的声音。（放声音）

此时听到这巨大的声音你有什么想法？

（二）课文第二小节

那好，瀑布到底是什么样的呢？让我们跟随叶圣陶爷爷一起走近瀑布去看一看吧。（板书：样子）

1. 师引读："山路忽然一转"，同时出现第二节前两行文字，学生接读："啊！望见了瀑布的全身！"

2. 师：终于看到了瀑布的全身，叶圣陶爷爷一连用了两个感叹号来表达自己激动的心情。看，这就是刚刚我们只闻其声，未谋其面的瀑布！（出示图片）谁再来读一读这句，让我们感受你此时的心情。生读。

3. 我听出了此时你们激动的心情，出示："这般景象没法比喻，千丈青山衬着一道白银。"师读。

出示 PPT，讲解"丈"字。你们看这个"丈"字，一丈是 3.3 米，比两个姚红艳老师还高一些，千丈那得有多高啊！（出示图片）而就在这千丈青山的衬托下，瀑布像什么？（白银）板书：白银。那瀑布为什么像一道白银呢？

4. 师：千丈高的山上，满眼的绿色，有一道白银似的瀑布在阳光的照射下，闪闪发亮，多美呀，谁来读读第二小节。生读。

评价：我感受到了你见到这般美景时的惊叹。

　　　　我仿佛看到了那飞流直下，闪闪发亮的瀑布！

　　　　多美呀，再多的语言也无法形容这美景。

　　　　全班一起读读！

（三）课文第三小节

师：远处看瀑布如此美丽，让我们离它更近一些，现在我们来到了哪里？出示第三小节。（瀑布脚下）

出示 PPT，"脚"，是我们身体的一部分，所以它是"月"字旁。脚在我们身体的最下面，此时我们已经来到了瀑布脚下，站在了瀑布的跟前，可以近距离感受一下瀑布了。

请你自己读一读第三节。看看有什么不懂的问题。

1. 师：我们先来看看为什么此时的瀑布像是"珍珠的屏"呢？你们知道什么是"屏"吗？（出示：屏风图片）你看，屏风又宽又大，遮挡在前面，瀑布就像一座屏一样。你们再想想，这瀑布为什么会像珍珠的屏呢？

出示图：瀑布。

师：是呀，这瀑布的水在阳光的照耀下晶莹剔透，闪闪发亮，就像是一座布满珍珠的屏呀！（板书：珍珠的屏）

师：这座像珍珠的屏一样的瀑布多壮观呀，谁来读一读这一句？

2. 这时忽然吹来一阵风，珍珠的屏会有什么变化呢？谁来读读？

出示：第二句。

"尘"这个字，你有什么好方法记？师：小土为尘。那被风吹过的瀑布为什么如烟，如雾，如尘呢？我们一起来欣赏一下。

（看录像）

你发现了什么变化？

3. 师：瀑布从千丈青山直泻而下，被风一吹，溅起许多的小水珠，水珠又小又轻，在空中纷纷扬起，弥漫开来，如烟、如雾又如尘。

谁来读读这一节？

（师范读　指名读　评读）

我听出了你对这美景的赞叹。

我仿佛看到了那闪闪发亮的瀑布！

我感受到了瀑布被风吹起时水汽弥漫的样子。

四、背诵课文

同学们读得这么美，相信有些同学已经能背下来了。请同学们和老师一起试一试。

五、给出提示，老师引读

叶老来到庐山，还没看到瀑布，

先听到了瀑布的声音，

这声音像_____，

像_____。

随着声音，

来到瀑布面前，

这瀑布又白又亮，

像_____。

来到瀑布脚下，

这瀑布像_____，

一阵风吹来，

又把它吹得如_____，如_____，如_____。

六、集中巩固生字词

刚才同学们文章读得这么美，现在老师想看看大家生字词掌握的怎样，我找同学开火车读。

1. 指名带读。

瀑布　叠叠　岸滩　这般　比喻　衬着　珍珠的屏　大雾　松林　千丈　脚下　一座　尘土

2. 出示第二组带三点水的词语，学生抢读。

"瀑、滩、浪、涌"四个字变红，请你再读读这几个词，看看这几个红字有什么特点？

师：这四个字都带有三点水旁，表示跟水有关系。

3. 出示："一座珍珠的屏"、"一阵风"、"一道白银"，指名读。

出示 PPT，一座（　　　）　一阵（　　　）　一道（　　　）

你能照样子再说几个吗？

4. "座"变红，看到这个"座"，想想我们还学过这个"坐"，你怎么区分这两个"zuò"？

（"座"一般用作量词，多用于较高或固定的物体。）

你试着读一读，填一填。

①座　②坐

A. 站如松，（　　　）如钟，行如风。

B. 远处有一（　　　）高山。

C. 上课铃响了，丁丁（　　　）在（　　　）位上等老师上课。

5. 出示含生字的词读一读。

6. 出示带田字格的一类字。

(1)和你的同桌说说你是怎么记这些生字的。

(2)老师再给你们一分钟的时间，看你们能不能把这几个字记在心里，一会儿老师要听写检查大家。

（3）听写生字。

（4）出示带田字格的一类字。

请同学们对照着投影自己检查字是不是写正确了。有问题的改正过来。

（5）老师发现刚才同学们在写"脚"这个字时问题较大。谁来说说这个字在书写时应该注意什么？

生说——师范写——生写——师评价——生再写——师再评

（6）那你看看其他4个字，选一个你写得不够规范的，再写一个。

师评价。

（7）其他的几个生字我们下一节课继续写。

板书：

瀑　　布

声音　　　叠叠　　　阵阵

样子　　　白银　　　珍珠的屏

根据具体的学情和字情选择科学的识字方法

——《特殊的考试》课例研究报告①

一、问题的提出

（一）"新版课标"对本学段的要求

"新版课标"指出："识字、写字是阅读和写作的基础，是第一学段的教学重点，也是贯串整个义务教育阶段的重要教学内容。"上个学期我们在识字教学方法上进行了尝试和摸索，受益匪浅。我们的研究重点是有效利用"偏旁表"提高学生识字能力的课堂教学策略。从研究的效果上来看，是符合学生的认知规律的，也提高了我们课堂的时效性，更激发了教师对汉字的深入探究。本学期，学生刚刚升入二年级，根据"新版课标"中关于小学阶段的识字要求，小学阶段的识字量为 3000 字左右，其中 1～2 年级识字 1600 个左右，3～4 年级累计认识 2500 个左右（新识字约 900 个），5～6 年级累计认识 3000 个左右（新识字约 500 个）。由此可见，大量的识字任务集中在一、二年级。因此，识字教学势必成为一、二年级教学的重中之重。应该说，识字写字仍是我们教学的重点。因此，我组教师经过认真讨论，认为可以继续把"根据具体的学情和字情选择科学的识字方法"作为本学期课例研究的主题。

（二）研究问题的确定来自我们的困惑

我们常说语文教师的"备课"有"三备"，即"备教材"、"备学生"、"备教法"。然而，在我们日常的教学设计和教学中往往对"备学生"这一环节重视不够。了解学情的手段比较简单，常常是凭经验。学情分析的过程，只见判断不见分析，只见结论不见过程。学情分析的深度也不到位，往往是一种印象的判断。在识字方法的选择和运用上很多老师很彷徨，有跟着潮流走的趋势。

基于此，我们的研究问题最终确定了：

1. 在依据学情选择识字方法时，前测的方式、内容尤为重要，我们应当

---

① 本研究报告由沈宏玲、李媛媛、张冬梅、李倩执笔。课例研究负责人沈宏玲，成员包括李媛媛、张冬梅、李倩、李颖。

如何设计更为有效、真实的前测题目。

2. 在依据字情选择科学的识字方法时，如何将随文识字和集中识字有效结合。

二、学情分析

课文《特殊的考试》围绕谁能当"小小卫生员"节目主持人展开。小动物们只关注自己的形象是否卫生漂亮，而忽视了作为一名卫生节目主持人最重要的条件：关注周围的环境，维护公共卫生。这篇课文使学生初步懂得了学习要和实践紧密结合的道理。本文共有九个自然段。

(一)识字部分

1. 前测题目

给汉字选择正确的读音。

①shū　　　②tào　　　③hú　　　④lí

⑤xié　　　⑥xiāng　　　⑦děng　　　⑧xuān

鞋(　　)　　　套(　　)　　　箱(　　)　　　狐(　　)

殊(　　)　　　等(　　)　　　宣(　　)　　　狸(　　)

2. 测试目的

识字能力是阅读和写作的基础，所以在低段的教学中要特别关注识字教学。这样的前测题目可以更清楚地了解学生对本课生字的掌握情况。

3. 数据分析

数据表明，学生对本课生字的字音掌握较好，基本上能读准字音。全班共有 4 个学生选择字音有误，错误率为 11.4%。

4. 教学策略：调整教学设计，力求实效

在调整后的教学设计中，我们将时间留给学生真正有困难的地方。对于学生已掌握的字音减少了教学时间，充分相信学生独立识字的能力。

(二)写字部分

1. 前测题目

在田字格中书写下列各字。

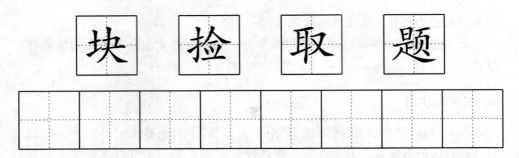

块　捡　取　　题

2. 测试目的

二年级的学生已经具备了一定的独立书写生字的能力。所以这个题让学生对本课生字进行书写是想发现学生书写的困难所在，进而在课堂上进行有针对性的指导。

3. 数据分析：了解学情，找准方向

在对学生进行了前测后发现，"特"、"持"、"卫"、"捡"书写正确率高，而且比较工整美观。"题"、"取"、"新"、"块"四个字在书写中容易出错，不容易写规范。在学生自主选择需要得到老师帮助的字时，大多锁定在这四个字上。在测试过程中还发现，学生大多是拿笔就写，没有对汉字结构进行观察揣摩，这种机械式的抄写使得学生最多只能做到书写正确，但达不到规范端正的要求。

4. 教学策略：把握目标，确定重点

基于前测的分析，我们确定将指导"题"、"取"、"新"、"块"四个字的书写作为本课的教学重点之一。这四个字在指导方法上各有侧重。"取"，进行字理识字，掌握汉字的意思。"题"、"新"、"块"，渗透汉字的避让穿插原则，从而达到不仅书写正确而且工整规范的标准。

(三)阅读理解部分

1. 前测题目

读了课文以后，你最喜欢哪只小动物？为什么？

2. 测试目的

这样的设计题目就是为了掌握学生对课文内容的理解程度和认知水平，以增强课堂实效性，减少无效环节。

3. 数据分析：剖析学生思想，找到学生认识的空白点

测试表明，多数学生能够通过自己的初步阅读，了解课文的大致内容；

能够写出他最喜欢的小动物是小白兔，因为小白兔捡起了果皮。一小部分同学写了喜欢其他小动物，因为他们的皮鞋、手套、围巾漂亮。这说明大部分同学能够理解文章的主要内容，但是并没有把主旨上升到自觉维护环境卫生的高度。

4. 教学策略：找准难点，调整教学环节

通过对前测的分析，我们修改了本课的教学难点。为了突破这一难点，我们对教学环节也做了相应的改变。通过个性化的朗读、对重点词句的品读，学生的学习能力得到了提高。

通过对《特殊的考试》一课的研读，我们认识到前测对于分析学情、把握教学重难点、合理使用教学手段都起着决定性的作用。前测能使我们更好地"以学定教，因学而导"，使教学活动事半功倍。

三、集中识字的方法

1. 基本字带字识字法

基本字带字是一种熟字带生字的识字方法，也是一种形近字带字和形近字归类的识字方法。如《特殊的考试》一课中的"特"和"持"，在集中识记的过程中，我们就将这两个字处理成一组字，通过比较，区分两个字在形音义上的异同。这种方法的教学目的非常明确，我们在教授一个字的同时，教授的还是一种独立识字的方法。

2. 字理识字法

识字以感知觉为先导，并有分析、综合以至推理、判断等思维活动参与，而最主要的过程是记忆。机械记忆容易遗忘，意义识记则印象深刻。因此，评价一种识字方法的优劣，首要的标准就是看它能不能尽量减少死记硬背的内容，提供更多易于联想的线索，更快更牢地识记汉字。从这个意义上讲，讲析字理是最根本的识字方法。如我组李倩老师在《特殊的考试》教学中，巧妙地运用自理识字的方法教学"取"字（"取"字的演变：右边部分像人的手，带"又"的字大多与手的动作有关）。依据汉字的构字原理和规律进行识字教学，可以说是中国古已有之的传统识字方法。从东汉许慎的《说文解字》到清代的诸多识字教本，都非常注意从构字原理上析解汉字，一代名师徐特立身为人师时，仍苦读《说文解字》，常一边行走一边用掌心书写篆文，默记字理。由于汉字楷化和简化等原因，部分字的形乃至义已有所变化，教学这些字时，不能"强词夺理"，可以按笔画或结构部件识记。但就大部分汉字来说，还是有"理"可说的，对这些字，我们就应依据其构字的原理进行解说和识记。事实上，任何一种好的识字方法都应是渗透字理的，机械识字绝不会是好的方法；而字理识字又常常必须借助集中识字、归类识字、谜语识字、趣味识字等方式进行。依照汉字的构字原理识字是中国传统的识字方法，我们应抓住这一根本的识字方法"古为今用"。

四、在教学实践中依据学情、字情选择科学的识字方法

（一）一教一反思

备课之初，我们考虑到：识字是学生阅读的基础，有了一定的识字量，学生才能比较顺利地进行阅读，从而拓展知识面，提高学习能力。进入二年级，学生的学习能力变强了，但识字教学依然是语文教学的重点。

在执教《特殊的考试》一课时我们发现，这课的生字中有"持"和"特"这两个具有相同构字部件的字，这不正好可以利用更换偏旁部首的方法教学生识字吗？因此，教学时就让学生给"寺"这个字加不同的偏旁部首来组成新字、再组词。这一教学过程仅限于学生说一个，老师出示一个的形式，使得这一识字过程十分枯燥无味。这种形式对于低年级的学生来说更多的是调动了那些已有知识比较丰富的孩子，学生识字的过程停留在空想的状态，能说出"等"、"诗"、"待"这些常见或已认的字，要想再想到"恃"、"峙"、"侍"等不常见、极个别学生认识的字，就难上加难了，更不用说想达到同学之间互教互学、拓展识字的目的了。

字理识字一直以来是学生们很喜欢的一种识字方法，运用字理进行识字教学，不仅明确了构字部件的含义，而且还通过这些部件让学生明白了字的意思，能够帮助学生系统地掌握汉字，轻轻松松地识记汉字，激发起学生学习语文的兴趣。本课中的"取"字是可以利用字理识字的一个生字，而且还能明确地告诉学生"又"表示与手有关，但其含义过于血腥、暴力，我们有意地进行了回避。而在组内教研时，老师们还是觉得虽然含义有些让人"毛骨悚然"，但这也是学生记住"取"最有效的方法。

上完第一轮课后，组内老师围绕如何使识字教学更有趣味性展开了热烈的讨论。根据大家的讨论，我们适当调整了第一次的教学设计。

（二）二教二反思

与第一轮课相比，第二轮课有如下几个特点。第一，给"寺"字加上不同的偏旁组成新字，并对此方法进行总结，然后通过组字游戏鼓励学生给"捡"字换偏旁，以组成新字，以此巩固归类识字方法。归类识字在小学一、二年级课文中占的分量比较多，也是小学语文教学中必不可少的一项教学内容。根据一、二年级课文中的生字，按独体字与合体字、结构、偏旁等多种方式进行归类，让学生读出字音，写出字形。这样识字能认清字形结构，通过同音字、形近字的比较，增强辨别能力，使识字的效率大大提高。

第二，抓住写字表中的会意字"取"进行字源识字的活动。

"取"，会意字。从又，从耳。

"𦥑"，左边是耳朵，右边是手（又），组合起来表示用手割耳朵。古代作战，以割取敌人尸体首级或左耳计数献功。本义是捕获到野兽或战俘时，割下左耳。

在这一环节开始的时候，我们让学生根据字形猜这个字的本义是什么。有的学生说是"用耳朵听才能获得想要的东西"。当解释这个字左右两部分的本义"左边是耳朵，右边的'又'表示手"的时候，很多孩子笑了起来，说明学生对这个解释感到匪夷所思。这时，老师适时点拨道："古代作战，以割取敌人尸体首级或左耳计数献功。本义是捕获到野兽或战俘时，割下左耳。"学生听到这样的解释不再笑了，相信每个学生的脑海中不是一个"取"字，而是远古的战争画面。与此同时，这个"取"字被学生牢牢地记在了心里。字理识字教学法内容丰富，操作性强，便于教师根据汉字不同的构形特点和造字方法采用相宜的教学方法，图文并茂，具有直观形象的特点，它既有助于学生了解汉字据形知义的特点，掌握字的形、义、音，也有利于教师培养学生的观察能力和思维能力。

第三，我们设计了具体的语境认识多音字"朝"，在"我家的客厅朝阳，冬暖夏凉"一句中，"朝"为什么读"cháo"引发了学生热烈的讨论，几个学生说"因为我家的客厅不可能是朝（zhāo）阳，所以读 cháo"。通过学生的回答发现，学生对"朝（cháo）"的读音所表示的意思并没有真正领会。于是，教师追问"朝"在这句话里是什么意思？这时学生再读这句话分析出"朝"表示"朝向哪个方向"的意思。由此，多音字"朝"处理完毕，渗透了多音字要根据具体语境中的意思来判断读音的学习方法。

经过这两轮的教学研究，我们感到二年级的学生已经掌握了基本的识字方法，他们对识字也有一定的兴趣，教师在教授生字时，应当自己先对需要教授的生字有清楚的认识，将生字进行分类整理，再结合学情字情选择恰当的识字方法进行教授，让学生在一种轻松的氛围中，认识生字，感受汉字的魅力。

　　（三）三教三反思

　　"新版课标"要求低年级段学生喜欢学习汉字，有主动识字的愿望。根据"新版课标"对识字的要求和教材的特点，结合儿童的身心发展和认知规律，我们在识字教学过程中，针对不同类型、不同特征的生字，探索运用了多种识字方法，这对激发学生的识字兴趣，拓展识字途径，提高识字效率，培养学生自主识字的习惯，加深其对祖国语言文字的热爱，具有非常显著的效果。

　　教学是以动态形式呈现出来的，而结果则以静态形式存在于学生的主观世界之中，为了孩子们都想学，都会学。在教学中，应根据不同的学习内容，指导学生掌握学习汉字的方法与规律。课文中"持"与"特"拥有相同的部分——"寺"，在前两轮的教学中都采取了给"寺"加部首的方式拓展识字，但做得不够扎实，在侯洁颖老师及沈宏玲老师的建议下，我们准备了一些词卡，孩子们说哪个字，教师就出示哪个字，并给该字组词，让学生以不同的形式读这些字与词，这样就把这个环节做得更加扎实了。试讲过程中我们发现，学生能说出"等"、"诗"、"待"这些常见的或已认的字，要想再想到"恃"、"峙"、"侍"等不常见、极个别学生认识的字，就难上加难了，因此，我们认为应把识字的主动权交给学生，让其用查字典、查资料或询问等方式做好提前预习，给学生心灵放飞的自由，这样，学生的积极性就会调动起来，学习潜力就会充分发挥。学习量和学生个体的经验结合起来，就会内化为他们自己的一种体验，这种体验会升华为一种学习新知识的动力。从识字这个角度来说，就会转化为"新版课标"提出的"有主动识字、写字的愿望"，"对学习汉字有浓厚的兴趣"，逐步"养成主动识字的习惯"。

　　本课中"题"与"提"的区分是一个难点，学生经常把"提问"的"提"写成"题"。由于不知道如何准确向学生解释，因此在前两轮的授课中，我们有意回避了这个难点。在侯洁颖老师跟我们说课的过程中，我们向侯老师提出了我们的困惑，侯老师经过思考，用一个很巧妙的方法攻破了这一难点，使我们茅塞顿开。侯老师说，"提问"就是提出问题的意思，"提问"的"提"是提出的意思，因此是提手旁的"提"。再配以巧妙的课件演示，孩子们很容易地掌握了这一难点。

　　在汉字的书写教学时，我们指导学生在观察中感受美。观察是感受美的重要途径。指导学生观察，能提高学生的审美能力，为其写好字做充分的准备。在学生动笔之前，首先引导学生按一定的顺序观察：①观察字的结构，看这个字由哪几部分组成，其笔画顺序及位置，并进行书写练习，做到能正确书写。②观察笔画形态特点，让学生感受到汉字笔画的形态之美。本节课我们主要引导学生观察并书写四个字——"题"、"新"、"块"、"取"。我们首先组织了一个组字游戏，把这四个字拆成了八个部件，让学生自己动手组一组，考查学生是不是记住了这四个字的字形。然后再让学生观察他们组的字和田字格里的这四个字在书写上有什么不一样，从而引导学生体会汉字在书写时应该注意避让穿插的原则，使其对写字规律有一个基本的认识，从而帮助他们把汉字写得更规范。

附

《特殊的考试》第一轮研究课教学设计

李媛媛

教学目标

1. 通过朗读课文，培养学生的环保意识。
2. 通过形式多样的读书实践及个性体验，指导并提高学生的朗读能力。
3. 巩固生字，练习书写 1～2 个。

教学重点

通过形式多样的读书实践及个性体验，指导并提高学生的朗读能力。

教学难点

理解这次考试的特殊性。

教具准备

电脑课件。

教学过程

一、谈话导入

师：孩子们，你们都已经上二年级了，肯定经历过不少考试，谁来说说看。

生 1：我参加过语文、数学的期末考试。

师：你说的是学习上的考试。

生 2：我参加过钢琴和舞蹈考级的考试。

师：你说的是培养兴趣方面的考试。别看你们的年纪小，经历的考试可真不少。

师：今天让我们到动物电视台，一起经历一场特殊的考试。板书："特殊的"。"考试"这两个字你们已经学过了，还记得怎么写吗？举起你的小手，我们一起复习一遍，和我一起写"考试"。

生：边写边说笔画名称。

师：齐读课题。

师：看到这个题目，在你的小脑袋里产生了哪些问题呢？

生1：考试的结果怎么样？

生2：考题是什么？

生3：谁来参加考试了？

生4：为什么是"特殊"的考试？

师：你们真会动脑筋，很会提问题。相信通过这节课的学习，一定能够解决这些问题。

二、字词复习、巩固

师：在学习课文之前，我先看看大家这节课的生字掌握得怎么样。

（播放课件）词语：特殊、皮鞋、考试、等着、主持、绕开、宣布、一块。

生：抢读词语。

师：读得很准确。注意了！字宝宝自己跑出来了，请三组的小朋友开火车读字。

（播放课件）生字：特、殊、试、持、鞋、块、绕、宣、布、等。

师：在这些字当中，你们发现有两个字长得很像了吗？

生："特"和"持"。

师：你们真是火眼金睛呀，谁能分别用这两个字组词。

生1：特别、支持。

生2：特点、持久。

师：这两个字有个相同的部件，那就是"寺"，你能给"寺"换不同的偏旁组成新字，再组词吗？

生1：诗，古诗。

生2：待，等待。

……

师：看样子，字词没有难倒你们，咱们再来看看这个句子。这个句子有点长，你能读流利吗？提醒你们，里面有一个字音特别容易读错，要看仔细了！

生：读句子——"小熊来到电视台门前，看见地上有块果皮，心想，这不关我的事，就绕开果皮朝前面走了。"

师：这个"朝（cháo）"字你读得多准确呀！它还有一个读音，你知道吗？

你能用它组个词语吗?

　　生:"zhāo",朝阳、朝夕相处。

　　三、深入学习课文

　　师:默读课文第2自然段,看看都有谁来参加考试了。

　　生:小熊、小猴、小狐狸、小白兔。

　　师:这些小动物来的时候都做了哪些准备?

　　生:再读第2自然段。

通过学生的回答,红色显示出"围上洁净的"、"戴上心爱的"、"穿着漂亮的"、"新"四个词语。

　　师:小动物们为什么这样精心地准备?

　　师:多干净、多漂亮的小动物呀!这时它们会想些什么呀?

　　生1:我来参加小小卫生员的应聘了。

　　师:多么兴奋的小动物,你能说出来吗?

　　生2:我一定能当上小小卫生员!

　　师:多么自信的小动物,把自信的语气放进去,读一读。

　　生3:读文——"小熊围上洁净的围巾来了。小猴戴上心爱的白手套来了。小狐狸穿着漂亮的红皮鞋来了。小白兔也穿上新衣服,赶来了。"

　　师:虽然小动物们知道考试有成功就会有失败,但它们仍然梳洗打扮得非常漂亮,来应聘"小小卫生员"的节目主持人。

　　师:今天的考题到底是什么呢?请你快来找一找。

　　生:门口的果皮就是考题。

　　师:面对同一块果皮,小动物们是怎样想的,又是怎样做的呢?谁愿意把第3~6自然段给大家读一读,请4个人分角色读。

　　生:一边听一边思考大屏幕的问题。

　　师:指名说一说。

　　生:小熊　　绕开

　　　　小猴　　绕开

　　　　小狐狸　绕开

　　　　小白兔　捡、扔

　　师:板书。

　　师:请大家仔细看黑板,你发现了什么?

生：前三位动物见到果皮，最终都选择了绕开，只有小白兔把果皮捡起来了。

师：孩子们，请你们想象一下，出示练习：小白兔来了，看见地上有一块果皮，就（　　）把果皮捡起来，扔进了垃圾箱。

生1：小白兔来了，看见地上有一块果皮，就高兴地把果皮捡起来，扔进了垃圾箱。

师：你为什么填这个词？你想告诉我们什么呀？

生1：我想告诉大家，小白兔非常高兴，因为它爱护了周围的环境。

生2：小白兔来了，看见地上有一块果皮，就马上把果皮捡起来，扔进了垃圾箱。我猜想小白兔看见地上的这块果皮，它肯定很伤心，所以很快将果皮捡起来了。

师：面对同一块果皮，小动物们的表现却不一样。谁能通过你们的朗读，把当时小动物的表现给读出来。

生：分小组练习朗读。

师：指名读。

师：那三个小动物为什么没有捡呢？他们当时在想什么？

师：此时，你就是电视台的台长，在看到四位动物的表现之后，你会录取谁呢？为什么？

出示练习：我会录取（　　　　　），因为（　　　　　）。

生：我会录取小白兔，因为它注意爱护周围的环境。

师板书：爱护环境。

师：看看你们想的和故事的结尾一样吗？请同学们齐读第8自然段。

师：当小白兔听到自己被录取的消息后，心情会怎样？那你怎么读这句话呢？

出示句子：原来，门口的果皮就是考题。

生1：读句子。

师：一只多开心的小白兔！若是别的小动物你怎么读这句话？还可以加上一些语气词，比如说，你特别失望的时候，会发出什么声音？

生1：哎。

师：对了，这就是语气词。

生1：哎，原来，门口的果皮就是考题。

师：这是垂头丧气的小猴。

生2：（嗨、嘿、咦），原来，门口的果皮就是考题呀！

师：这是只恍然大悟的小狐狸。

生3：哦，原来，门口的果皮就是考题。

师：这是只后悔莫及的小熊啊！

师：主持人考试结束了，小白兔经受住了这次特殊的考试，成为了"小小卫生员"的节目主持人，这场考试到底特殊在哪儿呀？

生：这场考试特殊在它和我们平时所经历的考试都不一样。

师：这真是一次特殊的考试。（指黑板）

四、指导写字

师：课文学完了，最后我们再一起练习写几个字吧。请看大屏幕：上面这些字，上节课我们已经写过了，看下面这些字当中，哪个字你认为比较难写，说出来，我们一起练一练。

生1："特"。

师："特"这个字要写正确，需要注意什么？

生1：左边的"牛"字旁最后一笔是"⌿"。

生2：右边"三横"的长度不同，中间"横"最长，上边"横"最短。

师：在写正确的基础上，我们还要把这个字写规范，谁能给大家提个醒？

生：左边要占格少一点，右边多一点。

师：老师先写一个，你们检查我是不是把"特"字写正确、写规范了。

师范写"特"，生写一个，进行展示，生评。

师：请你再选择一个自己认为难写的字写一写。

五、作业

孩子们，铃声已经响过了，没写完没关系，先把铅笔放下吧！小白兔成了"小小卫生员"节目的主持人，也成了我们心中的环保大使，愿孩子们个个都能成为环保大使，让我们的校园更加漂亮，我们的北京更加美丽。课下请同学们把没写完的字再写一写，并和小伙伴一起演一演这个故事。

板书设计：

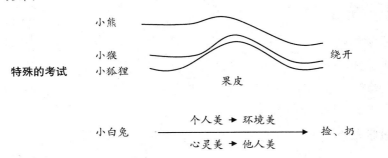

《特殊的考试》第二轮研究课教学设计

张冬梅

【设计理念】

《特殊的考试》是北师大版教材二年级上册第十二单元的一篇课文，描写了四位小动物去电视台应聘"小小卫生员"节目主持人所经历的一场特殊的考试。全文共有9个自然段，内容浅显易懂，通过小动物们对果皮的态度，告诉大家要有环保意识，要注意养成好习惯。

一、"识字、写字是阅读和写作的基础，是第一学段的教学重点。"（"新版课标"）

本课力图将识字、写字教学落到实处。无论是开头的和学生一起板书，还是字词的巩固复习阶段，特别是学完课文后的写字指导等，无一不体现着这一"新版课标"精神。

二、"工具性与人文性的统一，是语文课程的基本特点。"（"新版课标"）

本课一方面注重语言文字训练，不论是对描写四种小动物面对同一块果皮时的动作词语的比较，还是抓住课文的空白点进行想象、补写以及用"因为"练习说话等无不体现着语文课的工具性。另一方面在对学生进行语言文字训练时，引导学生体会小动物们的心理感受，体会其思想感情，注重语文课的人文性。

三、以学生为主，注意教师角色的转换，尊重学生的个性化感悟。

不论是围绕课题质疑，还是让学生在朗读课文时读出自己的感受以及在回答问题、听别人朗读后谈出自己不同的看法等都体现了这一点。

【详细教案】

教学目标

①通过朗读课文，培养学生的环保意识。

②通过形式多样的读书实践及个性体验，指导并提高学生的朗读能力。

③巩固生字，练习书写1～2个。

教学重点

通过形式多样的读书实践及个性体验，指导并提高学生的朗读能力。

教学难点

理解这次考试的特殊性。

教具准备

电脑课件。

教学过程

一、谈话导入

师：孩子们，你们都已经上二年级了，肯定经历过不少考试，谁来说说看。

生1：我参加过语文、数学的期末考试。

师：你说的是学习上的考试。

生2：我参加过钢琴和舞蹈考级的考试。

师：你说的是培养兴趣方面的考试。别看你们的年纪小，经历的考试可真不少。

师：今天让我们到动物电视台，一起经历一场特殊的考试。板书："特殊的"。"考试"这两个字你们已经学过了，还记得怎么写吗？举起你的小手，我们一起复习一遍，和我一起写"考试"。

生：边写边说笔画名称。

点评：教师根据学生的回答总结学生经历过的考试，这些都来源于学生，很真实，很普遍，从而为后面理解"特殊"一词做铺垫。

生：齐读课题。

师：看到这个题目，在你的小脑袋里产生了哪些问题呢？

生1：考试的结果怎么样？

生 2：考题是什么？

生 3：谁来参加考试了？

生 4：为什么是"特殊"的考试？

师：你们真会动脑筋，很会提问题。相信通过这节课的学习，一定能够解决这些问题。

二、字词复习

1. 师：在学习课文之前，我先看看大家上节课的生字掌握得怎么样。（播放课件）词语：特殊、皮鞋、考试、等着、主持、绕开、宣布、一块。

生：抢读词语。

2. 师：读得很准确。注意了！字宝宝自己跑出来了，请三组的小朋友开火车读字：特、殊、试、持、鞋、块、绕、宣、布、等。

3. 师：在这些字当中，你们发现有两个字长得很像了吗？

生："特"和"持"。

师：它们相同的部分读作"寺"，你能给"寺庙"的"寺"换个偏旁组成新的字吗？

生：持、等、特、待。

师小结：我们可以通过换偏旁的方法认识新的生字。用这个方法还能认识哪些字呢？

出示"捡"的右半边"佥"。同桌互相说一说，"捡"字换偏旁可以组成哪些新字？

集体讨论：脸、剑、检、签、险等。

4. 师：看样子，字词没有难倒你们，咱们再来看看这个句子。这个句子有点长，你能读流利吗？提醒你们，里面有一个字音特别容易读错，要看仔细了！

生：读句子——"小熊来到电视台门前，看见地上有块果皮，心想，这不关我的事，就绕开果皮朝前面走了。"

师：这个"朝（cháo）"字你读得多准确呀！它还有一个读音，你知道吗？你能用它组个词语吗？

生："zhāo"，朝阳、朝夕相处。

5. "取"：把耳朵割下来。

师："取"左边是耳朵，右边是手（又），组合起来表示用手割耳朵。古代作战时，就是以割取敌人尸体首级或左耳计数献功的。

生：读字，组词。

点评：低年级以识字教学为主，本节课在初步识字后，以复习巩固的方式帮助学生巩固上节课学习的成果，由浅入深，层层递进。

三、学习课文

（一）第1、2自然段

1.师：大声朗读第1、2自然段，找一找哪些小动物参加了考试。

指名答，板书：小熊、小猴、小狐狸、小白兔。

2.再读第2自然段，你还知道了什么？

生：小动物们都做了充分的准备。

师：小动物们都做了哪些准备？在文中用曲线画出来，同桌互相读一读。

指名读：

洁净的围巾

心爱的白手套　心爱的（　　　）

漂亮的红皮鞋

新衣服

师：你从小动物们的穿着打扮看出了什么？

生：注重个人美。

板书："个人美"。

师：虽然小动物们知道考试有成功就会有失败，但它们今天仍然梳洗打扮得非常漂亮，来应聘"小小卫生员"的节目主持人。

点评：尊重学生的个性化感悟，读中悟情，从而理解小动物们的内心世界。

（二）第3～6自然段

1.师：满怀希望的小动物们来到电视台门前看到了什么？

生：果皮。

2.师：面对同一块果皮，小动物们是怎样想的，又是怎样做的呢？请你默读第3～6自然段，把你认为重要的地方画出来。

生：一边听一边思考大屏幕上的问题。

师：出示表格。

谁？		怎么想的？怎么做的？
小熊	看见地上有块果皮	
小猴		
小狐狸		
小白兔		

师：指名填空。

生：

谁？		怎么想的？怎么做的？
小熊	看见地上有块果皮	这不关我的事，就**绕开**果皮朝前面走了。
小猴		别弄脏了我心爱的白手套，也**绕开**果皮朝前面走了。
小狐狸		别弄脏了我的红皮鞋，也**绕开**果皮走开了。
小白兔		就把果皮**捡起**来，**扔进**了垃圾箱。

3. 师：请大家仔细看大屏幕，你发现了什么？

生：前三位小动物见到果皮，最终都选择了绕开。

师：请你揣测一下，这三个小动物在绕开果皮的时候心里还会想些什么？

小熊

小猴　　　　　　　　心想（　　），就绕开果皮走了。

小狐狸

4. 师：是啊，小白兔却不是这样想的，也不是这样做的。你知道小白兔是怎么想的吗？

小白兔来了，看见地上有一块果皮，心想（　　），就把果皮捡起来，扔进了垃圾箱。

生：……

板书："捡、扔、环境美、心灵美"。

（三）第7～9自然段

1. 此时，你就是电视台的台长，在看到四位小动物的表现之后，你会录取谁呢？为什么？出示练习：

（　　）被录取了，是因为（　　）。

师板书："爱护环境"。

师：看看你们想的和故事的结尾一样吗？请同学们齐读第 8 自然段。

2. 师：当小白兔听到自己被录取的消息后，心情会怎样？那你怎么读这句话呢？

出示：原来，门口的果皮就是考题。

生 1：读句子。

师：一只多开心的小白兔！若是别的小动物你怎么读这句话？还可以加上一些语气词，比如说，你特别失望的时候，会发出什么声音？

生 1：哎。

师：对了，这就是语气词。

生 1：哎，原来，门口的果皮就是考题。

师：这是只垂头丧气的小猴。

生 2：（嗨、嘿、咦），原来，门口的果皮就是考题呀！

师：这是只恍然大悟的小狐狸。

生 3：哦，原来，门口的果皮就是考题。

师：这是只后悔莫及的小熊啊！

3. 师：主持人考试结束了，小白兔经受住了这次特殊的考试，成为了"小小卫生员"的节目主持人，这场考试到底特殊在哪儿呀？

生：这场考试特殊在它和我们平时所经历的考试都不一样，不是考我们的知识和技能，而是考我们自觉爱护环境的实际行动。

师：这真是一次特殊的考试。（指黑板）

点评：学生是一个个独立的生命个体，他们有自己独特的情感体验，培养个性化的阅读，把学知识与激情悟理有机结合，读出自我，读出丰富的情感。

四、指导写字

学生完成主要内容的填空。

动物电视台要招聘主 持 人，小白兔因为 捡 起了地上的果皮，所以被录 取 了。

教师针对学生的书写，指导"持，捡，取"三个字。

五、作业

孩子们，铃声已经响过了，没写完没关系，先把铅笔放下吧！小白兔成了"小小卫生员"节目的主持人，也成了我们心中的环保大使，愿孩子们个个都能成为环保大使，让我们的校园更加漂亮，我们的北京更加美丽。课下请同学们把没写完的字再写一写，并和小伙伴一起演一演这个故事。

《特殊的考试》第三轮研究课教学设计

李　倩

教学目标

①认识"殊、套、狐、狸、鞋、箱、等、宣、特、持、卫、块、捡"13个字。

②会写"特、持、新、捡、取、题"6个字。

③通过形式多样的读书实践及个性体验，指导并提高学生的朗读能力。

教学重点

通过形式多样的读书实践及个性体验，指导并提高学生的朗读能力。

教学难点

理解这次考试的特殊性。

教学过程

一、谈话导入

师：今天我们学习一篇课文，与考试有关。你们都经历过哪些考试？

生1：我参加过语文、数学的期末考试。

师：你说的是学习上的考试。

生2：我参加过钢琴和舞蹈考级的考试。

师：你说的是培养兴趣方面的考试。别看你们的年纪小，经历的考试可真不少。

师：今天我们学习的，可是一场特殊的考试。板书："特殊的考试"，举起你的小手和我一起写课题。

生：边写边说笔画名称。

生：齐读课题。

师：看到这个题目，在你的小脑袋里产生了哪些问题呢？

生 1：考试的结果怎么样？

生 2：考题是什么？

生 3：谁来参加考试了？

生 4：为什么是"特殊"的考试？

师：带着你们心中的这些问题，让我们一起走进这篇课文。

二、初读课文

1. 打开语文书 77 页，自己读读课文，遇到不认识的字，可以查书后的认字表与写字表，也可以借助字典认识它。读完之后标出自然段。

2. 师评。同桌互相读课文，如果读对了，你夸夸他，读错了，你就帮帮他。

3. 师评。指名分段读文。要求：读的同学注意词连读，努力把句子读通顺。

三、学习字词

1. 学字词。

(1)一、二行找同学带读。

(2)三、四、五行抢读。"狸"纠正读音，看认字表，单独出现时读二声。

2. 读字卡。（换形式读）

3. 写字表里的字你有什么好办法记住？用 2 分钟想一想。

把你的想法和同桌交流一下。

汇报：

①"特"、"持"，换部首，举字卡，读词语。

②"题"、"提"，对比，选字填空。提出问题，就是"提问"，所以"提问"的"提"为提手旁。

③"取"，猜猜这是什么字？字的演变：右边部分像人的手，带"又"的字大多与手的动作有关。

4. 写字。

(1)组字游戏。（"新、块、题、取"）学生把零散的部件摆成字。

(2)看它们发生了什么变化？部分笔画发生了改变。

总结：当几部分组成一个新字时，书写的时候要遵循避让穿插的原则。

(3)书写这四个字，把字写正确、写规范。

(4)评：哪一个字注意避让穿插的原则了？

(5)选一个没写好的再写一遍。

四、学习课文

学习第1、2自然段：

1. 师：大声朗读课文，想一想都有谁来应聘"小小卫生员"节目主持人了？

指名回答：小熊、小猴、小狐狸、小白兔。

2. 快来看看他们为了这次考试都做了哪些准备？出示词组。

洁净的围巾

心爱的白手套

漂亮的红皮鞋

新衣服

3. 自己读读这些短语，想想应该怎么读。

指名读，点评。

4. 从他们的准备当中你体会到了什么？

精心 期待 自信

5. 怀着这样的心情自己读读第2自然段。

6. 指名读。

他们这样势在必得，信心满满地来参加这次考试，结果怎么样呢？咱们下节课再继续学习。

第二学段　在阅读中抓住重点词句加深理解

引导学生抓住重点词句理解课文内容

——《和氏献璧》课例研究报告①

2012 年 1 月 10 日至 7 月 13 日，我们三年级组全体语文老师共同参加了"北京市中小学校本研修与整校推进"培训项目。几经周折，我们以《和氏献璧》一课为例，展开了历时近半年的课例研究。

三年级组课例研究小事记

2 月 14 日，小组课例研究主题集体研讨。

2 月 22 日，课例研究第一次分组活动，确定研究课篇目《炮手》。

3 月 13 日，刘悦老师现场指导选题。

3 月 20 日，课例研究第二次分组活动，《炮手》文本研读。

3 月 26 日，许亚南老师一教《和氏献璧》，评课研讨。

3 月 27 日，课例研究第三次分组活动，将研究课篇目调整为《和氏献璧》。

4 月 1 日，课例研究第四次分组活动，《和氏献璧》文本解读并确定教学目标。

4 月 5 日，《和氏献璧》前测设计修改及确定。

4 月 9 日，前测分析及备课思考。

4 月 10 日，课例研究第五次分组活动，《和氏献璧》第三课时探索。

4 月 11 日，张冬梅老师二教《和氏献璧》，评课研讨。

---

① 本研究报告由张冬梅、李媛媛、刘春燕、许亚南执笔。课例研究负责人张冬梅，成员包括李媛媛、刘春燕、许亚南。

4月12日，刘春燕老师三教《和氏献璧》、李媛媛老师四教《和氏献璧》1，研讨反思。

4月13日，李媛媛老师改进《和氏献璧》2，研讨反思。

4月14日，研磨《和氏献璧》教师课堂评价语言。

上篇　敢问路在何方

一、我们最初想研究什么？

2012年1月～2月，通过问卷调查、访谈等形式，组内四位老师初步确定研究方向为习作教学，并将具体方向定位在习作选材方面。

2月9日，接上级通知，三年级组全体教师须参加"三年级语文学业水平与教学指导"实验，为不加重老师们的负担，研究方向转向阅读。

2月10日，张冬梅老师收集了关于三年级阅读教学的备选题目共16个。2月11日、12日、13日与陈晓波老师通过邮件交流，陈老师反馈回4个主题。

2月14日，大组教研结束后，三年级组四位成员与陈晓波老师进行了研讨，并确定研究主题为"在叙事性文本阅读实践中培养学生的表达能力"。

2月22日，课例研究第一次分组活动，最终确定研究主题为"在叙事性文本阅读实践中培养学生的表达能力——以《炮手》为例"。

二、研究主题，想说爱你并不容易……

3月13日，我们聆听了刘悦老师《在课例研修中增强团队智慧》的讲座。在刘老师的指导下，我们将课例研修主题进一步修订为"引导中年级学生读中想象并合理补白的策略研究——以《炮手》为例"。

3月20日，我们进行了第二次课例研究小组活动，内容为《炮手》的文本解读。聚焦《炮手》一课，我们先独立撰写了文本解读的小文章，然后各自朗读了自己的解读。交流中，我们的困惑共同指向这样一个问题——今天，应如何更人性地解读"奉献"？文本解读是起点，接下来，我们要完成课文教学价值的挖掘与界定、教学目标的确定与表述、基于目标的学情调研等任务。

终于迈出了第一步！然而，因为3月29日要举办家长开放日，我们在第二次小组活动后，便把全副精力都转向了准备开放日的公开课《和氏献璧》上，迈出了第一步的《炮手》就这样搁浅了。谁料想，原定于3月29日的家长开放日因故取消了……

3月27日，本校报告厅，课例研究第三次小组活动，大家心事重重，根本没有心情再研究《炮手》，而已经试讲了一次的《和氏献璧》呢，放弃似乎有点可惜……于是，组内四位老师和陈晓波老师坦诚交流，最终将我们的研修主题再次更改为"在叙事性作品阅读中培养学生的表达能力——以《和氏献璧》为例"。在当天举行的"课例研究开题论证会"上，我们陈述选题理由如下。

1. 我们认为中年级是学生阅读能力爬坡的阶段，而在阅读教学实践中，一个学生的阅读水平体现在概括、提取信息和表达三个方面。过去，我们对概括和提取信息两个方面关注较多，而对表达能力关注较少，所以这次课例研修我们重点关注学生书面表达能力的培养。

2. "新版课标"第二学段关于阅读指出："能复述叙事性作品的大意，初步感受作品中生动的形象和优美的语言，关心作品中人物的命运和喜怒哀乐，与他人交流自己的阅读感受。"通过对课标的学习，联系自己的教学实践，我们认为，在教师的指导下，学生主动进行探究是学生走入文本与文本对话的思维训练过程，如果在阅读实践中落实了这一点，学生的思维能力就会得到充分的发展。

3. 在多年的教学实践中，我们发现，将自己的想法用恰当的语言表达出来是大部分孩子在中年级必须要面对的挑战，三年级正是学生从口头表达到书面表达的习作起步阶段，而书面表达的训练来源于课堂，因此，我们想结合这次研修重点关注这一方面。

4. 我们期待能通过这次课例研修找到一些技巧性的东西或者一些原则性的东西，这样我们的语文教学就会有一个科学的基础，在这个方面就可以有一个相对贯通的支撑，时间长了，这样的研修开展得多了，这样的交流多了，定会让我们这些语文老师轻松一些。

4月1日，课例研究第四次小组活动，仍然以个人深度阅读、集体交流讨论的方式进行，我们在深度阅读、确定课文独特的教学价值、学习课标学段目标之后，对研究主题"在叙事性作品的阅读实践中培养学生的语言表达能力"中的"语言表达能力"进行了深入解读，进一步明确了本课的语言表达能力训练点，主要体现在如下几个方面：朗读、复述、品词、谈看法与感受等。教学目标初步拟定为：品读、理解关键词，讲和氏献璧的故事，结合玉石资料理解课文内容。

4月10日，课例研究第五次小组活动，进一步斟酌课例研究主题的表述：从学生问题入手，从文字出发，引导学生与文本对话，理解课文内容；从学生问题切入，引导学生在与文本对话的过程中，抓关键词句理解课文内容；寻找课文原始文本与教材文本的契合点，引导学生抓关键词理解课文内容。

4月11日至4月17日，我们进入了接力改进课堂教学阶段，研究主题又悄然发生了变化。

三、我们最终研究这个主题！

4月17日，第一次课例研究汇报展示，呈现给专家及同行的教学设计中，我们是这样描述研究主题的，"引导三年级学生在与文本对话的过程中抓关键词句理解课文内容——以《和氏献璧》为例"。

我们重点关注了两个方面的问题：①如何帮助学生抓关键词句理解课文内容；②如何打磨教师课堂评价反馈语言以促进学生发展。

四、共话反思：我们为何一变再变？

[组长如是说]

张冬梅：挑战自己·眼高手低

我们组在确定研修主题的过程中可谓一波三折，对整套教材解读不深入，任务欠整合；海淀区课题空降，家长开放日紧急变更日期等不可抗力的影响；对于此次校本研修的总目标不清晰，导致实际工作踟蹰不前。无论是外部因素还是内部因素，有一个原因不可忽视，那就是我们想通过这次活动打破常规，搞一次真正的研究，挑战一下如何更好地进行人物精神品质的教学，也是挑战自己做对今后教学有点价值的事。但事实是，我们越想做好，对自己的判断就越怀疑，而在这个过程中，我们也深深体会到了什么叫做眼高手低。

研修主题一变再变，也使我们对中年段阅读教学有了更多的思考，我们发现变来变去，其实以词语教学为重点是始终不变的规律。

[老师如是说]

李媛媛：任务整合后的真问题

由于个人原因，在最初的课题确立阶段，我参与的程度不够，对于课题的理解也十分的不足。但在随后的参与中，我发现，这次的调研是实打实的，每个人都要参与其中，而这种参与也是一种真正的提升。我们的研究课题从开始的确立题目到后来的选定课文，前前后后变了3次，在这个过程中，有我们理解认识的提升，有教育教学任务的整合，也有指导老师和专家中肯的意见、建议。由于本学期的教学任务十分繁重，而教研任务更重，因此，在考虑学校整体工作的安排下，我们决定将家长开放日的《和氏献璧》与调研课的《炮手》进行整合。一是因为家长开放日的时间向后无限延期；二是因为我们在《和氏献璧》一课所下的功夫很大，如果就此放手，我们都心有不甘，在任务十分繁重的情况下再另准备一篇，我们的精力又十分有限。同时，对于文本的内容，我们和学生也存在着实质性的问题，不知如何解决，也想在这次调研中，在指导老师和多位专家的帮助下，对我们教育教学方法、策略进行有的放矢的指导，因此，我们最终将调研课定为《和氏献璧》。

许亚南：寻找真问题

我们组的课题几经改变，每次都努力探求"真问题"，最终确定《和氏献璧》也是有一定机缘的。家长开放日的临近，对于新教师的我来说是一个莫大的考验。年级组的几位老师将全部精力都倾注在我的身上，于是，我对《和氏献璧》这篇文章进行了深入的解读。当文本敲定后，认真钻研解读教材，发现这个文本有其特殊的价值：卞和这个历史人物距离现在比较久远，他体现出的是一种奉献精神，可以让学生谈谈当今社会应该怎样"奉献"。在深入解读文本后，我们发现它是一篇寓言故事，对于这篇文章的历史背景是否还原的问题我们又进行了进一步的思考。所以，除了机缘，我们对于"真问题"的目标也不够明确，导致选题一换再换。

刘春燕：蜕变

总希望能有一条捷径通向成功，然后把烦琐的工作变容易；每一次的变动又都源于老师们对已有成果的难以割舍，虽然那些成果是如此的粗糙。我们也希望将研究做得更好，将最好的课堂效果展示出来，可每次研磨到瓶颈时大家的畏难情绪便成为了主宰，接着就是向困难低头，逃避了一时的胜利感让大家有些许欣慰，可每一次的欣慰又让大家更深刻地体会到"变"之后的苦涩，直到陈晓波博士的果断决定让我们这叶飘摇的小舟平稳靠岸。当然这是一次经历，是一次体验，更是一次蜕变，所以我们都收获了成长。

中篇　路漫漫其修远兮

一教一反思：词语教学，如此可为

许亚南

词汇是语言的建筑材料，是构成文章的基础。每一个词代表的是一个概念。学生每掌握一个词就是对客观事物进行了一次概括和区别，从中获得了一个新的概念，并在掌握概念的过程中，发展思维，提高对事物的认识能力。

毋庸置疑，词语教学是三年级阅读教学的重中之重。《义务教育语文课程标准(2011 年版)》指出："能联系上下文，理解词句的意思，体会课文中关键词句在表达情意上的作用。能借助字典、词典和生活积累，理解生词的意义。"①然而，如何在四十分钟的课堂上，引导学生有效地学习词语，对于入职之初的我而言，是一个很大的挑战。执教《和氏献璧》，我又是三年级组课例研究教学接力改进的"第一棒"，压力之大，可想而知。但是，在路红梅主任及年级组全体老师的帮助下，从教学设计到课堂实施，我对三年级的词语教学有了深刻的认识。

一、源于集体智慧的词语教学设计

聚焦"词语"这一年段学习重点，我们组在集体备课时，设计了这样几个教学环节。

1. 入课伊始，复习词语

这个环节，我们呈现了两组词语。

(1)断定　不屑　普通　唯独　端详　悲痛　查询　鉴别

(2)稀世珍宝　无价之宝　价值连城　温润澄净

第一组词语，主要检查学生对本课生字的掌握情况。第二组词语，帮助学生积累四个四字词语，并引导学生发现这样的特点——"其中前三个词语不仅指玉的价值高，而且也用于描写其他很贵重、有很高价值的事物；第四个词指的是玉的质地纯净，很美，是好玉"。由此，过渡到下一个环节，"我们课文中的'和氏璧'就是这样一块宝玉，关于这块玉发生了什么故事呢？请同学们轻轻地把书翻到第 59 页，快速读课文，想一想课文讲了一件什么事"。

---

① 中华人民共和国教育部. 义务教育语文课程标准(2011 年版). 北京：北京师范大学出版社，2012：10.

2. 找关键词，品读课文

进入课文的品读学习环节后，着力引导学生抓关键词。

默读课文第 2～4 自然段，用直线画出描写卞和语言和神态的语句，画出重点词语，说说你从中体会出了什么。

预设的关键词语有"急切"、"又"、"捧"、"泪流满面"等。通过这些重点词语的品读，理解卞和献璧的艰辛与坚决。

3. 运用词语，加深理解

在逐段学习完课文后，我们又设计了一个复现词语的环节。

明明是(　　　　　　)，却被说成是普通的石头；

明明是(　　　　　　)，却被说成是骗子。

本环节旨在引导学生有意识地使用课前复习的四个词语，一方面活学活用，在语言情境中积累词语；另一方面，通过词语的运用加深对课文的理解。

二、囿于个人能力的词语教学实施

苏联著名教育家苏霍姆林斯基一再强调，学习语言，一定要让"词深入到儿童的精神生活里"，"使词在儿童的头脑和心灵里成为一种积极的力量"，"成为他们意识中带有深刻内涵的东西"。要想达到这样的教学效果，就需要教师运用一些教学策略。由于我初登讲台，教学经验不足，预设不充分，所以学生提取信息后单纯停留在说词语、谈感受上，我还做不到有效地使用教师的评价适时引导学生加深对课文的理解。例如：

师："宝玉，却被说成是普通的石头；坚贞之士，却被说成是骗子，这才是我悲痛的原因啊！"同学们怎么理解这句话？

生：宝玉被说成是普通的石头，坚贞的人被说成是骗子，这是卞和双眼泪尽的原因。

师：没错，那你们谁知道什么是"坚贞之士"？（生沉默）

韩非子在《和氏》一文中说到："宝玉而题之以石，贞士而名之以诳，此吾所以悲也。""坚贞之士"在故事的原文中就是"贞士"，大家一起查查"贞"是什么意思。

生：坚持自己的信念毫不动摇，永不放弃，坚定不屈。

师："士"就是"……的人"，所以"坚贞之士"就是坚持自己的信念毫不动摇、永不放弃的人。

师：这就是他悲痛的原因，你能不能把它读出来。（生读）同学们，学到这里，课文已经接近尾声，此时此刻，你认为卞和是怎样的一个人？

生：诚实、坚持、忠诚……

从上面的教学片段，不难发现，学生其实并没有完全理解"坚贞之士"。即使学生从字典中隐隐约约理解了这个词语的表面意思，却没有"深入到儿童的精神生活里"，也没有真正实现和文本中的人物"同呼吸，共患难"，未能达到"一字未宜忽，语语悟其神"的境界。

三、基于设计与实施的深刻反思："实效"的秘密在这里

基于《和氏献璧》的第一次教学设计和实施，我深刻认识到了词语教学的重要性，对如何有效地实施词语教学有了切身的体会。我想，词语学习"实效"的秘密大概在这里。

1. 选择哪些词语作为学习内容

一篇课文当中要学习的词语很多，哪些词语需要重点学习，这是教师在教学设计之初就应该考虑到的。入课伊始复习的两组词语，主要目的是检查学生积累的情况。第一组词语中，涵盖了本课的会认字（详、屑）和会写字（普、唯、独）。

另外，课文中"普通"、"大怒"、"唯独"、"捧着"这些词，是学生生活中接触比较多、比较熟悉的词语，可以在初读课文后出示，进行认读，让学生头脑中已有的"字音"、"字义"和文本中的"字形"有机结合，初步扫清阅读障碍。而像"端详"、"不屑"、"温润澄净"、"坚贞之士"这些学生并不熟悉的书面语，则需要通过教师精心选择教学方法、设计教学环节，才能最终达到理解和运用的目标。

虽然我们有意识地选择了检查的词语，但仅仅是凭借集体的教学经验，并未结合学情调研。后来，我们针对本课做了前测，通过前测了解到学生不认识的字还有"卞、璧、释、澄、润"，不理解的词还有"呈现、埋没、顶撞、听信、欺君之罪"。

由此，我明白了：作为新手教师，要想确定适宜的教学内容必须认真钻研教材，必须认真做学情调研。

2. 以什么方式学习这些词语

在三个不同环节，我们采取了三种不同的方式学习词语。

"复习词语"的环节，要求学生认读。在后来的改进中，我们对这个环节做了如下调整：听写"稀世珍宝、无价之宝、价值连城、温润澄净"这四个四

字词语，同学之间互相订正，而后老师强调"润"字里面是个王字，加深对词语字形的识记，并将这四个词以词卡的方式贴在黑板上，然后学生齐读四字词。做到了落实笔头，手动、眼看、耳听，调动多种感官，提高了学生的主体参与程度，切实提高了课堂教学的效率。

"抓关键词"的环节，我们用了不同的策略帮助学生理解词语，从而发挥关键词语"牵一发而动全身"的作用，更好地理解文意。例如：运用了查字典、词典法。通过查字典、词典，用简明的语言，对词语做确切的解释。这是词语学习最常用、最直接的方法，但不是重要的方法，如：学生不理解"坚贞之士"的含义，字典中关于"贞"的解释也只有"坚持自己的信念毫不动摇，永不放弃，坚定不屈"，不能解答学生的困惑。这就需要学生运用语境联系法。语境联系法，指联系上下文，结合特定的语言环境来解释词义。读书时，要联系上下文，在课文中找出相关的词语、句子或段落来解释要解释的词语。如在体会"坚贞之士"时，教师要引导学生从"又"、从被砍去左脚和右脚的遭遇后仍然献璧的情节去理解。教师应指导学生在反复的阅读过程中，通过联系上下文理解词语的意义和用法。正所谓"书读百遍，其义自见"。若学生抓到的关键词语是"急切"，课堂教学时可以采用朗读体会法，即通过入情入境地朗读来理解词语。如："卞和急切地解释说：'……玉匠无知，您不能听信！'"读出卞和的急切，读出卞和对于石头里面确实有美玉的肯定，在读的过程中逐渐理解词的意思。再者，文字是富有生命力的，我们在读文的时候就是在和文本进行对话，当我们遇到不理解的词语时，也可以通过语境运用动作表演法，即通过做动作让学生领会词语的意思。教学时，教师让学生通过想象，例如，玉匠仔细端详了一番，不屑地说："这只不过是块普通的石头。"通过具体的动作和表情，体会玉匠对这件事的不认真和不重视，将玉匠的形象活灵活现地再现在学生脑海中。

"运用词语"的环节，体会他悲痛的原因时出示："明明是（　　　　　　），却被说成是普通的石头；明明是（　　　　　　），却被说成是骗子。"在理解卞和悲痛原因之时也运用了本课的四字词，使学生能够在语境中运用词语。在后期的改进中，教师将这些词语直接运用到课文教学中，反复在语境中运用，虽然没有出示这些提示，学生也能自然地运用。

首先，学生的任何学习都应当遵循其认知规律，要想理解课文的内容，必须从词语入手，而词语的学习也要遵循一定的认知规律，即要循序渐进，不断地引导，要贴近学生的最近发展区。实际上，人们只有在大量阅读和口语交际中，经过反复认识、比较和运用，才能对词语有比较透彻的理解。所以小学生的词语学习，应当在具体的语言环境中进行，在反复学习的过程中加深理解，并逐步做到恰当运用，不能要求一步到位。

其次，词语教学的方法多种多样。我们解词时，既要遵循一定的规则，又不能墨守成规，要灵活运用，具体问题具体分析，只有这样，才能对词语的意义做出恰如其分的解释，让词语真的被学生所理解、积累并运用。教学策略的设计也要从文章内容出发，从词语特点出发，从学生年龄特点、生活实际出发，通过恰当的、有针对性的语文活动，轻松达到教学效果。

3. 怎样的角色定位才合理

在实际教学中，教师迫于教学内容、教学环节的完整，教学任务的完成以及教学进度，有时感觉在"赶"课：如果学生活动的过程太长，谈论、思考、体验的时间太多，教师唯恐课上不完，书没教完，就迫不及待地启发学生说出自己的想法。有的学生刚说出自己的想法，教师又担心其偏离了主题，就匆忙把教案里的答案教给学生。如在学生对"坚贞之士"产生困惑时，教师迫于课堂进度的顺利完成，增加干预，没有给学生足够的时间，只在问题抛出后一分钟内将答案"给"学生，学生缺少独自解读深思的过程，生硬地接受老师给的东西，没有内化的过程。也因我们的"不等待"，在课堂中，学生许多生机勃勃的体验过程被搁浅在预设的"目标"前，我们盲目浇灭了那些还未点亮的思想火花，没有给学生证明自己价值的时间，扼杀了他们展示才华的机会。

所以，教师不妨在课堂教学环节"稍等片刻"，学会等待。等待让学生与文本真正地"对话"，还学生充分思考的时间，让学生长期"浸泡"在文本中。这份等待是一份信任，是一份宽容；是一份引领，是一份享受。当然这份等待之后需要的是智慧的引领，这正是一名新教师所不可控的，也是新教师需要长期修炼的内功！

《和氏献璧》文本解读质疑

张冬梅

初读《和氏献璧》觉得这故事如此精短，一读就通，课堂上，我们应该怎么用、怎么讲？

一、共同聆听学生的质疑:《和氏献璧》学情调研设计与实施

(一)学情调研目的

"新版课标"强调学生是课堂的主体,是学习的主人。教师的教学应适应学生的需求,教学生之所需。在"新版课标"的指引下,我们在教学时注重学生的"惑",注重学生发现问题的能力,从而培养学生的问题意识,实现以创新精神为核心的素质教育。于是在学习课文之前,我们从学情出发对《和氏献璧》进行了前测。

1. 调研内容

在教和学的过程中,师生是学习的共同体,教师要不断地学习、更新观念,也要重视学生的自主学习意识,激发学生的"好奇心、求知欲",激发学生的问题意识。我们设计的项目有:①知识能力,即对文本的理解;②情感态度价值观,即学生的态度、写字姿势。

2. 调研对象

调研的对象是我校三年级的全体学生。事先讲明要求和重要性,然后统一操作。

3. 调研方式

采用书面记名问卷的方式。经陈晓波博士修改后,我们将所要调研的内容设计成 5 道问答题。先请学生自读课文,约 10 分钟;下发问卷,请学生独立作答,大概 20 分钟,自读和答题环节分开。答题时,老师一定不提示。在统计中发现,个别班级的个别学生对个别题目存在不负责,粗心丢题的现象,但基本上是认真的。本次调研具有真实性与可靠性。

(二)学情调研框架设计与修改

学生在初读课文后马上就有很多的疑问,老师们依据各班的情况分别设计了三道前测题。陈晓波博士针对前测设计进行了科学的指导。

如下所示:

《和氏献璧》前测题

感谢大家贡献的 12 道题目,我尝试做了如下梳理。

1.12 道题目中有 10 道题目是指向"卞和"的,我觉得又可以分为两类。

第一类,关于"献璧"

(1)卞和为什么要献璧?

(2)卞和献出的是什么?

(3)卞和第三次献璧与前两次有什么不同？

(4)玉跟卞和有什么关系？

(5)说说"宝玉，却被说成是普通的石头；坚贞之士，却被说成是骗子，这才是我悲痛的原因啊！"这句话的含义。

上述5道题目，难度不一，建议就以课后第一题来代替，了解学生自学后的理解程度即可。设置题目：卞和为什么哭得那么悲伤？如果你是卞和，你会怎么做？

第二类，关于卞和

(1)你认为卞和是怎样的一个人？

(2)你认为卞和愚蠢吗？

(3)如果你是卞和，面对一块藏有美玉的石头会怎样做？

(4)你认同卞和的做法吗？

(5)如果让你对卞和说一句话，你会说什么？

上述5道题目，我个人觉得"如果你是卞和，面对一块藏有美玉的石头会怎样做"的提问方式更好。但是应该针对具体的故事情节提问。另外，我建议由关注一个人扩展到关注这个故事，设置题目：你喜欢"和氏献璧"这个故事吗？为什么？

2. 第1题是查找资料题，个人以为此题更像是预习作业。建议修改为：你还知道哪些关于玉的故事？简单写一写。

3. 第12题是关于词语的，了解"读完课文给你留下印象最深的两个词是什么"，这道题目很好，不过我觉得放在后测更合适。既然是前测，是否应该了解学生自读后不理解的？

根据上述建议，我修改了前测题，请大家审阅。

1. 通过查找资料，你了解了哪些有关《和氏献璧》的内容。（用简单的一两句话回答）

2. 你认为卞和是怎样的一个人？

3. 说说"宝玉，却被说成是普通的石头；坚贞之士，却被说成是骗子，这才是我悲痛的原因啊！"这句话的含义。

4. 你认为卞和愚蠢吗？

5. 卞和为什么要献璧？

6. 卞和第三次献璧与前两次有什么不同？

7. 如果你是卞和，面对一块藏有美玉的石头会怎样做？

8. 你认同卞和的做法吗？

9. 玉跟卞和有什么关系？

10. 如果让你对卞和说一句话，你会说什么？

11. 卞和献出的是什么？

12. 读完课文给你留下印象最深的两个词是什么？

在陈晓波博士的认真指导下，我们最终将前测题确定为五道题。如下所示。

《和氏献璧》前测题

班级： 姓名：

1. 自读课文，圈出你不认识的字和不理解的词语，誊写在下面。

不认识的字：

不理解的词：

2. 卞和为什么哭得那么悲伤？如果你是卞和，你会怎么做？

3. 你喜欢"和氏献璧"这个故事吗？为什么？

4. 自读完这篇课文，你还有哪些不懂的地方？你还想知道什么？

5. 你还知道哪些关于玉的故事？简单写一写。

(三)学情调研结果分析

本次调研共发放 102 张问卷，收回已作答 94 张。

在作答第一题时，有的学生不理解誊写是什么意思。

1.1 不认识的字：无不认识的字，56 人(59.57％)，"卞"19 人(20.21％)、"屑"10 人(10.64％)、"鉴"6 人(6.38％)、"璧"5 人、"贞"4 人、"匠"3 人、"释"2 人、"稀"2 人、"呈"2 人，其他还有"和、凭、端、详、献、澄、润"。

1.2 不理解的词：无不理解的词，38 人(40.43％)，"不屑地说"18 人(19.15％)、"坚贞之士"12 人(12.77％)、"端详"7 人(7.45％)、"鉴别"6 人、

"温润澄净"4人、"稀世珍宝"3人、"价值连城"2人、"欺君之罪"2人、"双眼泪尽"2人，其他还有"解释、和氏璧、献璧、断定、呈现、埋没、无价之宝、顶撞、卞和、听信"。

关于第二题：

2.1　卞和为什么哭得那么悲伤？

宝玉，却被说成是普通的石头；坚贞之士，却被说成是骗子。

没有作答：23人（24.47％），原文：15人（15.96％），被误会被冤枉没人理他：28人（29.78％），宝玉被说成是石头：21人（22.34％），宝玉不该被埋没：4人，被说成是骗子：3人，失去双脚：1人。

2.2　如果你是卞和，你会怎么做？

没有作答：11人（11.70％），自己留下不献：36人（38.30％），打磨后再献：27人（28.72％），哭死自杀：10人，讲道理：5人，和卞和一样：5人，其他还有"报仇、给文王、等待"。

关于第三题：

3. 你喜欢"和氏献璧"这个故事吗？为什么？

喜欢：68人（72.34％）。原因：有趣、感人、坚定信念、坚持、顽强不屈、忠诚、勇敢、同情卞和、告诉我们道理、精彩、卞和很聪明、牺牲、诚实、不灰心、好词好句、了解古代故事、卞和复活、喜欢文王。

不喜欢：22人（23.40％）。原因：卞和哭了、残忍、没意思、被冤枉、不该哭、内容不详细、不相信。

没有作答：4人，没有原因。

关于第四题：

4.1　你还有哪些不懂的地方？

没有作答：55人。其他：卞和怎么断定石头里面有美玉？（5人）卞和第三次献玉了吗？为什么卞和愿意用一生做一件事？卞和为什么能活那么久？卞和埋在哪里？什么是温润澄净的美玉？（2人）"宝玉而题之以石，贞士而名之以诳"什么意思？（2人）为什么前两次的玉匠不去整治那块玉？（3人）为什么玉匠不看？（3人）为什么玉匠没有发现里面有美玉？（3人）几个玉匠？文王给他什么奖励？（5人）为什么犯错要被砍脚？（3人）

4.2　你还想知道什么？

没有作答：36人。其他：还想知道有关和氏璧的故事；卞和出生在哪儿？

发财了没有？卞和以后怎样了？现在那块玉在哪里？文王为什么很和平（应为平和）？卞和怎么得到这块石头的？卞和为什么能活那么长时间？

关于第五题：

5. 你还知道哪些关于玉的故事？简单写一写。

不知道：90 人。知道：女娲补天；《红楼梦》中，宝玉出生口含宝玉；《中国石》中，一位战士捡到一块石头；玉环的故事，秦国送给齐国一个玉连环，让齐国打开，最后齐国把玉环打碎了。

二、基于学情调研结果的教学建议

在了解了学生的所需后，我们将学生的问题进行了分类，哪些是通过老师启发和引导在课文中可以找到答案的；哪些是需要通过查资料帮助学生"解惑"的；哪些是需要学生自主探究合作完成的，我们都做了整理。这样在课堂教学中重点更突出，也有利于实现自主、合作、探究的学习方式，有利于建设开放而又有活力的语文课程，真正体现学生是课堂的主人，使学生能够学有所获。

二教二反思：当我们从学生的"真"问题出发时

张冬梅

为了更确切地了解学生的认知起点和认知困惑，在第二次试讲《和氏献璧》前，我们设计并实施了前测。梳理"自读完这篇课文，你还有哪些不懂的地方"这一问题的答案时，我们发现学生的问题集中在两个方面：

(1)为什么卞和两次献璧被冤枉并受到酷刑，他还要坚持第三次献璧？

(2)为什么卞和不先把石头剖开再献？

一、如何理解学生的质疑

仔细琢磨学生提出的两个问题，不难发现：它们都与故事主人公卞和的行为和精神有关。初读完故事，孩子们好奇："卞和为什么不先把石头剖开再献？"而生活在当今社会，他们更不理解卞和为什么如此坚持。这是孩子们真实的质疑，是孩子们学习这篇课文时的"真"问题。

和氏献璧是一个在中国历史上流传很久的故事。但是，对于生活在当今社会的三年级学生而言，它相当"陌生"。这种"陌生"，一方面是因为这是一个历史故事，它发生在距今 2700 多年前的楚地；另一方面，卞和付出惨重代价的这份"坚持"与喧嚣、浮躁的当代社会中的种种常态似乎格格不入。

在这样尴尬的境地中，作为语文教师，应如何在语文课上帮助学生解决他们的这两个"真"问题呢？

二、如何基于学生的质疑设计教学思路

《义务教育语文课程标准(2011年版)》明确提出："语文课程必须根据学生身心发展和语文学习的特点，爱护学生的好奇心、求知欲，鼓励自主阅读、自由表达，充分激发他们的问题意识和进取精神，关注个体差异和不同的学习需求，积极倡导自主、合作、探究的学习方式。"[①]本着课标的精神，我们决定认真对待学生的质疑，由学生的质疑出发设计第三课时的教学思路。于是，在课例研究集体备课时，我们碰撞出这样一个授课思路：

教学环节	学生活动	教师指导
(一)回顾	1. 同桌互讲和氏献璧的故事； 2. 自己出声读课文； 3. 指名讲故事。	指导学生复述课文。
(二)质疑	1. 同桌交流问题，互相解决能够自己解决的问题； 2. 小组交流，提出解决不了的问题； 3. 全班集中共性问题。	梳理问题，帮助学生提炼有价值的问题。
(三)疏导	1. 再读课文，结合课文有理有据地谈理解； 2. 结合资料，拓展加深理解； 3. 在交流中倾听别人的意见，提升认识。	引导学生结合课文、资料以及同学间的交流，理解卞和献璧的行为。
(四)巩固	1. 写一写：和氏献璧对你的启示； 2. 展评交流。	指导学生将交流成果落实为个人学习所得。

但是后来，我放弃了这个思路。之所以放弃，主要基于三方面的考虑：首先，一节研究课，哪怕是一节普通的语文课，对于学生来说一定要有所获，而第三课时的设计局限于有限的资料，其中臆想的东西太多，究竟能不能使学生有所获，我心中存在着很大的疑问。第二，以前很少有人做第三课时的尝试，就像很少有人去研究习作课堂一样，因为这种课堂见仁见智，很难评价其价值所在。第三，三年级组虽然只有四位老师，但大家都十分努力，都希望能够拿出一节像样的研究课，而对于第三课时的研究心里实在没底。

---

① 中华人民共和国教育部. 义务教育语文课程标准(2011年版). 北京：北京师范大学出版社，2012：3.

三、从"学生难点"到"文本重点"的路有多远

第三课时的教学设计就这样夭折了，但是它留给我太多的思考。

首先，我们要认真地对待学生的问题。在忙碌的教育教学工作中，面对孩子们提出的一个个听起来"稀奇古怪"的问题，我们可以选择没听见、没看见；我们也可以选择拿出时间来还给学生，引导他们去讨论，去争辩；我们还可以选择将我们思考的结果灌输给他们……何去何从的抉择背后其实反映的是一个老师基本的学生观。我们认为，作为一个负责任的老师，必须认真倾听学生的问题，先弄清楚学生的困惑到底是什么，然后引导学生自主地解决问题。处处尊重学生，处处以学生为主体。

其次，认真对待学生的问题可以有效地促进教师个人的专业成长。事实上，对于语文教师而言，学生在阅读中提出的问题可以很好地"敦促教师结合学生的问题，重新解读文本，在思考学生问题过程中提升自己的文本解读能力"①。由孩子提出的"为什么卞和两次献璧被冤枉并受到酷刑，他还要坚持第三次献璧"这个问题出发，我们组的老师认真研读了《韩非子·和氏》《新序·杂事第五·荆人卞和得玉璞》《史记·廉颇蔺相如列传》《史记·游侠列传》等古文，潜心阅读了张晓风的话剧剧本《和氏璧》、散文《一块玉的故事》等作品。互文阅读的过程中，我们对卞和及其精神有了更深刻的体会。而循着学生提出的"为什么卞和不先把石头剖开再献"这个问题，我们反复阅读课文，同时也查阅了大量的资料，基于文本细读和互文阅读，最终获得了三种相对合理的解释。其一，从玉文化的角度而言，中国人把玉看作天地精气的结晶，人神心灵沟通的中介物，"在我国古代，对玉的开发和利用是和国家政治密切相关的大事"②，因此，卞和可以献璧但却不可以私自剖开玉石。其二，从玉石加工的角度来讲，一块石头变成玉，关键在于其艺术价值，轻率地剖开，可能会破坏潜在的艺术价值，进而影响玉石的价值。其三，从科学研究的角度而言，中国科学院广州地球化学研究所的王春云博士历经 24 年潜心求证，得出结论"和氏璧是一颗超级大钻"③。这些意外的收获大大提升了我们自己的

---

① 卢杨. 在学生问题的催促下，我们加紧步伐赶路——谈学生研究对教师专业发展的促进作用. 基础教育课程，2009(12).

② 姚士奇. 中国的玉文化. 北京：中国国际广播出版社，2010：96.

③ 王春云. 破解国魂和氏璧之谜·宝玉篇. 武汉：中国地质大学出版社，2010：204.

学科素养，而这又怎能不感谢孩子们的"真"问题呢？

最后，学生的"真"问题一定是学生的难点，却不一定是课堂教学的重点，我们还要以"语文的方式"智慧地引导学生解决这些"真"问题。就《和氏献璧》而言，要三年级的学生透彻地理解卞和身上所体现的对理想、对信仰的执着追求，几乎是不可能的，也是不符合教育教学规律的。但是，从孩子的这两个问题出发，借由我们的专业阅读，我们可以引导孩子从不同角度探究问题的答案。而在这个探究过程中，查找资料、寻访专家、阅读玉文化的相关书籍、交流和氏璧的故事传说等，哪一个活动无益于学生听说读写能力的提升呢？对于语文能力、语文素养的理解，我们不应该过于狭隘。

从"学生难点"到"文本重点"的路到底有多远？这条路该怎样走才能既解决学生的问题又使语文课不走样？收，收到什么程度？放，放到什么程度？我们继续思索着……

三教三反思：为了学生的发展而评价

李媛媛

课堂评价语言，是教师教学机智、口语技巧、教育智慧的全面展示，是教师文化底蕴、人格魅力、爱生情怀的真实体现。精彩的课堂评价语言是一门能让学生积极主动地参与课堂教学活动的艺术。独立意识尚未形成的小学生非常看重教师的评价，所以在课堂中教师的评价语言会直接影响小学生对知识技能的掌握及其思想感情的发展。

在《和氏献璧》的课堂教学改进过程中，我先后三次打磨这一课，代表三年级组做了汇报展示。三次执教，三次课后研讨，让我对语文教师的课堂评价语有了深刻的认识。

一、令我疑惑的"规定动作"

4月11日晚，集体备课结束时，陈晓波老师明确提出第二天试讲的"规定动作"：课堂上，教师除了组织教学的语言外，不许多说一句话，把时间留给学生说。在第一次试讲时，我没能很好地执行"规定动作"，因为担心学生理解不到位还是更多地牵着学生走。整堂课的教学目标虽基本完成，但是孩子们学习的积极性却不是很高。同时，我也切身感受到要想真的改变已有的教学模式很难，不下狠心不行！

4月13日，第二次试讲前，陈老师重申"规定动作"——老师尽量不说话，把时间给孩子，让孩子在课堂上充分发表自己的见解。听到这一要求，我的心里真是七上八下：我不敢想象课堂上的我手脚应该放在哪儿；我不敢想象那将是一个怎样的课堂；我也不敢想象当学生七嘴八舌地发表见解甚至争执时我该如何作为。我的头脑中产生了一连串的问号，但我也深知，这是我想要改变原有课堂模式，真正发挥学生主体作用，成就学生，为学生真正发展所必须迈出的一步。

于是，课堂上，我很好地贯彻了陈老师的要求，让孩子们充分地说，加之我心中一直担心——怕自己又多话，因此极力控制自己不说，到了不得不说时，就用"好"、"嗯"、"请坐"等极为简单的词语代替。我对课堂的调控没有了，孩子们想说什么就说什么，甚至当孩子的感受和理解明显偏离了课文的原意与价值观时，我也没能把孩子"拉"回来。我的"不作为"使得后面的教学环节无法顺利进行。在交流"卞和献璧给你的启示"这一问题时，有学生说"拾金不昧"，有学生说"爱国"。课后，我极度沮丧，课堂上孩子的"偏离"让我开始怀疑自己，怀疑我十多年的教学经验，怀疑我的个人能力。

课后交流时，大家很快就把讨论的重点转向了"课堂评价语"。集体的讨论带给我很多启示。仔细回想两次执行"规定动作"的经历，我发现自己少说话的确给学生留出了充足的空间，有不少孩子说得很精彩，然而更深刻的体会却是"少说话"看上去似乎是教师在课堂上的作用减少了，而实质上却给教师提出了更高的要求——用准确、精练的语言及时给予学生反馈，从而有效调控课堂教学的走向。

二、"自选动作"如何才能"有为"

在"规定动作"的强制要求下，经历了两次试讲，我深刻体会到了"把时间还给孩子"的重要性，体会到了"教师课堂评价语"的重要性。这时，陈老师收回了"规定动作"，允许我可以有"自选动作"——认真倾听学生的感受、见解后，抓住问题实质，有选择性地进行评价指导，要求学生必须从文本中找出相关依据，有理有据地表达自己的观点，从而引导学生尊重文本，理解卞和的价值追求。

"镣铐"是解除了，但是这个"自选动作"，虽然是"自选"，难度却很大。如何才能在"自选动作"中"有为"呢？

1. 在评价中总结学习方法，明确任务标准

"学习性评价丛书(小学版)"中的《让反馈更有效》一书中提到，反馈被称为"学习的生命线"和"冠军的早餐"。"给学生高质量的反馈是教师的核心职责

之一，也是学习性评价的一个重要方面。"从上述观点中不难发现教师的评价对学生来说是多么重要。在教授《和氏献璧》一课时，我在复习、巩固环节中对学生概括主要内容的评价，让我深刻地体会到"有为"对学生的激励、肯定是多么重要！

无计可施的"有为"——放手给学生。4月12日的第一次试讲，当进入环节——"快速读文，说一说课文主要讲了一件什么事"时，学生用很精练的语言概括出了文章的主要内容。由于平时的训练是由学生进行评价，因此我延续了惯有的习惯，由学生进行评价，学生只简单地评价为："你概括得很具体。""你概括得很全面。"就草草地收场了。我观察到回答问题的学生并没有在情绪上受到鼓舞，课下，陈老师告诉我，这样的评价对学生起不到任何提升的效果，评价应再明确些，否则学生不知道该如何改进。

小试牛刀的"有为"——教给学生概括的标准。4月13日的第二次试讲，同样的问题，我一改往日的学生评价为老师评价。评价语为："你对课文的主要内容概括得准确、精练。"这样的评价看似简单，但会让很多学生知道在概括主要内容时既要准确，又要精练。这样的评价语不仅教给了孩子概括主要内容的方法，还教给了他们评价的方法。课后，听课的老师又一次指出，评价能否再明确、清晰些，比如可以包括概括的方法。

大刀阔斧的"有为"——概括的方法＋标准，是评价实效。在"有为"上逐渐尝到甜头的我慢慢放开了"手脚"。在随后的第三次试讲中，我将概括主要内容的评价语再次进行了改进，变为"你概括得很准确、精练，看来我们上节课学习的用题目扩充法概括主要内容的方法你已经掌握了"。这种明确的描述性的评价不仅使学生回顾了概括的方法，也使学生了解了评价的方法，同时，也使我的评价语变得"有为"了，真是一举三得。

反馈应与活动一开始设定的学习目标和实现指标相联系。这有助于确保学习过程从头到尾的连贯性，同时也把关注点一直放在促进学生的学习上，而这正是形成性评价的核心。这次评价中的"有为"很好地将多个教学目标进行整合，使得学生学习的实效性大大增强。

2. 在评价中及时肯定并鼓励，给学生信心

《义务教育语文课程标准(2011年版)》中明确指出："对学生语文学习的日常表现，应以表扬、鼓励等积极的评价为主，采用激励性的评语，从正面加以引导。"在第三次试讲时，我开始在给予孩子充分的学习时间后，干预孩子

对问题的回答，并在孩子回答后给予及时的赞扬、肯定和引导。例如，在帮助学生解决"卞和是怎样献璧的"这一问题时，学生抓住"急切"一词谈到：正是卞和断定里面有美玉，所以当玉匠说那只是一块普普通通的石头时，他才会如此"急切"，我对学生这样说道："你真会站在卞和的角度设身处地地考虑问题。"当他受到肯定，带着自己的理解读相应的句子时，我再次地肯定并赞扬他："从你的读中，我不但感受到了一份着急，还听出了一份肯定，难怪他会将这块玉献给国君。大家也带着这样的理解读一读吧。"在这之后，我发现原本有些胆怯、拘谨的孩子慢慢开始放松了，高高举起的小手犹如雨后春笋，课堂气氛也不再那么沉闷了。

3. 在评价中发现、诊断问题，及时反馈

当孩子们踊跃发言时，我面临的挑战也就更大了。因为，除了激励性的评价，我还必须在倾听中及时捕捉问题，迅速诊断，并及时给予反馈，以纠正孩子偏颇的认识或提升孩子已有的认识。

例如，在帮助学生解决"卞和为什么献璧"这一问题时，学生抓住"无价之宝"一词回答："卞和不想让这宝贝埋没。"我适时评价："对卞和来说，让这无价之宝被埋没所要承受的痛苦，比身体所要承受的痛苦还大，因此他决定再去献璧。"这一评价不单单是肯定和鼓舞了学生，同时，使学生体会到卞和献璧的决心和他坚持不懈的意志品质。更重要的是，这一评价除了表面上解决了"卞和为什么献璧"这一问题，还隐含着解决了前测中很多学生提出的"第三次玉是卞和献的吗"这一疑问。这也为后面的"启示"环节做下了铺垫，使学生到最后能够在尊重文本、尊重卞和的前提下，敢于发表自己的独到见解。

因为课堂评价语的改进，我较好地完成了"自选动作"，还呈现了不少"小精彩"。看到这一节课的"成就"时，我的信心大增。不过，就课堂评价而言，这节课仍然有不少"小瑕疵"。比如，当学生提出"卞和很冤"时，我不知道该如何用简洁准确的语言回应，从而做到"珍视学生独特的感受、体验和理解"。我想，真正实现"阅读教学是学生、教师、教科书编者、文本之间对话的过程"，需要教师不断夯实以文本解读为核心的语文学科素养。这正是我需要加强学习的。又如，在汇报展示之后，谈文玉校长在评课时指出，教师的过渡语太长、太多。其实，那些过渡语都是我们组在集体阅读了张晓风的话剧剧本《和氏璧》等相关资料后精心设计的，语言很美，很华丽。但是，仔细想想，课堂上如此华丽的过渡语的确能反映出教师深厚的语文素养，然而对学生的学习有多大的帮助呢？谈校长中肯的批评让我又陷入了深思：如何将这些华丽的过渡语"化整为零"，在学生需要的时候适时出现？

三、为了学生的发展而评价

作为组里第三位接力改进的老师，在"三教三反思"的磨课过程中，我对课堂评价语有了深刻的认识，由此我也慢慢悟到：课堂评价不是一个简单的事儿，我必须学会为了学生的发展而评价。

"为了学生的发展而评价"意味着教师要用深厚的学科素养修炼自己的课堂评价语。"教师的语言如钥匙能打开学生心灵的窗户，如火炬能照亮学生的未来，如种子能深埋在学生的心里。"三教三反思过程中对课堂评价语的打磨让我感受到，合适的评价语可以创造平等、和谐、活跃的课堂气氛，可以简化教学环节。相信在课堂上关注和体察学生的课堂表现，学会认真倾听，及时评价；在反思中增强研究意识，培育教学机制，有意钻研评价；在教学中不断实践探索，敢于尝试不同的评价方式，定会让我们的语文课堂教学更精彩，更富有实效！

四教四反思：发现真正的课堂

刘春燕

几次三番地研磨试讲，收获颇多，细细想来，真正要把这种收获在自己的课堂教学中体现出来绝非易事。而在《和氏献璧》的第四次授课后，陈铮老师的点评为我点亮了一盏灯。

就本课而言，开课时只要抓住"价值连城、无价之宝、温润澄净、稀世珍宝"四个词，那么主要内容便已清晰。关于卞和为什么献璧，和《和氏献璧》的寓言有关，和历史背景有关，还和人的价值追求有关。现在静心想来，学生对于卞和有许多的不理解也是正常的。其实学生能有这样的想法恰恰说明了他们对课文已经进行了深入的探究，而且学生不唯书，不唯权，只唯实的精神是难能可贵的。

在这次点评中，陈铮老师从更高的角度为我提出了中肯的建议。在今后的教学中，我要进一步改进。

1. 给学生一个"开放的课堂"

课堂上解决学生有困难的问题。对于课堂上共性的、特殊的、跑偏的问题要处理，适当插入点睛之笔，梳理、概括学生零乱的发言，把学生语言中提到的闪光点做恰当的结语，这样就能把一节冗长的课变得短小而精练，将时间真正还给学生，让他们畅所欲言。

2. 给学生一个"交流的课堂"

以前的语文课堂，学生只是可怜的倾听者，谈不上和谁去"交流"。我们要还给学生一个"交流"的课堂，实现"文本对话"、"师生交流"和"生生交流"。要充分利用好小组合作机制。教育家杜威先生说过："给孩子一个什么样的教育，就意味着给孩子一个什么样的生活！"教学不仅仅是一种告诉，更多的是学生的一种体验、探究和感悟。学生的潜力是无限的，关键在于教师是否给了学生足够大的平台。陈铮老师指出，三年级就要让学生建立小组合作机制，为四年级小组自主学习服务，具体办法是：将每四人编成一组，固定编号，每人的任务不同，指定重点发言人、纪律维护人等代表全组发言，之后扩展到全班。我想一个学期的锻炼一定会让孩子收获累累硕果。

3. 给学生一个"感悟的课堂"

语文课堂应该为孩子们提供一个温馨、和谐的人文环境，倾注更多的人文关怀，从而激发情感渴望，点燃心灵火花。作为语文教师，我们有责任用全人类文化的神韵去滋润孩子们的心田，引领他们去领略人类文化大厦的恢弘气势和神奇美丽，让学生感悟在其中，快乐在其中，并体验学习带来的乐趣，从而更加热爱语文。

下篇 独上高楼，望尽天涯路

一、在反思中共话收获

回顾半年的研修历程，我们每个人都有不同的收获。

1. 许亚南老师如是说：学会等待

这次试讲是我第一次和三位老师一起深入备课。在备课的过程中，我深深地感受到了每位老师认真严谨的工作态度：细究文本，咬文嚼字，一丝不苟。在这个过程中，我努力学习她们分析文本的思路，体验她们教学设计的智慧，我也更加明白集体的合作是多么重要。同时，也让我感受到了每位老师倾注在我这个新老师身上的耐心和爱心！感激感动之情，不能言表。经过了试讲的历练，我明白了要对学生的回答做出足够的预设，要充分运用评价语及时给学生反馈，让学生在回答问题后都能有所提升。在评课的过程中，在教后的反思中，对于文本和教学设计都有了更加清晰的认识。字字句句，设计思路都铭刻在我的脑海中。甚至在以后的备课中，也会将本课的设计思路灵活运用。初为人师的我，缓慢地行走在我职业生涯的道路上，有很多困难需要克服，有许多不足需要改进，有许多知识需要学习，但我在路上！且学且行且感动着。

2. 张冬梅老师如是说：践行"课标"，关注学生

万变不离其宗：落实"新版课标"。"新版课标"试行至今已经将近五年，随着教学实践经验的不断丰富，随着自身的不断学习与成长，我们发现落实"新版课标"越来越讲究一个字——"实"。因为整个社会的发展都在关注"人"，人发展了，社会才会发展进步，落实"新版课标"必将迎来更加务实的时代。

评来评去不离准绳：关注学生。关注学生是评价一堂课的首要标准，是教师执教的一种能力，是上好一堂课把好学生脉的唯一途径。关注学生外在有尺度，内在有目标。

千研万研目的只有一个：自己提高促工作省力，学生受益奠发展根基。研究课不同于特级教师的引领课，我们做研究的最重要目的就是提升自己，与此同时，最大受益者必是学生。

3. 刘春燕老师如是说：敢于直视并挑战教学中固有的经验

一段艰辛的跋涉让我有了很多收获的喜悦，在这喜悦中谈不上质的飞跃，却有无数次精神的洗礼。课堂上的学生不应仅仅是忠实的听众，还应当是参与者甚至是领导者，我们应该经常蹲下身来为每一株小苗松土，关注他们的长势，用我们无限的爱为他们培土、施肥，并且随时拨开空中的乌云，让阳光照耀每个灵动的生命。在教学过程中，敢于直视教学中固有的经验与现实发生的碰撞，让这种撞击成为一种警示，将课堂不断激活，而在这个过程中要善于享受"失去"的乐趣。反看以往的课堂，能够让自己沾沾自喜的不过是我一厢情愿的给予，而学生个体的潜力我却熟视无睹……这次研修收获了两种滋味：酸涩、甜蜜。

4. 陈晓波老师如是说：尊重·信任·交流

半年的研究"浓墨重彩"，走过的历程艰辛而曲折。蓦然回首，心中有不少的"小感动"。从年初初次相逢的"陌生人"到如今谈笑风生的朋友，我渐渐悟得：只有基于彼此真诚的尊重和信任，基于彼此敞开心扉的坦诚交流，我们才能共同成长。谁说不是呢？这半年，我们曾经一起"犯错误"，一起"眼高手低"，一起"踏实前行"……我们在学习中共同成长，在研究中寻找着那一度失落的职业幸福感。

二、在总结中梳理结论

（一）关于词语教学

1. 词语是三年级重要的学习任务。三年级下学期的学习重点是：一方面，积累词语，丰富语汇；另一方面，掌握学习词语的方法。

2. 在整体把握课文内容的前提下，聚焦主线问题，有过程地指导学生找关键词语。

3. 在阅读中引导学生学会联系上下文、结合已有经验、近义词的对比替换、查词典等多种方法理解词语。

4. 在学生、教师、教科书编者、文本之间对话的过程中，帮助学生建立小组合作学习的机制，引导学生学会有效交流，在交流中丰富对词汇的理解。

（二）关于课堂评价语

1. 教师的评价意在促进学生的发展。

2. "为了学生的发展而评价"意味着：

评价不仅仅是诊断出对与错，更要指出对与错的理由，对的要提升，错的要有更正的方法；评价要多采用激励性的语言，从正面加以引导，保护孩子的好奇心与探究愿望；评价还要"多一把尺子"，不仅仅关注知识的获得、能力的提升，更要关注学生学习的态度、情感等；评价不仅仅是教师的"特权"，随着学生年级的上升，教师要逐渐教会学生自我评价、同伴评价……

三、寄语未来的路……

结束，并不意味着所有问题的解决。结束，意味着又一个新的开始。

（一）尚未解决的问题

1. 统领文本的主线问题如何确定？

2. 教师如何运用评价语促进学生的发展？

3. 如何将精心准备的华丽的过渡语"化整为零"地适时出现？

（二）进一步研究的思考

1. 叙事类文本中故事类文章的共同点是什么？

2. 就中段的词语教学而言，三年级和四年级的教学要求及重点有什么不同？

附

《和氏献璧》教学设计一稿

一、复习词语

同学们，这节课我们继续来学习《和氏献璧》——齐读课题，在学习课文之前我们先来复习复习词语。

1. 出示词语：断定　不屑　普通　唯独
　　　　　　端详　悲痛　查询　鉴别

谁能带领大家把这些词准确地读出来。

（读对：你读得真准确；读错：谁帮帮他，他读，全班读。）

2. 出示四字词：稀世珍宝　无价之宝　价值连城　温润澄净

请同学们看看这四个词语，说说有什么发现？

①这四个词语都是四字词语；

②这四个词语都形容玉的价值很高，说明玉的品质很好；

③其中前三个词语不仅指玉的价值高，而且也用于描写其他很贵重、有很高价值的事物；第四个词指的是玉的质地纯净，很美，是好玉。

3. 我们课文中的"和氏璧"就是这样一块宝玉，关于这块玉发生了什么故事呢？请同学们轻轻地把书翻到第59页，快速读课文，想一想课文讲了一件什么事。

（卞和得到一块内藏有美玉的石头，他两次献璧，被砍去了两只脚，第三次终于献璧成功，这块玉被命名为"和氏璧"。）

4. 出示："于是，文王下令将这块价值连城的美玉命名为'和氏璧'。"

师：文王为什么将这块玉命名为"和氏璧"？在古代，"玉"是贵族专用物品，这样一块价值连城的美玉却用一个普普通通的老百姓的姓氏来命名，到底卞和怎样的表现会得到这样的肯定与赞誉呢？下面我们学习课文。

二、学习课文

1. 谁来读一下第一自然段？

指生读。请其他同学边听边想，卞和得到这块藏有美玉的石头后，他首先想到的是什么？（献给楚厉王）

师：是啊！卞和就是怀着这样无比激动、迫切的心情来到楚厉王面前献璧的。下面请同学们默读课文第2～4自然段，用直线画出描写卞和语言和神态的语句，画出重点词语，说说从中你体会出了什么。

2. 汇报：第二自然段。

急切：①追问卞和为什么这样急切？（因为玉匠说是一块普通的石头。）

②谁能把这种急切的心情读出来？（读不好：谁能读得更急切？读好：谁再来。）

师总结：这份急切的心情表明了卞和不能容忍有人将"玉"贬为"石"，在他的心中最重要的是应该尊重事实，这使得他忘记了"礼"，不惜和国君顶撞，以致失去了左脚。正因为害怕楚厉王轻信了玉匠的话，认为这只是一块很普通的石头，所以卞和才如此急切地解释说——生读："这块石头……您不能听信！"

师：正因为卞和断定石头里面有美玉，坚信自己的判断是正确的，所以他才如此急切地解释说——生读："这块石头……您不能听信！"

师：第一次献璧并没有成功，而且失去了左脚，此时的卞和会有什么感受呢？（生：伤心，悲伤，虽然这次献璧失败了，而且还失去了左脚，但是"我"是不会放弃的，"我"相信终究有一天国君会相信"我"的话，认定这是一块美玉。）

师：你们把自己当成是卞和，体会得真好。

（过渡）就是凭着这份执着，当武王即位后，他又一次义无反顾地去献璧。谁还能读一读你画的描写卞和的句子？

3. 教学第四至七自然段。

（1）出示句子："失去了双脚的卞和，捧着那块石头泪流满面。他想：这无价之宝难道真的要永远被埋没吗？"

师：你体会到了什么？（伤心、难过）

师：你从哪个词体会出来的？（泪流满面）

——追问：卞和为什么这样泪流满面呢？联系第三自然段，找一找。（评：你们读出了卞和心中的委屈。）

师：从"捧"这个动作你体会到了什么？

"捧"：这块石头对于卞和来说是何等的重要，双手捧着，生怕有什么闪失。

师：卞和没有为自己失去双脚而流泪，没有为自己身体的残缺而伤心落泪，他一心想的是——生读："这无价之宝……埋没吗？"

师：他痛苦的是这样一块稀世珍宝、无价之宝却不能见天日，不能得到肯定，他内心里不住地呐喊——生读："这无价之宝……埋没吗？"

（2）（过渡）两位君王已离去，自己也已失去双脚，而今文王登上王位，几十年的光阴就这样匆匆过去，但想一想自己手中的宝玉仍没有献出去，卞和悲痛不已。

（出示）"卞和捧着那块石头，在楚山脚下一连痛哭了三天三夜，直哭得双眼泪尽，血都流了出来。"

师：大家都来读读这句话。（自由读、指名读。评：有点悲痛，谁再来读读。我感受到了卞和的痛苦。）

（3）（过渡）卞和哭得如此悲痛，引起了楚文王的关注，楚文王马上派人前去查询。面对来人的询问，卞和又是怎样回答的呢？

• 默读课文第六自然段，画出有关语句，标出重点词语，从中你体会出了什么。

• 卞和是如何回答的呢？

①汇报："宝玉，却被说成是普通的石头；坚贞之士，却被说成是骗子，这才是我悲痛的原因啊！"

韩非子在《和氏》一文中是这样写的，出示古文："宝玉而题之以石，贞士而名之以诳，此吾所以悲也。"

②你有什么体会？（痛苦）

重点词语：

坚贞：坚持自己的信念毫不动摇，永不放弃，坚定不屈。（出示解释）

骗子：此时卞和想到的不是失去双脚带来的痛苦，而是被君主当成骗子，这是他所不能容忍的。

师：这才是他所不能容忍的。谁还有体会？（生：宝玉被说成是普通的石头。）

师：这就是他悲痛的原因，你能不能把它读出来。（评：你们体会出了他悲痛的原因。）

师：卞和心想道，藏有宝玉的石头献给国君，却被认为是普通的石头。

接读：

明明是（　　　　　　），却被说成是普通的石头；

明明是（　　　　　　），却被说成是骗子。

可以填写为：明明是无价之宝，却被说成是普通的石头；

明明是价值连城的美玉，却被说成是普通的石头；

明明是稀世珍宝，却被说成是普通的石头；

明明是坚定自己的信念、毫不动摇的人，却被说成是骗子。

明明是正直不屈、百折不挠的人，却被说成是骗子。

明明是对国家一片忠诚、一片赤诚的人，却被说成是骗子。

师：是啊！这才是卞和悲痛的真正原因啊！文王听到汇报，便叫玉匠整治那块石头。生接读："经过……'和氏璧'。"

师：此时此刻你认为卞和是怎样的一个人？

三、总结升华

师出示句子：因为卞和（　　　　　　），所以将这块价值连城的美玉命名为"和氏璧"。

师总结：历经了整整三代君主，几十年的时间，这可以说就是一个人的一生、一辈子啊！而卞和就是在这种种打击重压下丝毫未改自己的信念，他这坚贞不屈的情操、永不放弃的精神像一块宝玉一样纯洁美好，而又弥足珍贵，所以将这块价值连城的美玉命名为"和氏璧"，充满了纪念意义。也正因为这位坚贞之士才让无价之宝得以流传后世。

四、作业

1. 查找有关石头和玉的故事，同学间进行交流。

2. 把《和氏献璧》讲给家长听。

五、板书

和　氏　献　璧

↓　　　　↓

坚贞之士＝无价之宝

《和氏献璧》教学设计二稿

教材分析

这是一个脍炙人口的历史故事，楚国人卞和把一块含有美玉的石头先是献给国君楚厉王，被诬为欺君砍去左脚；又献给楚武王，被砍去右脚。待到文王即位，卞和才得以平反，美玉才得以重见天日。卞和虽历尽磨难，仍坚持信念，他的坚贞、执着、勇敢令人感动。作为历史故事，对我们现代人的教益也很大。

教学目标

1. 会用多种识字方法认 10 个生字，会写 8 个生字。理解"鉴别、急切、无价之宝、坚贞、价值连城"等词语在文中的意思。

2. 能够正确、流利、有感情地朗读课文，复述"和氏献璧"的故事。

3. 能够对文中的四个人物做简单的评价。懂得"宝玉而题之以石，贞士而名之以诳，此吾所以悲也"的含义，理解卞和悲痛的原因。

教学重难点

1. 卞和为什么哭得那么悲伤？

2. 理解句子："宝玉，却被说成是普通的石头；坚贞之士，却被说成是骗子，这才是我悲痛的原因啊！"

学生分析

故事精练，情节曲折，很容易引起学生的阅读兴趣。对故事蕴含的道理学生可能会有不同的见解。也许有人会赞扬卞和的忠贞，也许有人会说他很傻。这时老师就要引导学生思考：如何恰当地表达自己的观点，同时保护好自己。

教学环节

一、导入

1. 齐读课题。

2. 读课文，回忆主要内容。

3. 出示学生质疑的问题。

(1)为什么卞和两次献璧被冤枉并受到酷刑，他还要坚持第三次献璧？

111

(2)为什么卞和不先把石头剖开再献？

设计意图：从学生问题出发。

二、深入读文，解决问题（教学重点）

1. 献：

(1)和氏献璧的故事中，卞和是怎样献璧的？

(2)学习提示：默读课文第 1～4 自然段，用"——"画出描写卞和献玉时语言和神态的语句，用"△"画出重点词语，从中你体会出了什么。

2. 集体讨论：

设计意图：以"献"字为切入点，引导学生深入解读文本，突破难点。

三、拓展延伸

1. 讨论故事带给我们的启示。

2. 引入历史上文人墨客对卞和的评价。

3. 用一句话表达对书中人物的感受。

设计意图：更深层次地品读，引导学生审视人物，多角度理解。

四、升华主题

五、板书

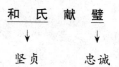

和　氏　献　璧

坚贞　　　忠诚

《和氏献璧》教学设计三稿

教学目标

1. 正确、流利、有感情地朗读课文，抓住关键词句，理解卞和是怎样献璧的。

2. 在与文本对话的过程中，联系上下文理解重点词句，体会卞和坚贞不屈的精神。

3. 联系全文理解"宝玉，却被说成是普通的石头；坚贞之士，却被说成是骗子，这才是我悲痛的原因啊"这一关键句，从而认识到卞和坚贞不屈的情操就像和氏璧一样，纯洁美好，令人赞叹。

教学重点

在朗读课文中提取关键词句，理解卞和是怎样献璧的。

教学难点

联系上下文理解重点词句，体会卞和坚贞不屈的精神。

教学准备

课件。

教学环节

一、导入

1. 齐读课题。

2. 听写词语：稀世珍宝、无价之宝、温润澄净、价值连城。

3. 轻声读课文，复习主要内容。

设计意图：帮助学生回顾并巩固第一课时学习内容，引入第二课时的深入学习。

二、细读课文，提取信息

设计意图：本环节由"卞和是怎样献璧的"（提取信息）、"卞和为什么坚持献璧"（综合解释）、"卞和献璧给你的启示"（深入学习文本后的个性化阅读感受）三个主问题构成"问题连续体"，引导学生逐步深入学习。

（一）卞和是怎样献璧的？（教学重点）

1. 根据学习提示（默读，批注）自主学习。

2. 根据学习提示（读句子→抓词语→谈感受→体会读）同桌交流。

3. 根据学习提示全班交流（倾听→补批）。

4. 老师小结。

设计意图：本环节以学生自学、交流为主，教师引导学生按三次献璧的过程汇报，相机指导朗读、点拨学生加深理解，解决课后第一题。

（二）卞和为什么坚持献璧？（教学难点）

1. 学生读文、思考后，抓重点词句谈献璧原因。

2. 联系全文，抓关键句，理解"和氏璧"命名的原因。

3. 老师借助历史文化背景小结。

设计意图：前测时，不少学生质疑卞和的"坚持"。本环节先引导学生在课文中找依据、谈体会，重点理解"宝玉，却被说成是普通的石头；坚贞之

113

士，却被说成是骗子，这才是我悲痛的原因啊"这一关键句，以"卞和的坚贞体现在哪里"引导学生再次回读课文，加深理解。教师小结时，引入中国源远流长的玉文化背景，提升学生的认识。

（三）卞和献璧给你的启示是什么？

1. 独立思考。

2. 同桌交流。

3. 全班汇报。

设计意图：如何让今天的学生理解 2700 多年前古人卞和的价值追求，是我们最困惑的问题。对此，我们尝试的解决策略是：尊重文本，引导学生从文本中找依据，理解卞和的所作所为；尊重卞和，适当地补充历史文化背景，引导学生尊重古人卞和的价值追求；尊重学生，在尊重文本、尊重卞和的前提下，允许学生保留自己的认识。在学生交流启示的过程中，教师相机点拨，引导学生积累词语。

三、学文后质疑

1. 学生提出深入学文后无法解决的问题。

2. 老师归纳小结。

设计意图：《义务教育语文课程标准（2011 年版）》在第二学段的目标与内容中，明确提出"能初步把握文章的主要内容，体会文章表达的思想感情。能对课文中不理解的地方提出疑问"。对比 2001 年版的"课标"，不难发现，"质疑"被"置后"了。深入学文之后给学生留下质疑的空间，是本环节的意图所在。

这一环节的安排与这篇课文本身也有关系。通过前测，我们了解到学生对卞和献璧最大的质疑就是卞和为什么不自己剖开再去献。检索资料的过程中，我们发现，对此问题，学术界并没有统一的认识。由此，我们深刻感受到孩子是值得敬畏的，他们提出的问题常常是一针见血的。扪心自问，我们平时的教学中是否有耐心去倾听孩子的质疑，认真地引导孩子，帮助孩子解决质疑呢？

从科学研究的角度来说，中国科学院广州地球化学研究所王春云博士花了整整 24 年的时间来破解中华民族"灵魂之石"和氏璧千古之谜，正式提出"和氏璧是钻石"的研究结论。而从文学创作的角度而言，张晓风在话剧《和氏璧》（1974）中给出的解释是卞和担心私自开玉会使玉石留下瑕疵。或者，我们也可以说，在卞和生活的年代，玉是"宗庙神器"，他是不可以私自开玉的……凡此种种，并无定论。这些，我们可以直接"讲"给学生听。但是，我们只能这样做吗？如果我们让学生自己循着质疑去查阅资料探索呢？由此，我们三年级组打算从学生的"后质疑"出发，探索一节语文综合活动课。从这个角度而言，本环节又在于勾连第二课时与第三课时。

四、作业

1. 查找相关资料，尝试解决"后质疑"中的问题。

2. 将卞和献璧的故事讲给家长听。

设计意图：作业 1 为第三课时做准备。作业 2 引导学生带着自己的理解讲故事，着眼于口头表达能力的培养。

五、板书（略）

指导学生聚焦关键词句做批注

——《海底世界》课例研究报告①

一、课题的提出

　　语文阅读教学的顽疾是"阅读依赖症"——学生依赖教师，教师依赖教参。学生一旦离开教师似乎就无法阅读，而教师一旦离开了教参似乎就无法教学。而批注式阅读恰似一剂良药，能对症下药，使老师和学生走出"重负担低效率"的怪圈。

　　批注式阅读教学是一种以批注为基本方式的阅读教学活动。那么，"什么是批注"，以及"什么是批注式阅读教学"，这是首先要界定清楚的问题。在此基础上，我们还要弄清批注式阅读教学的核心理念、价值与优势。

　　所谓批注，是指读者在阅读过程中，把自己的所感、所想、所思、所疑以批语和注解的形式，即时写在书页的天头、地脚等空白处，以帮助理解，深入思考的一种读书方法。具体来说，"注"是指以圈点、勾画的方式对文中关键处、疑惑处标示或解释；"批"是指于文中奇妙处、动情处进行评点，注明自己思维的轨迹，打上自己认识的烙印，抒写主观感受，表达自己的思想情感，从而获得自我发展。

　　所谓批注式阅读教学，是指在教师引导下，学生结合自己的生活经验、情感经历、知识储备，积极地与文本展开对话，从各个层面对文本进行感受、理解、欣赏、评价，并运用批注这一方式把自己对文章的独特感受表达出来，在此基础上，以问题为核心，以交流讨论为形式来推进阅读的深入，实现各对话主体间的不断超越的一种阅读教学形式。具体批注式阅读教学的策略如下。

　　1. 引导学生认识批注的好处

　　兴趣是最好的老师。学生能主动做批注的前提是喜欢做批注。要让学生通过学习认识到做批注是一种非常好的读书方法，它能够帮助我们更好地学

────────────

　　① 本研究报告由于京莉、胡昊、蒋庆红、赵鑫馨执笔。课例研究负责人于京莉，成员包括贾大春、赵鑫馨、蒋庆红、张建刚、李爽、胡昊。

习课文，培养我们的阅读能力。当学生深刻领会到"不动笔墨不读书"的重要性后，他们对批注的热情也会更加高涨。

2. 逐步培养学生的批注能力

在培养学生的批注式阅读习惯时，应采用从易到难的方式，让学生有一个适应的过程，为学生创设一个良好习惯养成的氛围，使学生逐步爱上阅读，爱上批注式阅读。相对来说，符号批注是常规性批注，学生使用几次后，基本上能掌握。而文字批注是因文而异，因此，在指导学生学习时应分阶段进行。

第一阶段：课前预习——简单文字的批注。

读通课文，"○"标在课文生字中。"（　）"标在课文新词中。序号标在每一自然段前。给生字组词（记录成语）。想想文章写了什么。

第二阶段：课中讲读——启发性批注。

"〜〜〜"画在文章优美的语句下面。"△△"标在句子关键词下面。"＝＝＝"画在文章关键句子（过渡句、总起句、中心句等）下面。"?"用在有疑问的词句末尾，发现疑问，提出问题。

此阶段批注的内容：在老师引导下对重点句的赏析，以及老师和其他同学讲述的要点、言简意赅的评语等。

第三阶段：课后延伸——主动批注。

在学生熟练掌握批注方法后，教师鼓励引导学生给课外读物做批注。可参考以下重点：这本书中令你最（感动、伤心、高兴……）的语句是什么；找到文中你喜欢的精彩片段，并写出理由；交流这本书中你最（喜欢、崇拜、讨厌……）的人，并说明理由；你想对文中主人公说些什么；读完这本书以后，你有哪些不懂的问题等。最后通过读书汇报会，交流这些读书心得。

当然，对于三年级学生来说，教师以教给方法，培养兴趣为主，而不需要要求学生批注得多么准确，巧妙，优美。

二、课例前测及分析

《海底世界》前测题

　　　　　　　　　　　班级：　　　　　　姓名：

一、给带点字注音

单细胞　　蕴藏　　储藏　　澎湃

二、看拼音写词

qiáng liè   qì guān   wēi xiǎn   hòu tuì
（   ）（   ）（   ）（   ）

三、解释下列词语

1. 波涛澎湃：

2. 窃窃私语：

3. 巴：

4. 蕴藏：

5. 奇异：

还有什么词语不理解，请写在下面括号里。

（   ）（   ）（   ）（   ）

四、回答问题

1. 海底世界"景色奇异、物产丰富"表现在哪些方面？

2. 本篇课文你还有什么不懂的问题，请写在下面。

_____

_____

_____

《海底世界》前测报告

胡 昊

我们三年级组在教授《海底世界》一课前，先选取一个班级做了前测。从前测中得到了以下信息。

前测共有四道题。第一题，给带点字注音。本题中学生对于"澎湃"的"湃"的读音存在的问题较多，有9人写成"bài"，占到全班人数的24.3%，其他7个音节学生都能正确注音。

第二题，看拼音写词。这4个词都是写字表中的词语，学生基本都能独立书写，错误率较低。

第三题是解释词语。学生对"澎湃"、"蕴藏"这两个词的理解问题最多。其中"澎湃"一词有16人不理解，占到全班人数的43%，对于"蕴藏"不理解的有 18 人，占到全班人数的近 50％。

第四题是问答题。第一小题是教材中课后思考题的第一题。这道题有 19
人能从文中提取出答案，但不会用概括性的语言作答。此题正确率占到全班
人数的约 50％，其余 18 人中有个别学生没有作答。第二小题是提出对于本文
不懂的问题。有两人对本文的写法质疑。有 8 人提出"海底和峡谷是怎样形成
的？海洋里为什么有森林？"这样知识性科学性的问题。

从前测中可以看出学生对本文的生字不陌生，大多数生字都能独立识别。
存在的主要问题是对词语的理解，一些学生对文中的四字词不理解，这就需
要老师课上的指导与点拨，教学生理解词语的方法。

本学期我组的研究主题是：指导学生聚焦关键词句做批注。"新版课标"
中明确指出中年级学生应具备"能联系上下文，理解词句的意思，体会课文中
关键词句表情达意的作用"的阅读能力，因而落实学生抓重点词句的能力是我
们教学中的一大重点，亦是难点所在。而"批注"概念的适时引入，为解决这
一难题开辟出了新的视角。

老师在课上了解了学生读书的方法，很大一部分学生读书时只是用眼睛
看文字。借此老师告诉学生读书时要动笔墨，随机向学生渗透"批注"的概念，
即每阅读一本书、一篇文章，都在重要的地方画上圈、直线、曲线、点等符
号，在书的空白处写上自己的感受或简短评语。

此次《海底世界》授课前，我组从两大块进行前测：一块是字词句和阅读
理解，另一块是批注的渗透。为此，根据所做的前测，老师在授课前有针对
性地设计了教案，研究了教法。

三、教学反思

一教一反思

蒋庆红

"不动笔墨不读书"，毛主席每阅读一本书、一篇文章，都在重要的地方
划上圈、杠、点等符号，在书眉和空白的地方写上许多批语。

语文课堂上的批注式阅读就是学生在阅读过程中随时在书页上用特定的
符号或文字写下自己读书的所疑、所感、所想。这是学生在自主状态下用恰
当的文字与文本进行的一种创造性对话，是一个动态的思维过程。这学期，
我们结合《海底世界》一课也进行了批注的研究。

1. 内容安排要合理

正值我校研究第一课时内容阶段，结合批注教学研究，我们针对《海底世界》一课中两课时应如何合理安排进行了研究。比如，在第二课时中，我们花很大力气理解课文的结构，其实在第一课时就应该帮孩子们理清课文的脉络，而在第二课时中应该着重让孩子们理解课文为什么是这样的结构，这样不仅节省了时间，还使学生更好地理解了课文。

2. 批注要有层次

这次我们研究的主题是批注，研究的对象则是刚刚升入三年级的孩子们。课例研究一开始，就在我的脑海中画了一个大大的问号：对于刚上三年级的孩子，我们的批注要到什么层次？是扎扎实实地教孩子们批注的方法，还是放开手脚，让孩子们自由地发挥？带着这个问题，我们查阅了很多资料，发现其实批注不只是我们想象中的高年级的阅读方式，也包括对文章中基础性知识的圈点勾画，比如画出需要注意的注音、生字词，画出把握文章的中心句或重点语句，这是基础性批注。而记下读文章时的理解感受、困惑迷茫或者收集相关资料得来的收获则是感受式批注。其他的还有点评式批注、联想式批注、方法式批注、疑问式批注、仿写式批注。对于刚上三年级的孩子，采取哪种批注的方式更为合适呢？我们结合《海底世界》一课做了进一步的研究。

在第一轮研究课中，我采取的是最基本的方式——踏踏实实地从零开始教孩子批注的方法。在授课时，我发现孩子们的接受能力还是挺强的，如果再给孩子们留下一些思考的空间，留下一些想象的空间，孩子们的批注能力就会有一定的提高。

3. 教学插图使用要合理

海底是孩子们很少接触的世界。在《海底世界》一课中，为了使孩子们能更好地理解课文，教师出示了大量的精美图片，从孩子们的惊叹声中，听得出他们是很喜欢这些图片的。在喜欢的基础之上，让孩子们再来读读课文，可以取得比较好的效果。

教学研究是一项艰巨的任务，需要教师以持之以恒的精神坚持下去，需要教师一步一个脚印地走，我们的路还很长……

二教二反思

赵鑫馨

《海底世界》是一篇写景课文，文中介绍了海底世界奇异的景色和丰富的物产，抒发了作者对海底世界的赞美之情。这节课我们制定的教学目标有两个。一个是使学生了解海底是景色奇异、物产丰富的地方，体会作者的喜爱之情，并产生探索自然奥秘的兴趣；另一个是系统训练批注。第一个是重点，第二个是难点。通过蒋庆红老师的第一次授课，我们尝试在第二次课的批注上再下些功夫，放手让孩子尝试做批注。关于这节课的学习，自己有很多的体会和想法，下面就从几方面谈一谈。

这节课的难点是"能抓住重点句理解一段话的意思，并体会这段话是怎样写具体的"。为了突破这个难点，我是这样设计的。在教学第二小节的时候，采取的是以读代讲，通过师生对读，使学生能够理解这一段是围绕着"海底有各种各样的声音"这句话写具体的。第三小节也是总分关系的结构，为了让学生进一步体会"这段话是怎样围绕第一句话写具体的"，我采取的方法是让学生画批（读一读句子，画出重点词语，体会动物活动方式的特点并做批注）。最后为了检验学生是否真正地理解了总分关系的句式，我又设计了仿写这一环节，第4、5自然段的学习我采用了略处理，让学生自由表述。

为了突破难点，这节课我做了精心的设计，有师生的对读，有画批，有写话。这节课的教学重点是"使学生了解海底是景色奇异、物产丰富的地方，体会作者的喜爱之情，并产生探索自然奥秘的兴趣"。为了完成这个教学目标，我设计了这样一个问题：从哪些地方可以看出海底景色奇异、物产丰富呢？在教学每个小节的时候，学生还是能够围绕着这个问题来体会的，但是通过回读让学生体会"景色奇异、物产丰富"的时候，时间有些拖沓了。

通过这节课的教学，我体会到：教学过程中，重点要突出，难点要突破。首先还是要引导学生体会文章的内容，就《海底世界》这篇文章来说，应该引导学生围绕着"景色奇异、物产丰富"来体会，在体会的基础上，再引导学生体会作者的写作方法。

在学习第三小节的时候，我安排的是让学生画批，根据重点词，想一想各种动物的特点，并把自己的体会做简单的批注。画重点词语对学生来说并不难，难在抓特点做批注。在教学中通过巡视，我发现学生存在着问题，不知道批注什么特点。当我发现了这个问题后，立刻叫学生停止了批注，并带领学生一起批注学习了海参的活动方式。学生在教师的引导下知道了怎样批注，在下面的学习中就简单多了。这个小小的环节，我觉得还是非常有必要的，教学中既节省了时间，又教给了学生学习方法，批注并没有流于形式，而是实实在在的。

学生的朗读没有情趣，语言的表达不够清楚。虽然设计了各种形式的朗读，但是在真正的教学中，学生读的还是不够，尤其是没有读出奇异的情趣来。我想这里不光是学生的问题，还有教师引导不够的问题。首先教师应该有情趣，学生才能够被感染。学生课上发言比以前还是有进步的，但是语言表达还是不够清楚，原因应该是多方面的，但我觉得主要是学生缺少语言的积累，词汇不够丰富。由此，我觉得在今后的教学中，还应该要求学生多看书，积累词语。

通过这一次细致备课，我对指导中年级学生的阅读训练，特别是对批注的训练有了更多的了解，今后我会继续运用这样的方法开展教学。

三教三反思

于京莉

2013 年 12 月 3 日，我执教了研究课《海底世界》，本轮课为我组第三轮课。本学期我组的研究主题为"指导学生聚焦关键词句做批注"。

1. 学习理论

为了更好地进行课例研究，我们先在组内进行了针对"批注"的学习。通过学习我们知道，批注作为我国文学鉴赏和批评的重要形式和传统的读书方法，具有直入文本、少有迂回、切中要害的特点，体现着阅读者的眼光、品位和情怀。批，评点；注，注解。一般而言，对字词的注音、解释属于"注"，对文句的赏析、对文本的感悟和质疑属于"批"，"批注"时用语要简洁精练，语言要通顺流畅，内容要准确具体。批注式阅读在我国出现很早，它是古代文学评论中的一种特有的方法，谓之评点。此类作品有《水浒传》金圣叹评点本、《西厢记》金圣叹评点本、《红楼梦》脂砚斋评点本、郦道元所著的《水经注》，等等。这些评点集大成者大规模地评点各类作品，为文坛增添了点评之气，以至于出现了无书不评的狂热局面，并由此形成了一个流派。现代毛主席有"不动笔墨不读书"的习惯，他亲笔批注的书籍，对研究毛泽东思想有重要的价值。

2. 学习文本

《海底世界》是一篇写景的说明文，文中介绍了海底世界奇异的景色和丰富的物产，抒发了作者对海底世界的赞美之情。依据研究主题，我设定了这样的教学目标：①引导学生感知海底是个景色奇异、物产丰富的世界，有感情地朗读课文，体会作者对海底世界的喜爱之情，激发学生热爱大自然、探索自然奥秘的兴趣。②在品读文字中学习批注的方法，继续巩固总分总的构段方法，初步学习围绕中心句概述自然段的主要内容。

3. 进行设计

有了清晰的教学目标后，我进行了如下教学设计，先从整体上把握文章内容，让学生读读全文，了解到文章结构为总分总，第 2、3 自然段作为一个整体，主要感知海底世界的景色奇异。让学生重点对第 3 自然段进行批注，感受海底动物的生活是多姿多彩的，是神奇的，激发学生的好奇心与探索欲望。还设计了补充批注的环节，实实在在地训练学生的能力。第 4、5、6 三个自然段作为一个整体，重点了解海底世界的丰富物产，同时也感受到正是物产的丰富造就了景色的奇异。三个自然段都设计了批注的环节，侧重点各有不同。第 4 自然段巩固批注的方法，在批注中了解概具的写法，学习如何围绕中心句进行详尽的表达。第 5、6 自然段放手让学生批注，在汇报中指导朗读。最后回归整体，学习总分总的写法，为日后的习作打好基础。

4. 本课反思

(1)复习扎实。

落实了十分钟写字时间，听写环节中，既听写了词语，也听写了句子。在反馈中不但订正了字形，还提醒学生注意了标点符号，比较严谨，比较扎实。

(2)年段特点清晰。

三年级注重段的教学与理解，本课按照结构段来进行学习指导，符合"课标"要求。如第 2、3 自然段作为一个整体让学生进行深入学习，在理解完关键词句后，师生接读 2、3 自然段，使学生加深了对段的理解。

(3)注重了句式的训练。

在学习第 3 自然段时，教师先让学生练习朗读，在读中理解"窃窃私语"的含义，了解海底动物虽然会发出各种声音，但都十分微小，要用水中听音器才能听到，所以课文中进行比喻时用的是蜜蜂、小鸟等叫声较小的动物。接着让学生拓展，有的像（   ）一样（   ）。有了前面的内容做铺垫，学生依据文章内容说出了"有的像小鸭一样嘎嘎"，"有的像青蛙一样呱呱"等句子。

（4）批注符合学生的年龄特点，对理解关键词句有帮助。

学生升入三年级后，初次接触针对文字内容进行文字批注，有一定难度。因此，教师要循序渐进地指导学生学会批注。首先，模仿老师的板书进行批注，教师告诉学生批注的内容和位置，学生把板书的内容抄在相应的位置上。随后是"你说我写"，上课时，老师有意识地收集学生的精彩发言，引导学生批注在相应位置上，然后模仿着写写自己的感受。《海底世界》一课学生进入到了批注的第三个阶段，自由批注加上补充批注。如在第 3 自然段的学习中，教师带领学生品词品句、入情入境地朗读后，再让学生进行批注，把脑海中对海底世界动物生活的感受写下来。学生们有的写"多姿多彩"，有的写"神奇"，有的写"有趣"，这就是他们真实的感受，也是作者想告诉我们的。学生通过批注不仅提高了对关键词句的理解，还学会了表达自己的感受。在批注教学中，教师还特别关注到学习能力弱的孩子，因此在这一环节后，教师提到：请同学们把别人写的好词补充批注在文章旁。补充批注帮助学困生积累了词语，再次学习了如何进行批注，达到了预期目标与共同进步的目标。

（5）本课不足。

由于本课批注的内容、批注的点比较多，在第 4、5、6 三个自然段的学习中显得不够深入，教师单纯地让学生汇报，让学生朗读，使有些学生知其然不知其所以然。此处让学生说一说为什么这样批注，把自己的想法充分表达出来，对文章的理解会更深入，对学生的学习会更有帮助。

四、课例研究的收获

批注式阅读，改变了教师的教学理念。在批注式阅读中，教师的引领、指导是关键。批注式阅读实施的过程中，老师的任务并非轻了，而是重了。教师充分体现了"课堂组织者、情感引导者、学习参与者、思维点拨者"的角色作用。教师先确立课文的研读主题，从研读主题入手开展有针对性、有重点的批注阅读，避免出现学生不得要领，不能深入地把握课文主旨的现象，从而导致阅读效率的降低。教师根据学生批注阅读的进展情况，安排学生先进行同桌间的或小组内的相互交流，以激发学生探究的热情，在相互交流中碰撞智慧的火花，交流彼此的收获，探求别人独到的见解等。最后，教师引导学生就研读主题进行批注阅读的情况进行全班汇报，在汇报中引导学生感悟文本，阅读文本并指导朗读，促进学生对文本的理解进一步地深入。

附

《海底世界》第一轮研究课教学设计

蒋庆红

教学目标

1. 引导学生感知海底是个景色奇异、物产丰富的世界，有感情地朗读课文，体会作者对海底世界的喜爱之情，激发学生热爱大自然、探索自然奥秘的兴趣。

2. 继续巩固理解本课词语，学会用"有的像……有的像……有的像……"的句式说话写话。

3. 在品读文字中，继续巩固总分总的构段方法，初步学习围绕中心句概述自然段的主要内容。

教学重难点

通过对文本的品读感悟海底世界是个景色奇异、物产丰富的世界。激发学生热爱大自然、探索自然奥秘的兴趣。

结合自己的想象，从具体语言文字中感悟海底世界奇异的景色和丰富的物产。

教学过程

一、关注词语，复习导入

导语：同学们，这就是我们生活的地球，蓝色的部分表示海洋，被海洋所包围的是陆地。海洋约占地球面积的四分之三。这样辽阔的海洋底下是怎样的世界呢？这节课让我们跟随作者一起去参观奇妙的海底世界吧！

1. 读词，联想。

海底的小动物们游上来了，瞧，它们身后还跟着词语呢。同学们，你们愿意和它们交朋友吗？

2. 小动物们还要考一考大家，它们提出了一个问题：大海深处是怎样的呢？请你大声朗读课文，用"_____"画出答案。

板书：景色奇异　物产丰富

过渡：真聪明，你们通过了海底动物们的考验，它们要带大家到它们的家——海底世界去看一看。默读课文第 2 自然段，看看在这次海底旅行中，你们会有什么新奇的发现。

二、闻声探索，品读课文

1. 海底真的一点儿声音也没有吗？（不是）有什么声音呢？（动物发出的声音）既然有声音，为什么课文中却说"海底依然是宁静的"？给"依然"换个词语。（那是因为动物们"窃窃私语"的声音太小了。）

2. 引读：所以，虽然海面上——波涛汹涌，但是，海底依然是——宁静的！

3. 那怎样才能听到海底动物发出的声音呢？（必须用特制的水中听音器）现在让我们带上特制的水中听音器潜入海底，去听听海底的动物都发出了哪些声音。（自读课文第3自然段）

4. 你们都听到了哪些声音？（生说）真有趣呀，我们看看书上用的省略号，除了这些声音，还有可能发出哪些声音呢？（引导学生说：比如有的像公鸡一样——喔喔；有的像小羊一样——咩咩；有的像青蛙一样——呱呱；有的像鸽子一样——咕咕。）哦，你还能想象到我们非常熟悉的动物的声音。你真了不起！其他同学还想到了哪些声音？

5. 你们说得真好。如果能用上这样的句式连起来说一说，就更棒了！（出示：如果你用特制的水中听音器，就能听见这些声音：有的像……，有的像……，有的像……）（指名说）

6. 小结：你们想象真丰富。我好像已经听到了动物们那窃窃私语的声音！是呀，这么多有趣的声音交织在一起真像是一场别开生面的音乐会，原来看似宁静的海底这么热闹。

7. 孩子们，你们喜欢这些描写声音的句子吗？那我们应该怎样读才能把它们读好呢？（声音小，轻一点）哦，因为动物们在——（窃窃私语）。

8. 你们真聪明！不过，要把它读好还真不容易，自己读一读吧。（生自由练读，指名读）

9. 让我们一起感受一下动物们在窃窃私语吧。（生齐读）

过渡：海底动物发出的声音可真奇妙，它们的活动更精彩，让我们继续跟随作者去海底探秘吧！

三、动物活动，各不相同

1. 请同学们仔细读读课文的第4自然段，看看你们发现了哪些有趣的动物。请把动物的名字圈画出来。

2. 海底有这么多有趣的动物，而且——（引读第一句）。那么它们各有什么活动特点呢？说一说你知道谁的活动特点。

预设1：海参靠肌肉伸缩爬行，每小时只能前进四米。

A. 海参是怎么前进的？（变红：靠肌肉伸缩爬行）你见过什么动物也是这样前进的？（毛毛虫等）

B. 它活动有什么特点呢？（慢）你从哪里看出来的啊？（变红：每小时 只能 四米）我们走4米只需几秒钟，它却要花整整一个小时，可真够慢的。

C. 谁能通过朗读把海参活动的慢表现出来呢？（指名读）

预设2：梭子鱼每小时能游几十千米，攻击其他动物的时候，速度比普通的火车还快。

能用一个字来概括梭子鱼活动的特点吗？（快）从哪里看出来的呢？（变红：每小时 几十千米）还有吗？（比普通的火车还快）火车的前进速度怎么样？梭子鱼的速度——（比火车还快）。

预设3：乌贼和章鱼能突然向前方喷水，利用水的反推力迅速后退。

乌贼和章鱼是怎么活动的呢？（出示：乌贼和章鱼……迅速后退。）什么叫反推力？你能来表演一下吗？（指名表演）那你知道还有什么动物也是这样活动的吗？（虾）

预设4：有些贝类自己不动，但能巴在轮船底下做免费的长途旅行。

A."巴在轮船底下做免费的长途旅行"是什么意思呢？你能换个词以便理解吗？看看图片，动动小脑筋。（贴）

B. 这些贝类可真悠闲啊，自己不动，轮船行到哪儿，它们就旅行到哪儿。你能把它们的悠闲自在用朗读表现出来吗？

3. 小结：刚才，我们认识了几种海底动物，发现海底动物各有各的活动特点。请你找找这一段话是围绕着哪句话来写的呢？请你标画在文中。这一段话先概括写了海底动物的活动特点多样，再从海参、梭子鱼、乌贼和章鱼、贝类等具体展开写。有总有分，条理很清楚。这就是我们以前学过的一种构段方式——先概括后具体（先总后分）。

4. 让我们分角色朗读第4自然段，体会先总后分的构段方式。（齐读第一句，其余每组读一句。）

过渡：浩瀚的海洋是孕育生命的摇篮，它哺育着形形色色的海洋动物。在辽阔而富饶的海洋里，除了生活着形形色色的动物之外，还有种类繁多、形态万千的海洋植物。

四、植物色彩，形态多样

请学生自由读第5自然段，想想海底植物的样子如何。

1. 预设。

A. 如果先说差异很大，就问它们有什么不同。（色彩多种多样，形态各不相同，如读的不完整就引读完整。）

B. 如果先说色彩和形态，再引出第一句："海底有高山，有峡谷，也有森林和草地。"

2. 我们一起来看看海底的植物吧，出示课件（师引读：它们的色彩多种多样），海底的色彩就这几种吗？还可能有哪些颜色呢？（请你用"有……有……还有……"来说一说）是呀，这么多的颜色，真是——（五彩缤纷、五颜六色、五光十色、五彩斑斓、绚丽多彩……）

3. 课前，老师布置大家回家找找资料。现在，老师想请一位小朋友来介绍一下海藻。原来单是海藻的形态就各不相同，你能用这个句式来说一说海底植物吗？（出示：海底的植物真是千姿百态。有的_____，有的_____，有的_____……）

板书：形态各不相同

过渡：海底的植物真多，海底的矿产呢？（也多）

五、阅读感悟，物产丰富

1. 你从哪儿看出海底的矿产多呢？（从一个词就可以看出来——丰富）

2. 你能从矿产的种类看出它的多吗？（煤、铁、石油、天然气、稀有金属……）

3. 同学们，海底不仅有丰富的矿产资源，它的地形也是很复杂的，"有……，有……，还有……"真是有趣极了！也许还有什么地形呢？（森林、草原……）

六、关注感情，总结提升

今天，我们一起去海底世界畅游了一番，了解了海底的声音多种多样，海底动物的活动特点多样，植物色彩形态也是多种多样，而且海底还有丰富的物产资源。这么奇妙的海底世界，难怪作者发出赞叹，海底真是个——（齐读最后一个自然段），这也是发自我们内心的赞美。再读！这也是赞美海底、赞美大海、赞美神奇的大自然。再读！

七、拓展延伸，探索奥秘

其实，海底世界还有无穷无尽的奥秘等着我们去探索、去开拓、去发现。我们可以通过阅读科普类作品，看电影、电视，上网查阅资料等方式去探索大自然的奥秘。推荐阅读：《海底两万里》。

八、布置作业

仿照课文第 4 自然段的写法，写一段话。

(1)天上的云彩千变万化。……

(2)下课了，操场上真热闹！……

(3)公园的景色真美！……

板书设计：

海底世界

景色奇异：宁静

　　　　　窃窃私语

物产丰富：动物

　　　　　植物

　　　　　矿物

《海底世界》第二轮研究课教学设计

赵鑫馨

教学目标

1. 引导学生感知海底是个景色奇异、物产丰富的世界，有感情地朗读课文，体会作者对海底世界的喜爱之情，激发学生热爱大自然、探索自然奥秘的兴趣。

2. 继续巩固理解本课词语，学会用"有的像……有的像……有的像……"的句式说话写话。

3. 在品读文字中，继续巩固总分总的构段方法，初步学习围绕中心句概述自然段的主要内容。

教学重难点

通过对文本的品读感悟海底世界是个景色奇异、物产丰富的世界。激发学生热爱大自然、探索自然奥秘的兴趣。

结合自己的想象，从具体语言文字中感悟海底世界奇异的景色和丰富的物产。

教学过程

板书：海底世界

一、复习词语，回顾内容

导语：同学们，上节课我们初读了课文，学习了词语，今天让我们继续探索海底世界。

请打开课本的第97页，大声读课文，把字读准，句子读通，一会儿海底的小动物们会出题考考你们。

1. 读词，联想。

瞧，它们来了。同学们，你还认识它们吗？

2. 回顾文章结构。

字音都读准确了，谁来回顾一下，这篇文章是按什么结构写的？

板书：总—分—总

3. 概括主要内容。

上节课我们知道了，像这样第一段总起，中间分述，最后一段总结的文章结构就叫总分总。我们还了解了海底世界有两个特点，谁能用一句话说一说？

板书：景色奇异　物产丰富

二、体会海底景色奇异的特点

(一)学习第2自然段

1. 理解"景色奇异"。"景色奇异"这个词是什么意思？你是怎么理解的？(很特别；很奇特)是呀，和我们常见的景色很不一样，就是"景色奇异"。

2. 请你默读课文第2～3自然段，找出体现景色奇异的句子，用直线画出来。圈出感受特别深的词语。

3. 指名汇报。

【第一句】"海面上波涛澎湃的时候，海底依然很宁静。"板书：宁静

(1)奇异在哪儿？

生：海面那么大浪，可是海底却那么安静，这多奇怪呀！

(2)给"依然"换个词。

(3)评读：是呀，海面无风三尺浪，海底却如此宁静，你能读出这奇异的

感觉吗？（指名读）

海面和海底的差别太大了，多奇怪的现象，谁能再来读一读？（指名读）

过渡：还有更奇异的呢，谁来读读这句。

【第二句】"最大的风浪，也只能影响到海面以下几十米，最强烈的阳光也射不到海底，水越深光线越暗，五百米以下就全黑了。"

根据资料显示：世界上海平面到海底的平均深度大约为 3500 米。当然再大的风浪、再强的光线也到不了海底，所以深深的海底真的是——（生：一片黑暗）。

黑得伸手——生接：不见五指。

过渡：这也不算奇异，还有更奇异的，你找到了吗？

【第三句】"在这一片黑暗的深海里，却有许多光点像闪烁的星星，那是有发光器官的深水鱼在游动。"

大海太深了，最强的太阳光都不能照下来，可是这里竟然有光。是灯光吗？是火光吗？

多奇异呀，陆地上可见不到。能把你的感受读出来吗？指 1～2 名学生读句子。

这点点光亮，更衬托出了海底的黑暗。这是多么奇异的景象，让我们一起来读一读这个自然段吧。

（全班齐读）

（二）学习第 3 自然段

过渡：刚才我们眼前出现了一幕幕深海特有的奇异景象，如果用耳朵倾听，还会有什么新的奇异发现呢？自读第 3 自然段，找到相关的句子。

【"有的一句"】"你用水中听音器一听，就能听见各种声音：……还有的好像在打鼾。"

（1）能把表示声音的词语圈出来吗？

（生圈出："嗡嗡、啾啾、汪汪。"）

（2）这些声音该怎么读呢？咱们来配合读一读，我来读句子，你们来读圈出的词。

（师生合作读。）

（3）理解"窃窃私语"。

师：刚才大家读时，我发现××同学读得特别好，因为他读得很轻，为什么要这样读呢?(因为前面句子提到了"窃窃私语"。)

(4)体验"窃窃私语"。

师:能够根据上文理解,你们真会读书。假如你们就是海底的动物们,快用你们不同的声音低声交流一下吧。(生互相低语。)

师:同学们,刚才你们在小声地、低低地、轻轻地互相说着话,可是我使劲想听却听不见,这样的情景就叫小动物们在——(生:"窃窃私语")。

(5)师:是呀,海底本来是不起波澜、十分宁静的,可是借用科学仪器来测听,竟然能听见各种各样的声音,"有的像……有的像……有的像……还有的像……"。(生接读)作者用我们比较熟悉的声音来说明我们从没听过的声音,一下子就让我们明白了这些声音是什么样的,更让我们感受到了海底世界的奇妙。你能不能试着想象一下海底动物还会发出什么声音呢?

(6)即使是同一种动物,它们在不同的情况下,也会发出不同的声音。PPT出示下一句。

你还能仿照再说一句吗?

它们(　　　)的时候,发出一种声音,(　　　　)的时候,(　　　　)发出另一种声音,(　　　)还会(　　　　)。

(7)师:说得真好。让我们再来合作读一读这个自然段,感受海底景色的奇异吧!

(师生合作读。)

三、体会海底物产丰富的特点

(一)学习第4自然段(1.具体的动物。2.怎么活动的? 3.活动特点。)

1.师:刚才,我们体会了海底的奇异景象,第4、5、6段又向我们介绍了海底的哪些物产呢?出示自学提示。

> 板书:动物、植物、矿物

2.请同学们自由读课文第4自然段,看看你们发现了哪些有趣的动物。请你把这些动物圈出,并用直线画出它们的活动方法有哪些。

3.海底动物有三万多种,它们都有自己的活动方法,为什么文章就介绍这几种呢?它们有什么特点?请你再读读第4自然段,把词批注在书上。

4.海参:靠肌肉伸缩爬行,每小时只能前进四米。

师:是呀,它只能靠肌肉伸缩来运动,慢得像陆地上的蜗牛。(批注:慢)你能读出自己的理解吗?

过渡：我听出来了，海参爬得真慢。同样是海底动物，梭子鱼呢？（批注：快）

师：看得出来，一个是四米，一个是几十千米，多大的差距呀，难怪你们如此感兴趣。能把你们的感受读出来吗？

师：我听出来了，两种动物运动的速度一个极慢，一个极快，各有特点。（同桌对读，指名读。）

5. 理解乌贼和章鱼。

师：你还对哪个海底动物的活动特点做了批注呢？乌贼和章鱼不同于其他鱼类活动的地方在哪儿？

6. 贝类：自己不动，巴在轮船底下做免费的长途旅行。

师：读了这个句子，你觉得贝类是一种怎样的动物？（特别好玩，有趣，聪明。）从句子中哪个字感受到的？（巴）"巴"在这里是什么意思？能换个意思接近的字吗？"趴"、"贴"、"粘"、"吸"。

师：是呀，这里说贝类紧紧地巴在轮船底下做长途旅行，还是免费的，多狡猾的小动物呀！它的狡猾可爱都从这个"巴"字上透露出来了。

我们从第 4 自然段，认识了这么多种小动物，这段话都是围绕哪句话写的呢？请你默读全文，用双横线画下来。（生画，指名汇报。）

是呀，这个自然段就是围绕这一句来写海底动物各有各的活动方式的。请你把这句话，像老师这样画上线，写下"中心句"三个字。

师总结：海底的动物资源有三万种之多，又何止区区这四五种，让我们合作读，带着想象，再来读一读这一段，体会海底动物的丰富多样、有趣可爱吧。

（二）学习第 5 自然段

师：同学们，海底不仅有丰富的动物资源，还有什么呢？（齐读第一句）

正因为海底地形复杂，才有了丰富的植物资源。谁为我们读一读。从哪儿能看出这里也同样物产丰富？

让我们一起欣赏一下。

（三）学习第 6 自然段

师：海底的矿产资源也是非常丰富的。矿产资源比陆地上更多，请看资料。

（出示资料）

（四）总结

作者通过大海的宁静、海底动物们的窃窃私语，和大海动物、植物、矿产的丰富，十分欣喜地告诉我们海底——（生：真是个景色奇异、物产丰富的世界！）

四、拓展课外阅读

海底世界景色奇异，物产丰富。关于这两个特点，同学们可以课后去找一些和大海有关的图书，比如《海底两万里》《奇妙的海洋生物》等，相信你们一定能在图书中了解更多更精彩的海洋知识。

板书设计：

```
              宁静
              窃窃私语        景色奇异
海底世界
              动物
              植物          物产丰富
              矿物
       总        分           总
```

《海底世界》第三轮研究课教学设计

于京莉

教学目标

1. 引导学生感知海底是个景色奇异、物产丰富的世界，有感情地朗读课文，体会作者对海底世界的喜爱之情，激发学生热爱大自然、探索自然奥秘的兴趣。

2. 继续巩固理解本课词语，学会用"有的像……有的像……有的像……"的句式说话写话。

3. 在品读文字中学习批注的方法，继续巩固总分总的构段方法，初步学习围绕中心句概述自然段的主要内容。

教学重难点

通过批注的方法加深对文本中重点词句的理解，品读感悟海底是个景色奇异、物产丰富的世界，激发学生热爱大自然、探索自然奥秘的兴趣。

结合自己的想象，从具体语言文字中感悟海底世界奇异的景色和丰富的物产。

教学过程

一、复习词语

听写词语：强烈、器官、危险。

听写句子：海底真是个景色奇异、物产丰富的世界！

订正答案，注意笔画和标点符号。

二、整读引入

课文以一个问句"你可知道，大海深处是怎样的吗"开头，读读全篇课文，思考课文哪句话回答了这个问题。

板书：景色奇异，物产丰富

上节课我们说过这篇课文的结构是总分总。

三、学习第 2 自然段

读一读，说说哪句话告诉我们海底是怎样的。指名汇报。

1."海面上波涛澎湃的时候，海底依然很宁静。"

"澎湃"是什么意思？

无论海面有多大的风浪，海底也不受影响，永远保持着宁静。

再读句子。

2."最大的风浪，也只能影响到海面以下几十米，最强烈的阳光也射不到海底，水越深光线越暗，五百米以下就全黑了。"

出示幻灯片。海底全黑是这样的吗？那是怎样的呢？

3."在这一片黑暗的深海里，却有许多光点像闪烁的星星，那是有发光器官的深水鱼在游动。"

指名读，把光点比作了什么？光点还像什么？

句子训练：在这一片黑暗的深海里，却有许多光点像_____，那是有发光器官的深水鱼在游动。

4. 朗读课文。

再读读第 2 自然段。

四、学习第 3 自然段

在这宁静的海底是否没有一点儿声音呢？读读课文，把答案用横线画在书上。

1. 海底是否没有一点儿声音呢？不是的。

我们把这种自问自答的修辞方法称为"设问"。请同学们标在句子旁边。

2. 书上介绍了几种声音，默读，画上曲线。

你用水中听音器一听，就能听见各种声音：有的像蜜蜂一样嗡嗡，有的像小鸟一样啾啾，有的像小狗一样汪汪，还有的好像在打鼾。

这句话应该怎样读呢？师范读，一遍大声，一遍小声（学生会选择小声）。为什么这样读？

引导学生找到"窃窃私语"、"水中听音器"。

朗读练习。

拓展练习：有的像（　　　）一样（　　　）。

3. 海底的动物能发出多种声音，它们吃东西的时候——（学生接：发出一种声音），行进的时候发出——（另一种声音），遇到危险还会发出——（警报）。

4. 同学们，海底动物发出多种多样的声音，那么它们的生活会是怎样的呢？请你再读读这个自然段思考一下。读后批注在这个自然段旁边。

5. 汇报批注内容，然后补充批注。

6. 齐读第 2、3 自然段。

五、阅读自学提示

自学提示：读读第 4、5、6 自然段，看看分别写了哪些物产。

汇报后板书：动物、植物、矿物。

六、学习第 4 自然段

读读第 4 自然段，思考这个自然段是围绕哪句话写的。

订正：第 1、2 句为本段中心句。

读读后面的句子，把动物名称用"▲"标注出来。

指名四人朗读。思考：这些动物有什么特点？你有什么感受？

再默读，并把自己的感受批注在旁边。

汇报并补充批注。

齐读第 4 自然段。

七、学习第 5、6 自然段

自由读，把自己的感受批注在旁边。

汇报批注并朗读。

播放视频，加深对奇异和丰富的感受。

八、小结

同学们，课文学到这里，你心中的海底世界是怎样的？

难怪作者会发出这样的感慨，齐读最后一个自然段。

难怪我们会发出这样的感慨，齐读最后一个自然段。

九、写作方法梳理

指板书。

这篇课文按照"总起——分述——总结"的方法来记叙海底世界的奇妙和丰富。这样写作的好处是层次清楚，内容丰富，让读者一目了然。前面学过的《小镇的早晨》也是这样的结构，今后我们在写作文时也会使用到这种方法。

板书设计：

海底世界
- 黑暗中有光点
- 宁静中有声音
- 动物
- 植物
- 矿物

景色奇异
物产丰富

抓住重点词句理解课文内容，感悟人物内心的情感

—— 《永生的眼睛》课例研究报告①

一、研究背景

我组教师大部分教龄较长，虽教学经验丰富，但由于长期任教，缺少对知识理论的及时更新，教学策略比较单一，全面发展和终身发展的教学观念相对滞后。在课堂上，教师重知识传授，轻能力培养和情感体验。

受应试教育的影响，有些教师只注重阅读的结果，忽视了学生对阅读思维过程的关注，也忽视了学生对自己的阅读结果进行及时反馈。

二、实践过程

（一）研究主题的确定

"新版课标"在中段阅读教学目标中写道："能联系上下文，理解词句的意思，体会课文中关键词句表达情意的作用。"回顾我们的课堂教学，随着课程改革的不断深入，课文越来越长，学生不能在初读课文后，结合重点语句提出有价值的问题；阅读分析文本时，对重点语句的把握、意思的理解，对课文主题的感悟，人物情感的体会都不甚到位。再有，阅读教学的目的在于让学生掌握一定的阅读方法，形成一定的阅读能力。老师现在的教，就是为其后续学习，独立阅读文本打下坚实的基础。要想提高小学语文教学的实效性，就一定要以抓重点词句进行有效阅读为课内教学的突破口。因此，基于对"新版课标"要求的把握，对学生学习困难的分析，对学生长远发展的考虑，我们把研究主题定为"抓住重点词句理解课文内容，感悟人物内心的情感"。

（二）课例的选择

《永生的眼睛》这篇课文不仅内容感人至深，而且以"永生的眼睛"为题，富有深意。其中"珍贵、有意义、骄傲"等一些简单的词语有深刻的内涵；另

---

① 本研究报告由杨怀文、向昆执笔。课例研究负责人杨怀文，成员包括向昆、张琨、刘新玲、李颖。

外，"你能给予他人的最珍贵的礼物就是你自身的一部分。很久以前你妈妈和我就认为，如果我们死后能有助于他人恢复健康，那么我们的死也是有意义的"这段话，更是寓意深刻，发人深省。

《永生的眼睛》虽然篇幅较长，但授课时，老师只要引领学生抓住重点语句质疑、理解感悟，就能统领全篇，帮助学生理解课文内容，感悟人物内心的情感，做到长文短讲。因此，老师们决定把《永生的眼睛》作为研究课例，希望在叙事性的文本教学中，在"如何指导学生抓住重点语句，理解课文内容，感悟人物内心的情感"方面有所突破。

(三)研读文本、反复试讲

1.解文本内涵

对文本的深入解读，是老师备课的第一步，更是成功教学的前提。老师们对文中的重点词句进行了解析。

"你能给予他人的最珍贵的礼物就是你自身的一部分……那么我们的死也是有意义的。"

这是琳达的父亲劝慰自己的女儿时所说的一段含义深刻的话，表达了两层意思：一是你所能给予他人的最珍贵的东西莫过于你自身的一部分；二是如果死亡之躯能有助于他人恢复健康，这样的死才是有意义的。这段话体现了琳达父母善于为他人着想、无私奉献的高尚的思想境界。

2.晓学生认知

学情调研是备课和上好课的关键之一，老师们在集体备课的基础上，根据本单元的训练点和课文的重难点，编制了调研问卷，了解学生对课文内容的掌握、重点词语的理解等方面的情况。

【调研分析】

(1)学生预习后，基本了解了课文的主要内容，86％的学生能准确答出文本中父亲与琳达、琳达与温迪对捐献角膜所持的态度，以及琳达前后观念上的变化。由此说明学生在故事情节的学习上没有困难。

(2)部分学生对词语的理解还停留在字面意思上。

①对于"联系课文，谈谈你怎样理解最珍贵的礼物"这一问题，有68％的学生认为是别人最希望得到的、最有意义的，而没有认识到是自身的一部分，失去后不会再有的，任何金钱都买不到的，才是最珍贵的。

②对于"为什么说父亲这一番振聋发聩的话语给我上了一生中最重要的一

课"这一问题，半数学生认为人死后捐献身体的一部分使他人恢复健康才是有意义的。没有深刻地认识到父亲的话使我转变了思想，提高了对捐献角膜的认识。

③对于"为什么是'永生的眼睛'"这一问题，有80％的学生回答人在死后眼睛角膜可以不断使用给别人带来光明，没有理解到"永生"的不单是眼睛的角膜，还应该是琳达一家那种世代永存的博爱精神。

根据学生的前测问卷反映出来的情况，老师们了解到学生在文章的理解，特别是通过重点词语来理解课文的主题方面还存在着问题。所以，我们把教学重点放在了引导学生"抓住重点词语提出质疑，理解感悟父亲那段振聋发聩的话语"上。

3. 观教学效果

研读教材时，老师们发现"天壤之别"能囊括全文。抓住这个词，文本就能被统领起来——所谓"提领一顿，百毛皆顺"。于是，把"天壤之别"作为教学的切入点。课堂上，老师带领学生围绕"琳达首次听到捐献角膜时的态度与父母、女儿存在着怎样的天壤之别"这个问题深入学习了文本。

整个教学过程，层次清晰，环环相扣，最后学生对文本为什么以"永生的眼睛"为题，理解也很到位。可是，老师们进行后测时发现，由于教学中过分强调了"天壤之别"这个词，造成学生对三个"天壤之别"印象颇深，而对"最珍贵、有意义、骄傲"等重点词语在文本中的意思记忆不够深刻。再有，分别处理三个"天壤之别"，使文本割裂开来，人为破坏了文本的完整性。该如何解决这两个棘手的问题呢？老师们陷入了思考。

4. 做课后反思

老师们再次研读教材、深入文本时发现，父亲那番振聋发聩的话语，既是文本的重点段落，又可起到承上启下统领全篇的作用。通过对"你能给予他人的最珍贵的礼物就是你自身的一部分"这句话的解读，老师可引导学生明白琳达在捐献母亲角膜的问题上反应强烈的原因。因为器官对于我们来说是最珍贵的，它是我们自身唯一的一部分，琳达要让妈妈完整地离去。再通过"如果我们死后能有助于他人恢复健康，那么我们的死也是有意义的"这句话引出下文父亲和温迪的话语，捐献角膜可以使盲童摆脱痛苦、重见光明，可以使盲童的一家人幸福快乐地生活。最后，通过体会"骄傲"，让学生感悟出课文为什么以"永生的眼睛"为题。这样设计教案，既可以使重点语句更为凸显，又围绕一条主线展开教学，确保了篇幅的完整性，实现了由中年级段的教学，向高年级篇的教学的过渡。

三、实践效果

　　课堂上，老师首先带领学生回忆琳达在捐献母亲、父亲、女儿角膜时不同的态度，接着根据学生提出的"为什么琳达的态度会发生这么巨大的变化"这一问题，引导学生直奔重点段落，学习父亲那段令人振聋发聩的话语。质疑，小组讨论，结合重点词语进行解疑，补充课外资料，反复朗读、以读代讲等一系列的教学环节设计，都围绕重点词语、重点段落展开，通过前勾后连，完整地处理了文本。整节课学生都全身心地投入到文本学习之中，进一步学习了抓住重点语句进行质疑、批注，体会人物的思想感情的阅读方法，并深入理解了"永生的眼睛"的深刻含义，他们的理想境界得到了升华。课堂上，学生理解了重点词语不仅是表面的意思，还有深刻的内涵，同时，通过词语理解了文章的内容和主题。

　　教学思维导图如下：

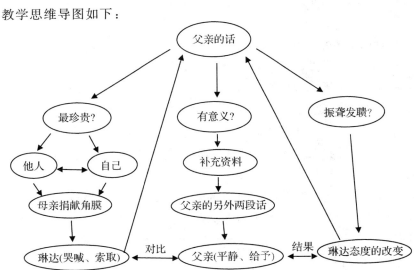

　　教学的成功，使老师感受到了付出的快乐。这样一个过程，不仅是我们研读文本、研究学生、设计教学的过程，更是我们以课为例进行研究的过程。在这一过程中，我们进行了思考。

四、实践成果

　　通过《永生的眼睛》一课的研究，老师们初步总结出了"抓住重点词句理解课文内容，感悟人物内心的情感"的教学方法。

（一）如何确定重点词语

重点词语要根据课文内容、文章主题、学生的学习困难等确定，即从以下几个方面考虑。

1. 根据词语在课文中的地位来确定

每篇课文都有一些词语与课文的思想内容密切相关，能体现课文的中心思想。这些关键词语是指导的重点，如研究课例中的"永生"一词，说明了关爱他人、无私奉献的崇高精神必将世代相传，永不泯灭。

2. 根据词语本身的特点来确定

汉语词语有一词多义、意义抽象、含义特殊、感情色彩不同等特点。因此根据词语本身的这些特点，我们主要选择、确定多义词、有含义和感情色彩的词语、意思抽象的虚词和富有表现力的词。如研究课例中的"骄傲"这个词，在文本中先后出现了 5 次，说明琳达、温迪对家人捐献角膜的行为感到非常自豪。

3. 根据阅读教学要求来确定

从阅读教学要求考虑，主要指导学生理解课文中带生字的词语和课后作业中要求摘录的词语。如《永生的眼睛》一文中，"振聋发聩"一词写出了琳达听到父亲一席话后思想上受到的震撼。课文中琳达对待捐献角膜这件事的观念是有很大转变的。这种观念根本上的转变，缘于父亲的一段话："你能给予他人的最珍贵的礼物就是你自身的一部分。很久以前你妈妈和我就认为，如果我们死后能有助于他人恢复健康，那么我们的死也是有意义的。"琳达从根本上无法接受捐献角膜到父亲去世后的遵循其遗愿，再到女儿离世时主动签署捐赠角膜的同意书，最后想到女儿的眼中辉映着怎样的骄傲。正是父亲的这段振聋发聩的话语，使她发生了这样巨大的转变。

4. 根据学生语言实际来确定

学生学习语言总是从未知到已知，理解词语也要经历一个从理解不透彻到透彻的过程。因此，从学生语言的学习情况考虑，应该选择生疏的词，在新的语言环境中有了新的意思的熟词，学生已学过、但理解不够全面深刻、往往用错的词。如研究课例中的"父亲平静地说"中的"平静"，并不是说父亲不伤心，此时，为了安慰琳达、使琳达平静下来，所以强忍悲痛，父亲的内心也是痛苦的。

教师在备课过程中确定重点词语，是帮助学生理解文本内容、体会情感的前提，重要的是如何指导学生抓住重点词语。

(二)抓重点词句理解文本内容的方法

有些词语在文章中起画龙点睛的作用。在教学中教师要善于挖掘，抓住课文中的重点词语，引导学生欣赏品味，使他们加深对课文的理解，体会人物的思想感情，并逐渐学会灵活运用词语。

主要的方式有：

1. 通过对比引导学生活用词语。

2. 通过品读，体会词语美，升华学生的情感。

3. 多读细读，紧扣关键词语，让学生在读中理解。

4. 抓住文中重点词语，贯穿全文。

5. 通过词语意思或学习感受的批注来完成。

如教学《永生的眼睛》一课时，在学生自学父亲的话这一教学环节中，指导学生根据教材上"金钥匙"的提示，用简单的词语或符号把自己的理解和感受批注在书上；在学生汇报自学结果的过程中，老师把学生正确的或个性化的理解用板书或演示文稿呈现，并提示学生可以把这些内容批注在书上。这样的教学环节，不仅指导学生如何抓住重点词语，而且针对重点词语的理解进行批注，帮助学生理解文章的主要内容和情感、主题。

(三)深入理解重点词语，领悟文章思想感情

有些文章重点部分十分突出，因此，只要抓住这个部分的段落大意，再加上一些必要的补充交代，就可以进行整篇的教学。这类课文如果段段讲读不但浪费时间，而且会使学生觉得枯燥乏味，进而产生厌倦情绪。如本次研究的课例，抓住父亲那段话进行处理，通过前勾后连，完整地处理了文本，既做到了重点突出，又实现了长文短讲。

五、改进与建议

我们从确定研究主题、寻找研究问题，到修改教学设计，几次试讲，在经历了近一个学期的探索和研究后，研究的思路越来越明晰，也逐渐摸索出了一些有效的教学方法和策略，探索出小学语文阅读教学中"抓住重点词句理解课文内容，感悟人物内心的情感"有效的途径与方法。但在研究的过程中，

有些问题还需要进一步改进。

(一)学生研究方面

了解学情是教学的前提,只有了解学生的学习基础和学习困难,才能有针对性地进行有效的教学。学生研究的方法很多,我们这次运用的是"学习前测"的方法。但在研究的过程中我们发现,如何制定一份好的调查问卷,如何对回收的问卷进行科学的分析,是保证调研结果能否为教学设计服务的重要基础,以后在这方面还需要加强。同时,还可以尝试运用其他的学生研究的方式为教学服务。

(二)课堂观察方面

在几次试讲的过程中,我们研修团队中的老师通过课堂观察的方式对教师的教和学生的学进行了研究,在课后的研讨过程中提出了有针对性的建议,为教学改进提供了依据。但在课堂观察过程中还需要进一步从课堂观察的角度、目的入手,明确它与平时听课的不同,加强其目的性和计划性,使课堂观察成为课堂改进的工具,成为教师研究的工具。

在经历了完整的、独立的研究过程后,我们更加深刻地认识到研究工具的选择与运用,对于研究目标的达成是非常重要的。

结论:本课题以学生发展为目标,以阅读教材为载体,以课堂教学为主渠道,运用文献分析法、行动研究法等研究方法,以阅读教学效益为核心,以教师教育教学水平提升为重点,探索出小学语文阅读教学中"抓住重点词句理解课文内容,感悟人物内心的情感"有效的途径与方法。即:1. 指导学生围绕重点词句提出质疑;2. 引导学生针对重点词句进行批注式学习,理解课文内容,感悟文章的思想感情。

参考文献:

1. 陈金铭.《永生的眼睛》文本解读. 新学网. http://www. newxue. com / jiaocailijie / 12400558926964. html.

2. 石月兰,郝桂琴. 阅读教学中词语教学的重点. 考试周刊,2008(6).

3. 秦惠如. 抓住重点词语　教活整篇课文. 广西教育,2009(19).

4. 苏安政. 抓住重点词句　进行有效教学. 甘肃教育,2011(4).

围绕关键词句做批注　体会人物内心情感

——《钓鱼的启示》课例研究报告①

一、背景及问题的提出

重视语言积累是《义务教育语文课程标准(2011年版)》中的一个重要指导思想，其中，第二学段的"阶段目标"中提到"能联系上下文，理解词句的意思，体会课文中关键词句表达情意的作用"，"积累课文中的优美词语、精彩句段"。可见，重视语言的积累，是当前小学语文教学不容忽视的一个重要问题。

在日常的教学中，我们发现中高年级的学生注意力集中时间是有限的，还难以专注做一件事，对于阅读文章就更不用说，往往流于形式，没有真正弄清课文的内容，就蜻蜓点水似的匆忙作答，阅读的质量不理想。所以我们在三年级时教研组就已经开展了批画关键句的研究，本学期开展批注关键词句的研究。本课题研究旨在改变上述现状，让学生在语文阅读教学中真正实现主动积累，也为学生形成良好的语文素养和终身学习能力打下坚实的基础，使其终身受益。

二、理论依据

建构主义强调学习者的主体作用，同时也强调教师的指导作用。在课堂中，教师应扮演引领者的角色，帮助学生学习要点，促进学生进步，单纯灌输知识的年代已经过去。同样的道理，学生被动吸收的年代也已远去，现在的学习过程中，学生必须成为课堂的主体，成为意义的主动建构者。学生要敢于质疑，学会提出有价值的问题，在问题的引导下，联系自己已学到的知识，在尝试解决问题的过程中，实现知识的积累，建构自己的知识框架，这样，最终的学习才能更有实效。

三、文本解读——感悟"钓"与"放"的心路

《钓鱼的启示》通过讲述一个生动的故事，告诉了大家一个深刻的道理。

---

① 本研究报告由周艳、李海云执笔。课例研究负责人周艳，成员包括李海云、姚红艳、张建刚、冀舰。

整个故事情节生动，语言优美，道理深刻。作者为我们展现了一个十分丰满的人物形象——小主人公詹姆斯，面对好不容易钓到的大鲈鱼，而且还有两个小时鲈鱼的禁钓令就解除了，周围静悄悄的，一个人影也没有，证明绝不会有人关注到这件事，他一定想要把鲈鱼带回家。此时，小主人公内心的挣扎可想而知。放与不放，是个两难的选择。而这位年仅11岁的孩子很难主动完成道德的实践。

这时，文中父亲的态度成为孩子做出正确决定最好的引领。父亲基于真爱不可置疑的态度感染着孩子，虽然孩子一开始沮丧，甚至委屈地哭了，但是多年后他却因为这个决定受益良多。在教学中，教师应注重引导学生关注詹姆斯的内心，从他一开始钓到大鱼的喜悦、得意，到得到放鱼命令时的不解、急切和乞求，再到服从父亲命令时的无可奈何，通过批画关键词句，使学生反复品读，才能真正走入詹姆斯的内心，深入体会他复杂的情感变化。批画是第一步，批注是第二步。学生能够在文中找到描写詹姆斯动作、语言、神态的句子，但透过文字，他们是否能看到文字背后的情感呢？教学时，批画之后再让学生想一想：此刻，他在想什么？在旁边批注出来。这时的课堂满满的奋笔疾书，每个学生都在抒写着，都在和主人公进行心灵的交流，正是这样深入的品味，才能获得独特的感悟。

四、我们开展的活动（反思集锦）

（一）一教一反思 ——心情入手　读中感悟

1. 心情入手，感悟不舍

一教时，我们从"为什么詹姆斯的心情从激动到悲哀又到骄傲"，"为什么詹姆斯舍不得放"这两个问题引导学生理解课文。教学环节比较简单。从詹姆斯的"依依不舍"入手，让学生找找舍不得的理由。抓住重点词句，领悟鱼大、钓鱼时间长、鱼稀少、无人见的实际情况，体会"我"对大鲈鱼的喜爱，感悟放弃已经钓到的大鲈鱼之难，为下节课学习在严格的教育中实践道德做铺垫。

2. 多种形式，读中感悟

"新版课标"第三部分实施建议中指出："第二学段侧重考察在阅读全文基础上对重要段落和语句的细致阅读，具体感受作品的形象和语言。"而所谓细致阅读，就是让学生在朗读中通过品味语言，体会作者及其作品中的情感态度，表现自己对作者及其作品情感态度的理解。《钓鱼的启示》这篇课文父亲的笔墨虽然不多，但形象十分鲜明，从父亲与儿子不多的对话中体现出了父亲的坚定与坚决。在课上，我们通过多种方法，理解、品味语言之后，又采取了自由读、同桌读、师生接读、男女生对读、整体回读等多种形式的朗读，让学生在读中感知，在读中积累，在读中想象，在读中体验儿子的不舍和父亲的坚决，理解人物内心的感情。

（二）二教二反思——诱惑入手　读出层次

《钓鱼的启示》是一篇文质兼美，蕴含着很深人文道德的文章，对于四年级的学生来说，学习从故事中感悟启示，是比较困难的。本文的重点和难点都是"启示"，而不是单纯的"钓鱼"和"放鱼"。针对以上分析，我们在一教的基础上尝试了以下改进。

1. 从情感入手变为从诱惑入手

在学生默读课文之后，我们让学生找出作者受到了什么启示，学生很快找出：道德只是个是与非的问题，实践起来却很难。在学生齐读课文之后，引导其通过对关键词句的学习、理解、品味，深刻感受詹姆斯钓到大鱼时的兴奋，被迫放掉大鱼时的痛苦、悲哀和无奈，以及34年后，詹姆斯为之骄傲的情感变化，从启示（理论）——到故事（钓鱼、放鱼）——再到启示，层层剖开，真正地理解作者通过钓鱼所获得的启示。

2. 从多种形式的读到有层次的读

与一教不同的是，在这次改进中，我们重点对朗读的训练做出了调整，从形式过渡到内容，不仅仅关注到读的形式的多样，也关注到读时的层次。在教学中，我们根据学生对文字理解程度的不同，提出了不同层次的朗读要求，随后进一步加深理解，通过学生们的相互学习和私下练习，最终使每一个学生的朗读水平获得一定程度的提升。这样的阶梯给了学生充分学习的空间，由浅入深，逐步提高。

（三）三教三反思——质疑入手　读写结合

1. 从"诱惑入手"，通过质疑深入理解

在入课之初，我们引导学生关注文章的启示，"道德的问题虽然只是一个简单的正确或错误的问题，但实施起来却有一定的难度，特别是当你面对着很多的诱惑的时候"。随后质疑：为什么简单的问题实践起来会很难？因为面对诱惑。从而聚焦到"诱惑"，学生在寻找"在这件事中，詹姆斯遇到了哪些诱惑?"这一问题答案的过程中,自然而然地感悟到主人公即使面对如此大的诱惑,也能做出最正确的选择,可见他精神的可贵。接着再次引导学生理解"正确"与"错误"的具体指代,并结合自己的生活和具体事例,说说自己遇到这样的事会如何去做,从而指导学生的生活,加深学生对"规则"的认识,强调"规则"的重要。

2. 营造一定的朗读情境

"朗读还应营造情境,在一定的情境中更能激发学生的情感,增强朗读的效果。"老师创设一定的情境激发学生的朗读兴趣,学生在情境的感染下更能显现朗读效果。在体会詹姆斯放掉大鱼的情感时,我们首先引导学生通过朗读"使劲地闭上眼睛"、"脑中一片空白"、"深深地吸了一口气"等词句感受作者放鱼时的心痛与不舍。紧接着让学生闭上眼睛听一个同学读,在情境中感受詹姆斯复杂的内心世界,感悟詹姆斯的内心情感。

3. 关注学前调研,读写结合,答疑解惑

通过学前调研我们了解到学生有一个普遍的问题,即当年詹姆斯放鱼时那样的悲伤,34 年后,同样是钓鱼这件事,他却感到无比的骄傲,这是为什么? 这里我们将之前教的读写结合进行了微调,让学生自己写中心,大多数学生写到了拒绝诱惑、遵守规则。此时我们引导学生讨论认识到:不管在任何情况下,当面对规则时,无论自己是否愿意都必须遵守,从而突出主题。

五、研究成果

在不断的教学探索中,我们发现批注式阅读的有效开展可以促进学生思维的发展,因为批注式阅读重视学生的自读、自悟和自感,使学生成为了课堂的主体。再加之教师的适时点拨,学生的学习效果会大大提高。

对于批注式阅读,我们也总结出了自己的一些见解。

1. 兴趣为先,形成能力

我们在教学中,应鼓励学生随手做记录,同时要适时布置相关任务,在交流时只要学生有自己的观点,我们就应该给予肯定。尤其是学生有精辟的见解时,一定着重表扬,为其他同学做好示范。对于学生最开始大段摘抄、引用资料的现象,教师也不要着急,要等等学生,逐步教会学生用简单的词语来概括自己的语言,在汇报时再进行补充,逐渐训练学生具备做批注的能力。

2. 堂堂落实，形成习惯

在平时的教学中，我们也将落实本次研究的成果，每堂课会根据课文内容的不同，提出不同的批注要求。通过每一节课的训练，学生逐渐适应"批注"这种记录自己思维活动的方式，批注出的简单文字，会成为学生汇报交流的把手。一旦这种形式真正融入学生的生活，形成习惯，一定会变成学生阅读的好帮手，提高学生阅读的质量。

3. 拓展课外，收获成长

批注式阅读只局限于课内是远远不够的，它的施展空间更多的要放在学生的课外阅读上。在教学中，我们先利用课内教材养成学生随时批注的好习惯，随后，开展共读一本书的活动，将阅读批注从课内拓展到课外，放手让学生自由批注，通过这样的方式，学生阅读的质量更高了，真正做到了用心读书，用心思考。

回首一个学期的"校本研修"活动，我们在艰难的行走中，学会了如何确定研究的主题，寻找研究的问题，老师们的教科研水平得到了很大的提升，实现了自我发展。我们会把研修活动中的所得运用到日常教学工作中，让研修经验得到充分的延伸与发展。

第三学段 立足篇章建立联系，提升阅读能力

在文学作品的阅读中提升信息推想能力

——《凡卡》课例研究报告①

一、研究背景

（一）阅读教学现状：模式化倾向非常严重

第一，偏重教师的讲解分析，忽视学生的阅读实践。目前的语文阅读教学中，教师讲，学生听；教师抄教参，学生背答案；重知识分析，轻能力培养和情感熏陶的现象依然十分突出。学生在教学中被动阅读，不探究，无策略；不创新，无发现。这严重影响了小学高年级学生阅读能力的发展。

第二，偏重学生的阅读结果，忽视阅读的思维过程。受应试教育的影响，许多教师只注重阅读的结果，而忽视了学生的阅读过程，在教学中很少指导学生对阅读思维过程进行自主调控，不注重帮助学生总结阅读方法，也常常忽略学生对阅读结果的自我反馈及修正。然而，我们都知道具有自主阅读能力是适应未来社会、获得成功，终身学习、自我更新的重要前提。显然，忽视学生阅读过程的教学，极其不利于培养学生独立自主的阅读能力。

（二）确定研究主题

我们认真分析了当前语文阅读教学中存在的问题和困惑，结合"新版课标"中第三学段阅读方面的目标与内容："学习浏览，扩大知识面，根据需要搜集信息。""能联系上下文和自己的积累，推想课文中有关词句的意思，辨别

---

① 本研究报告由朴英兰、周燕、刘莹、刘娜执笔。课例研究负责人朴英兰，成员包括刘莹、周燕、刘娜、李琢文、袁青、胡昊、贾大春、苏芳。

词语的感情色彩，体会其表达效果。"最终确定了如下研究主题：在文学作品的阅读中提升信息推想能力。

确定研究主题后，我们聚焦到了北师大版语文五年级下册第 5 单元"心愿"的第一篇主体课文《凡卡》上，认为这篇课文很有研究价值。这是一篇叙事性作品，又属于名家名篇（编入教材时有所改动），是世界短篇小说巨匠契诃夫写于 1886 年的作品，距今已有一百多年。这篇微型小说，其叙事方法与众不同，不是单纯的正叙，而是将书信体、作者的叙述、插叙综合在一起，互相映衬。文本的时代背景、人物情感距离学生实际都很远，他们对于文本的认知起点是什么，疑点、难点又在哪里，应采取哪些与之相应的教学策略，都值得我们进一步去研究。根据教材的安排，五年级下学期阅读教学的重点之一就是引导学生联系社会背景深入开掘人物的思想动机，认识作品的社会意义，推进阅读的深度和广度。毋庸置疑，提升学生在阅读中的信息推想能力，无疑是推进阅读深度和广度的重要途径之一。基于以上考虑，我们确定将《凡卡》一课作为课例研究的篇目，同时确定了如下研究问题。

1. 如何联系上下文、勾连生活体验，深刻认识凡卡这一形象？

2. 如何对散落文本中的片断、交叉信息进行整合，在推想中加深对文本主题的理解？

3. 如何结合小说创作背景，合理推想凡卡的心愿能否实现，初步鉴赏结尾的精妙？

（三）推想概念的界定

尤安·艾肯在《走遍天下书为侣》中介绍了自己的读书方法："我愿意坐在自己的船里，一遍又一遍地读那本书。首先我会思考，想想故事中的人为何如此作为。然后我可能会想，作家为什么要写那个故事。以后，我会在脑子里继续这个故事，回过头来品味我最欣赏的一些片段，并问问自己为什么喜欢它们。我还会再读另一部分，试图从中找到我以前忽视了的东西。做完这些，我会把从书中学到的东西列个单子。最后，我会想象那个作者是什么样的，全凭他写书的方式去判断他……这真像与另一个人同船而行。"作者的这种读书方法，就是我们将要提到的推想。

推想，也就是揣度，推测，猜测。它是指学生借助有关信息的提示，利用头脑中储存的生活经验和语文知识，对所读的内容进行推测、猜想。推想能力是一种很重要的阅读能力，同时也是一种重要的思维方法。作为一种思维方法，通常分为演绎推想、归纳推想和类比推想。引导学生在课文空白、跳跃之处进行适当的填补，这是演绎推想训练。引导学生根据词句所在的语言环境，通过捕捉上下文词句提供的信息来理解词句，进而理解、领会文章所写的内容和表达的感情，这是归纳推想。类比推想又分正比和反比两种推想形式。正比是从相近或相类事物的联想比较中获得感悟，反比则是从相反事物的对比区别中获得顿悟。运用推想这种阅读方法，最终形成和提高学生的阅读能力。

二、研究过程与方法

（一）角色明晰

按照项目组的统一要求，根据组内九位教师的特点，组内老师们共同商议，确定了这样的分工：刘娜、袁青老师文学功底较深厚，对于文本的解读有自己的独到见解，主要负责文本解读的任务；学情调研的任务主要由胡昊老师和苏芳老师执行；教学经验丰富的贾大春老师带领新任教师李琢文，进行课堂观察，这样的伙伴合作在确保完成任务的同时，还大大促进了新教师的成长；三教三反思的课堂改进过程则由朴英兰老师、周燕老师和刘莹老师以"同课异构"的方式接力进行。

具体分工如下：

具体项目	负责教师
文本解读	刘娜　袁青
学情调研	胡昊　苏芳
课堂观察	贾大春　李琢文
教学实施（研究课）	朴英兰　周燕　刘莹

这样明确的分工有力地保障了组内教师的全体参与。此外，每次的小组研讨，大家轮流承担主持研讨、文字记录、拍照、撰写简报等任务，提高了小组课例研究的效率。从文本解读、学情调研到反复试讲、课堂观察及反思改进，课例研究是一个环环相扣的过程，我组九位老师在各司其职的同时，相互的碰撞与交流也越来越多。在整个研修过程中，老师们不局限在自己的任务上，不拘泥于研究的阶段性成果，不断在对话中碰撞观点，不断在探究中有新发现，闪耀出团队智慧的火花。

(二)文本解读

文本解读是语文阅读教学的起点。文本解读的深度直接决定着课堂教学的质量与高度。首先，以批注式文本解读的方法，我们组六位老师先各自独立进行文本解读，然后在指导教师陈莉的组织下，集体交流研读体会。我们逐步达成了以下共识。

1. 从文本的体裁来看，《凡卡》是一部短篇小说。人物形象、故事情节和环境描写是解读小说的三要素。三者中，尤以"人物形象"为小说的灵魂。因此，这篇小说的阅读过程必须聚焦凡卡这一人物形象。

2. 从文本的题材来看，通过凡卡的悲惨遭遇，课文深刻地反映了作家契诃夫生活的沙俄时期劳动人民的苦难和社会的黑暗。因此，学生在阅读过程中的推想及深刻理解离不开对批判现实主义作家契诃夫及其创作背景的了解。

3. 从文本的结构形式来看，课文以写信为线索展开，写信的过程与信的内容中第三人称与第一人称的叙述不断切换；在凡卡写信的过程中两次穿插其对乡下生活的回忆，使现状与过去形成强烈的对比，把凡卡悲惨的童年生动地展现了出来，有震撼人心的力量。对于形式如此复杂的文本，学生在阅读中勾连前后信息建立联系、整合阅读体验的确是阅读的难点。

4. 从文本的语言表达来看，契诃夫在创作中留有不少空白，正是语言表达的这种不确定性提升了小说表达的张力和魅力，也为读者留下了极大的空间。因此，聚焦这些空白点，比如小说结尾凡卡那个甜蜜的梦境，引导学生结合创作背景、生活经验及情感体验进行合理想象，可以有效地提升学生的信息推想能力。

(三)课例研究方式

有了前期充分的准备，研究课的试教顺利展开。我们组承担接力改进的三位老师的教龄分别是 21 年、18 年、15 年，都是教学经验比较丰富的"老"教师，在课堂教学中已经呈现出比较明显的个性特色。因此，我们决定以"同课异构"的方式聚焦研究主题展开三教三反思的课堂教学改进历程。

针对各班不同的学情，结合执教者自身的个性特征，聚焦每堂课发现的新问题，我们反复地调整教学设计。三堂课体现出了鲜明的"异构"特征，但是隐藏在"异"的现象的背后，一以贯之不曾改变的是我们聚焦研究主题的持续改进。

（四）研究过程与分析

一教一反思：你眼前出现了一个怎样的凡卡？

●**学情调研**

第一位执教老师借助平时学生已经形成常规的"初读笔记"完成了第一次学情调研。初读笔记包括词语摘抄、阅读初感和质疑三项内容。

阅读两个班学生的初读笔记，我们发现：大部分学生对凡卡城里悲惨生活的遭遇有所体认，但却无法深刻地体会到小凡卡内心的痛苦、孤独和绝望。

学生的质疑主要集中在三个问题上：

第一，凡卡的爷爷为什么把他送去当学徒呢？

第二，为什么以凡卡做的这个梦为结尾？

第三，为什么作者在写凡卡给爷爷写信的过程中还要写他在乡下的生活呢？

显然，第一个问题是针对课文内容的，学生的不理解是因为缺乏对细节描写的合理推想以及对小说创作背景的了解。而后两个问题都是针对文本的表达形式而言的。

●**教学环节**

第一，感受学徒生活的悲惨。

第二，了解乡下生活虽然艰苦但充满快乐。

（让学生通过阅读小凡卡给爷爷写的信和对乡下生活的回忆这两部分内容，写一写"你的眼前出现了一个怎样的凡卡"，以此作为贯穿整个教学过程的主线索。学生通过阅读，就会一步步发现小凡卡在莫斯科的饥肠辘辘、衣衫褴褛，这是一个孤苦无依、痛苦绝望的小凡卡；就会发现乡下生活的小凡卡虽然也很艰难，但更多的是拥有欢笑、童真，这是一个陷入美好回忆、苦中有乐的小凡卡。）

第三，品读对爷爷的多次呼唤。

（反复读着凡卡哀求爷爷的部分，孩子们见到的是一个在苦苦挣扎中满怀着一丝希望的小凡卡。）

第四，初步感受结尾的精妙之处。结合查阅的相关资料以及对课文的理解，想一想契诃夫为什么这样写《凡卡》的结尾呢？

●**教学反思**

整节课上教师以"你的眼前出现了一个怎样的凡卡"为主线，通过"感受学徒生活的悲惨→了解乡下生活苦中有乐→品读对爷爷的多次呼唤→初步感受结尾的精妙之处"四个环节，引导学生在阅读中寻找相关信息，关注细节合理推想，激活情感体验，建立起小凡卡的形象，由此触发内心深处对凡卡的同情与怜悯，对老板、老板娘乃至当时黑暗社会的痛恨。整节课以情境创设和情感体验为特征，着力引导学生在发现中感悟，在感悟中提升。

但是，由于过于重视情感渲染，"感受学徒生活的悲惨"这一环节占用了大量的课堂时间，而且讨论过多地滞留在学生的"已知"上，对关键细节的合理推想以及对结尾的品味讨论不够充分，因此基于感性体验的阅读深度未能达成。

第一轮试教后，如何聚焦研究主题进一步改进呢？正当我们陷入困惑时，指导教师陈莉在小组研讨时与我们分享了她撰写的文章《戛然而止，还是刨根探底——对〈凡卡〉结尾的相关解读与思考》。正所谓，他山之石，可以攻玉。第二位执教老师开始了探索之路。

二教二反思：怎样的结尾最切合文意？

●**学情调研**

第二位教师在常规的"初读笔记"基础上，以问卷调研的方式了解了学生的困惑。统计结果显示，学生的质疑集中在：

序号	学生质疑	占比
1	爷爷是否会收到信？凡卡的命运会如何？	21.8%
2	爷爷为什么把凡卡送去当学徒呢？	15.6%
3	老板为什么不能对凡卡好一点？	9.3%
4	作者的写作意图是什么？	9.3%
5	凡卡的心愿是什么？	9.3%

学生高度质疑的问题涉及契诃夫小说写作特殊的时代背景。了解沙俄时代底层社会的苦难状况，对五年级的学生来说并不难，但是学生欠缺的是将这些背景与散落于文中的诸多信息联系起来，整体感知进行深入思考。

● **教学重点**

借助学情调研的数据，我们进一步确定，对凡卡身体"苦"的理解并非教学难点，结合背景并勾连细节信息进行合理推想从而体会凡卡内心的"悲"，才是学生独立阅读《凡卡》的真正难点。

● **教学准备**

执教老师安排学生在第一课时的学习后独立续写结尾。老师将学生续写的结尾进行了整理，发现学生续写的结尾可以粗略分为四种类型：美梦成真（40.6%）；痛苦地活着（25%）；凡卡死了（31.3%）；梦境结局（3.1%）。

● **教学环节**

第一，读信，回忆凡卡三个月的学徒生活。

第二，出示学生续写，体会多种结尾的可能。

第三，结合文本，讨论凡卡的哪种命运结局更符合作者的本意。

第四，讨论以梦结尾的好处。

● **教学反思**

通过"溯本求源"的方式引导学生从文章的结局入手，思考凡卡的梦想是否会实现，凡卡的命运究竟如何。带着学生对自己续写的结尾"是否符合作者本意"的思考引导学生反复会文，读懂文字背后深层的含义，读出文字背后隐藏的信息。通过读书、思辨、讨论，揣摩作者写作的本意，判断自己所推想的凡卡命运的续写结局是否符合文意，试图调动每个孩子的思维，引导学生在悟中写，写后悟，悟后改。

基于学生的作品设计课堂的意识很好，但是教师在基于对学生续写作品的全知视角而设计的"高挑战"教学中，忽略了学生的情感体验和同伴间阅读感受的交流，多以偏理性化的"鉴赏"与"验证"展开教学，致使学生在一种粗浅体验的状态下进行较高难度的"鉴赏"，后果可想而知。这是第二轮试教的一大遗憾。

三教三反思：那个不能实现的心愿呀！

● **学情调研**

第三位执教老师结合本班学生的特点，精心设计了前测题目，据此发现了学生在阅读中的"真问题"。

1. 凡卡的爷爷为什么把他送去当学徒呢？

2.　凡卡的信中为什么描述莫斯科这座城市？

3.　写信前，凡卡为什么看窗户、神像、榾头？

4.　为什么把对乡下生活的回忆穿插在写信过程中描绘？

聚焦到学生已经能基本读懂的凡卡的悲惨生活上，我们发现学生更多的体会到的是凡卡生活的痛苦，是老板的打骂、伙计的欺负，而对文字内在的联系，及文字背后凡卡内心的孤苦无依没有意识；而且对于"乡下的生活"不少学生还存在着肤浅的误读。

●教学思路

立足单元主题"心愿"，围绕"回忆凡卡在信中诉说了他怎样的心愿→他为什么会有这样迫切的愿望（凡卡的信）→他的心愿能实现吗（插叙、结尾）"三个主问题，引导学生深入理解课文。

●教学环节

第一，浏览凡卡的信，回忆凡卡的心愿。

第二，品读凡卡的信，推想并体会凡卡的悲苦。

第三，学习插叙，联系全文，适当结合资料，推想并体会凡卡生活的绝望。

第四，关注结尾，正确理解作者的本意，初步体会结尾的精妙。

●教学反思

这节展示课凝聚了全体教研组老师的智慧和研修的精华。以"心愿"为切入点，照应了单元主题，契合了学生兴趣，也挑战了学生的已有认识；以"凡卡为什么有这样的心愿"、"他的心愿能实现吗"明确导向，有的放矢地重点培养学生的信息推想能力；而对于结尾精妙的体悟则作为课堂教学的"余响"，启发学生课后的再思考。

就这样，异构"同"改进、三教三反思的研究课接力，充分关注了课情与学情，还彰显了三位教师各自独特的教学个性，共同汇成了我们组课例研究的高潮。

三、研究结论

《凡卡》一课的课例研究，使我们对于如何在文学作品的阅读中提升学生的信息推想能力，有了较为全面的认识。

1.　**联系上下文，整合散落在文本中的相关信息，培养推想能力。**

教师要引导学生将散落的信息汇聚起来，并根据已有信息去填补"空白"，推想字里行间及文本背后的情感意蕴。如在第一轮研究课的教学中，以"你的眼前出现了一个怎样的凡卡"为主线索，学生通过阅读，寻找相关信息，建立起小凡卡的形象，引导学生在发现中感悟，在感悟中提升。

2. 关注课文中的关键细节，结合生活体验认真揣摩，提升推想能力。

学生在具体的语言环境中通过读、思等方式从课文的词句中捕捉有关言语信息，然后结合自己的生活体验进行推测、想象，最后领悟词句意思。学生一边读一边想的过程，也就是其推测、验证、感悟词义的过程，理解文章内容和体会文章所表达的感情的过程。所以从某种意义上说，对关键细节中重点词语的理解，实际上是一种对文中信息的筛选和整合，是对文本情感与自我体验的勾连。《凡卡》的三轮研究课，均引导学生根据词句所在的语言环境，通过捕捉上下文词句提供的信息，并联系自己的生活体验来理解词句，进而理解、领会文章所写的内容和表达的感情。

3. 结合创作背景，联系上下文，通过合理推想加深阅读体验，拓展阅读深度。

《凡卡》一课中对于文章结尾的理解，需要联系小说创作的时代背景以及作家自觉的创作意图，需要联系上下文中散落的信息。如第二轮研究课中通过引导学生思考续写结尾的合理性，联系时代背景与文本内容，在反复读文中勾连散落信息，合理推想，从而读懂文字背后深层的含义，读出文字背后隐藏的信息。

现在，回过头来再审视当初确定的研究主题与研究问题，我们恍然大悟：信息推想能力的研究依然有很大的空间。比如我们可以继续探索除小说外，其他体裁的文学作品阅读中的信息推想能力，如散文、诗歌等；我们还可以探索在非文学作品如说明文的阅读中，如何提升信息推想能力。

附

《凡卡》第一轮研究课教学设计

朴英兰

教学目标

1. 朗读课文，通过圈点、批注，品读关键词句，感受凡卡在莫斯科生活的遭遇，产生同情之心。

2. 了解课文插叙的内容，体会其作用。

3. 初步感受课文结尾的精妙之处。

教学重点

1. 了解凡卡在莫斯科生活的悲惨，体会他内心的绝望与无助。

2. 理解课文插叙的内容，体会其作用。

教学难点

初步感受课文结尾的精妙之处。

教学过程

一、导入课文

同学们，今天我们继续学习《凡卡》，再一次走进俄国著名短篇小说家契诃夫笔下这个年仅九岁的孩子凡卡的内心世界。（板书：九岁）

二、复习巩固

请同学们把书打开，翻到第 44 页，快速浏览一遍课文，回忆一下课文主要讲了些什么。

三、学习课文

（一）感受学徒生活的悲惨

（过渡）同学们，契诃夫对小凡卡虽然没有直接进行外貌描写，但是通过阅读课文，我们的眼前自然而然就会浮现出小凡卡的样子。那么，现在请同学们——

1. （出示自学提示）默读凡卡给爷爷写的这封信，读着信，你的眼前出现了一个怎样的凡卡呢？画出相关语句，标出关键词语，从中你体会出了什么，做适当的批注。

（学生自学，教师巡视——学生自学后可将自己感受最深的语句读一读——小组交流，其间指学生板书。）

【设计意图】引导学生通过阅读凡卡给爷爷写的这封信，提取相关信息，使学生头脑中形成小凡卡的形象，从情感上同情、怜悯小凡卡，自然而然就能理解小凡卡生活上的痛苦不堪、精神上的备受摧残。画句子、做批注，在品词品句中提升学生的理解、概括能力。这一环节的设计是让学生通过自己的发现来解决问题，从而训练学生的理解、概括能力，结合自己的生活经验与课文语句，在阅读中体验人物的感情。

2. 集体交流。

（过渡）一个九岁的孩子，怎么会伤痕累累呢？读读你画的语句。

①伤痕累累、遍体鳞伤、满身伤痕。

第8自然段：

★……揪着……拖到院子里……揍了我一顿。

对老板毒打小凡卡的动作描写，让我们感到他对小凡卡是如此的凶狠、残暴，小凡卡需要忍受多大的伤痛呀！——带着你的感受读一读。（你还找到哪些语句能看出小凡卡伤痕累累？）

★……拿鱼嘴直戳我的脸。

戳：（用硬物尖端触击，刺）鱼嘴多么的坚硬，直直地刺向了小凡卡那娇嫩的小脸，下手真狠，下手真重！

——请同学们带着感受读一读。（接着说说你找到的语句。）

★……随手捞起个家伙就打我。

捞：老板气头上随手抄起个家伙，就能成为毒打小凡卡的工具，上面说到"皮带、鱼头"，小凡卡在后面的信中还提到了——

（出示第15自然段：……楦头打……昏倒了，好容易才醒过来。）

（小凡卡伤势严重，不省人事）——有感情地朗读。

②面黄肌瘦、忍饥挨饿。

第8自然段："一点儿"，真是少得可怜，"没有"，除了面包，其他的任何食物都没有，这与老板的大吃大喝形成了强烈的对比，此时我们眼前浮现的一定是一个"面黄肌瘦"的小凡卡，怎能不令人同情呢，带着你的感受读一读。

③忍受寒冷、冷得瑟瑟发抖。

第10自然段："我原想跑回我们村子去，可是我没有鞋，又怕冷。"

同学们，据了解，寒冬腊月的莫斯科，平均气温只有零下10到零下5摄氏度，夜间可达到零下40到零下30摄氏度，可怜的小凡卡连双鞋都没有，更具有讽刺意义的是，小凡卡是在鞋匠家里当学徒，最不应该缺少的就是鞋呀！老板连一双鞋都不给小凡卡，哪里把他当人看待，他只是一个年仅九岁的孩子呀！可怜的小凡卡！

④孤苦无依、孤苦伶仃、以泪洗面。

第15自然段："……又孤零零的，难受得没法说。我老是哭。"

（在这个大城市，有着形形色色的人物，小凡卡却没有朋友，没有亲人，没有关爱，真是孤苦无依。

小凡卡每天都是这样以泪洗面，不仅为自己遭受的身体的迫害，更为了自己内心的孤独无助，他哭自己这不幸的命运啊！）——指导朗读。

⑤正因为以上的种种遭遇，小凡卡，一个年仅九岁的孩子，在信中对爷爷这样形容自己在莫斯科的学徒生活。——（出示）读一读，谈谈你的体会。（板书：绝望——带着你的感受读一读。）

3.（总结，过渡）在莫斯科当学徒的小凡卡面黄肌瘦、伤痕累累、饥寒交迫、孤独无望，真可以说是——（板书：苦不堪言）

【设计意图】学生对于小凡卡在莫斯科受到的精神上的痛苦，理解起来有一定的难度。教学时让学生通过自读自悟、批注板书、小组交流、全班汇报等，一步一步、层层深入地理解小凡卡在莫斯科当学徒时，不仅身体上备受摧残，更为悲惨的是精神上饱受折磨。当学生说出"绝望"一词时，他们对于小凡卡的同情之情油然而生。

（二）感受乡下生活的艰苦但快乐

（过渡）生活在乡下、生活在爷爷身边的小凡卡又是怎样的呢？请同学们读一读凡卡回忆乡下生活的段落，你又见到了一个怎样的小凡卡呢？

★充满欢笑、心情愉快：第13自然段"多么快乐的日子呀！……"指导朗读，将小凡卡无忧无虑、欢声笑语、充满活力的感受读出来。

★提问：同学们，小凡卡乡下的生活真的就是如此美好吗？请大家再来读读描写乡下生活的段落，看一看你有什么新的发现。

第4自然段：守夜人（晚上敲梆子，为老爷家工作）在大厨房里睡觉（爷爷连个睡觉的房间都没有，可想而知小凡卡也是这样，连个安身之处都没有，乡下的生活同样艰苦）。

第5自然段："他冻得缩成一团"。（爷爷冻得很厉害，同样也是饥寒交迫呀！）

第 13 自然段：小凡卡，冻僵（天气寒冷，穿得单薄）。——板书：苦

★追问：既然乡下的生活条件也很艰苦，小凡卡为什么还觉得那么快乐呢？

（乡下的生活也很艰苦，也要忍饥挨冻，但是有了爷爷的陪伴，有了亲人的关心与爱，一切的一切都显得那样的美好!）——板书：苦中有乐

★进一步解疑：我想现在你们一定已经解决了在预习当中提出的那个问题了——为什么凡卡在写信的过程当中会回忆起自己乡下的生活？

（这样强烈的对比，更能衬托出城市学徒生活的悲惨，小凡卡对于乡下生活的留恋。——板书：对比 衬托）

【设计意图】为什么在写信的过程当中要穿插凡卡对于乡下生活的回忆，这是学生理解课文的疑点。因此，精心设计问题，层层深入地理解内容，解决了学生学习课文的疑点与难点。

（三）对爷爷的多次呼唤

1.（过渡）小凡卡在莫斯科当学徒，每天遭受着毒打，忍受着饥饿、寒冷，更可怕的是孤苦伶仃，没有依靠，当回忆起乡下与爷爷在一起的快乐时光，小凡卡终于抑制不住自己内心的情感，向爷爷发出了一声声求救的呼唤，自己带着感受读一读凡卡在信中对爷爷的呼唤。

（指名读一读，读最打动你的语句。）——指四名学生

（板书：多次请求——哀求）

2. 在这一次又一次对爷爷的呼救声中，我们听到小凡卡不住地在说：我再也受不住了——出示练习。

自己练习说一说，可以只说一个方面，也可以三个方面都说，如果能够层层深入地表达就更棒了!（自己练说——集体汇报）

3. 师生接读。

师：小凡卡满怀希望地来到莫斯科当学徒，希望能学到一技之长，没想到迎接自己的却是老板一家的冷酷无情，每天过着暗无天日的生活，于是，在圣诞节的前夜，他向自己唯一的亲人——爷爷发出了这样的呼唤——（指一名学生读第 8 自然段的后半部分）。

师：小凡卡不仅身体遭受痛苦，更可怕的是这里没有亲人的关爱，生活在这里看不到希望，于是，小凡卡在信中一遍又一遍地向爷爷哭诉——（指一名学生读第 10 自然段哀求的部分）。

师：在这举目无亲的大城市，在这冷酷无情的世界，小凡卡甚至已经看到死神在向他招手，他唯一能做的就是向自己唯一的亲人发出这一声声撼动人心、撕心裂肺的呼唤——（学生齐读第 15 自然段中哀求爷爷的部分）。

【设计意图】安排句式练习的目的，既是对上文内容的整合，也是进一步对小凡卡悲惨生活的体会，尤其是感受他内心的孤独与绝望，同时训练了学生的归纳、概括能力，进行了语言文字的训练。最后师生满怀着对小凡卡的同情与怜悯，接读三次哀求爷爷的语句，使情感得到升华。

（四）体会结尾的精妙之处

1.（过渡）凡卡将这封饱含着自己血和泪的信折好装入信封，写好地址，郑重其事地将它投入了邮筒。请你读一读文章的结尾。

结合查阅的相关资料，以及对课文的理解，想一想契诃夫为什么这样写《凡卡》的结尾，小组讨论。

2.集体讨论。

①充满悬念，给读者留下了广阔的想象空间，小凡卡的最终命运牵动着所有读者的心。

②所有的读者都会领悟，这是一个永远也无法实现的梦，只有文中可怜的小凡卡不知道。小凡卡的梦境越甜美，读者越感到悲哀。结尾看似欢喜，充满希望，但是更能体现出它的悲剧色彩，让读者更觉心痛与酸楚。

③一个美梦：虽然是美好的梦境，但我们却清楚地知道小凡卡的结局，小凡卡留在城里一定是死路一条，即便是回到乡下，也一定是没有活路，这就是他悲剧的人生，这就是契诃夫想要揭露的黑暗的社会。

3.读一读文章的结尾（配乐）。

【设计意图】通过小组交流，品读课文，补充资料，找到契诃夫这样写《凡卡》结尾的理由，再一次走进人物，感受小凡卡的悲惨命运，这个梦终究无法实现，初步品味出这样结尾的精妙之处。

四、总结课文

同学们，结合板书修改修改你们的批注吧。

两节课的时间学习《凡卡》这样一篇优秀的文学作品、这样一篇感动人心的小说是远远不够的，请同学们课下找出一两处最打动你的细节，写一写你的感受。

板书设计：

凡　卡

九岁

三个月	学徒生活	苦不堪言	对比	副板书
两次回忆	乡下生活	苦中有乐	衬托	（学生批注）

多次请求（乞求）（哀求）

一个美梦　无法实现　悲惨结局

《凡卡》第二轮研究课教学设计

周　燕

教学目标

1. 借助"凡卡哪种结局更符合作者本意"这一主问题，引导学生回到文本，读懂文字背后的意思，体会作者创作的本意。

2. 初步感受契诃夫悲剧的感染力。

基本目标

1. 体会凡卡学徒生活身心双重的痛苦。

2. 通过结合文意，知道凡卡的信爷爷收不到的结果。

较高目标

1. 能根据文本中的描写，揣测作者的本意，对同学不同续写的结局做出自己有根据的判断。

2. 受到悲剧作品的感染，通过独立思考和讨论交流，对文本产生独特的理解和认识。

学情分析及教学策略

课前让学生在自读文的基础上，续写故事的结局。从学生完成情况可以清晰地看到，学生们对凡卡命运认识上的迥异。班上 15 位学生认为凡卡会在绝望中悲惨地死去，17 位学生认为凡卡能够艰难地生活下去。

学生观点上的分歧正是这节课教学的切入点。此节课教学设计正是要有效利用学生认识上的矛盾，围绕"哪种结局最切合作者创作本意"这一主问题开展讨论。引导学生在一次又一次的会文过程中，从文字中寻找支撑自己观点的理由（语句），激发学生的思维，读出文字背后的意思，将思考引向深入。

这一教学设计也正切合了本册书中"金钥匙"提出的"阅读时要认真体会作者的本意"的学习要求。

教学流程

读信入境——展示续写——分析结局——对比升华

教学过程

一、读信，回忆凡卡三个月的学徒生活

齐读课题。

1. 这个九岁的孤儿，在鞋匠家做学徒已经三个月了。三个月来他过的是怎样的日子？带着问题，轻声读一读凡卡写给爷爷的信。

2. 引读凡卡哀求部分的语句。

师：唯一的亲人爷爷是凡卡活下去的唯一希望。

【设计意图】通过带着问题回文读书和引读信中凡卡哀求爷爷这一部分的语句，唤起学生对文本内容的回忆，激发学生情感上的共鸣。

二、出示学生续写，体会多种结尾的可能

1. 凡卡的命运究竟会怎样，同学们给出了不同的答案。

指名读：①美梦成真（幸福）（独立）

②继续痛苦生活

③凡卡死了

④梦

2. 对于凡卡命运的推想，谁还有不同的想法吗？

3. 出示"金钥匙"。

师：对凡卡命运的推想要符合作者的本意。

出示：阅读时要认真体会作者的本意，但也可以质疑、验证和批判。要不断地问自己："是这样吗？还有别的可能吗？还可以怎样认识文章中的人和事？"要慎重对待疑问，必要的话再回头读读作品。

三、讨论凡卡的哪种命运结局更符合作者的本意

师：凡卡的哪种命运结局更符合作者写这篇小说的本意，我们再回头读一读课文，寻找相关语句作为依据，并进行批画。

1. 美梦成真。

（1）预设1：获得幸福

学生的观点——爷爷有钱了，守夜人不再是受人欺负的奴隶。

①引导学生着重读课文第16～20自然段，思考这种结局符合课文的本意吗？

②学生：地址不详，醉醺醺的邮差。

③小结：爷爷收不到信。

(2)预设2：好人相助

学生的观点——好人的出现帮助了凡卡。

①引导学生着重读第8、第11自然段，思考结局是否符合文意。

②指名让学生结合文章相关内容发表自己的观点。

③小结：莫斯科这个大城市的繁华富有根本不属于这个九岁的来自乡下的孤儿。

④引导学生深入思考：乡下那么好，爷爷为什么舍得把唯一的孙子送到莫斯科？

自读课文插叙部分，寻找原因，画出相关语句，并做批注。

指名让学生回答，出示学生所写的理由，读中体会。

2. 生活下去。

(1)出示学生观点：小凡卡很害怕现在的生活，他怕一辈子都这样。

(引导学生再读第8自然段，寻找相关语句阐述自己的观点。)

(2)出示学生观点：伙计变本加厉地欺负他，有可能吗？指名读。

(3)出示学生观点：堕落。

【设计意图】通过学情分析可以看到，4个学生认为凡卡学会了自食其力，能够养活自己。7个学生认为凡卡会在绝望中继续痛苦地活下去。

学生们都善良地希望一直生活在苦难中的凡卡能够活下来，但生活阅历、阅读的经验约束了孩子们，他们无法认识到凡卡的悲惨命运其实是那个时代的悲剧。因此，为了引导学生能够初步认识到这一点，要继续引导学生深入读文本，揣摩作者的写作本意。

3. 悲惨地死去。

(1)有9位学生认为凡卡最终会悲惨地死去。

(2)出示学生观点："凡卡的死对大多数人来说是无所谓的。"又有谁会在乎凡卡的死活呢？

四、讨论以梦结尾的好处

1. 小结并提问：

为什么作者契诃夫不像我们这样直截了当地写出凡卡最终的命运结局，而是以梦结尾？

学生小组讨论，汇报。

预设：想象空间，感染力，以喜写悲，悲更悲。

2. 以喜写悲，结尾如此。乡村生活越美，反衬出现实生活越悲，以喜写悲。

对比读。美丽的乡下——苦苦地哀求

　　　　苦苦地哀求——美丽的梦境

3. 凡卡只是那个黑暗时代中千千万万受苦难儿童的缩影。

【设计意图】紧扣本册教材中"金钥匙"提出的"哪种结局最切合作者创作本意"，以此作为本课学习的主问题。引导学生在一次又一次的会文过程中，通过细品文字、讨论交流，从文本中寻找支撑自己观点的理由（语句）。采用这种教学策略，目的在于激发学生思维，引导学生读出文字背后的深层含义，将学生的思考引向深入。

板书设计：

惨、苦　悲剧 { 强烈对比 { 现实
回忆、想象
 以梦结尾 { 想象空间
感染力

《凡卡》第三轮研究课教学设计

刘　莹

教学目标

1. 正确、流利地朗读凡卡的信，通过品读关键语句，体会沙皇统治下穷苦孩子凡卡身心备受摧残的痛苦，感受凡卡希望回到乡下和爷爷生活在一起的迫切愿望，并有感情地朗读自己感受深刻的语句。

2. 学习插叙部分，引导学生联系全文，并适当借助沙俄时代的背景，推想并体会凡卡的绝望，体会插叙、对比的作用。

3. 学习结尾，联系全篇推想并理解结尾的含义，认真体会作者的本意，初步感受结尾的精妙。

教学重点

通过品读关键语句，体会凡卡身心备受摧残的痛苦，重点体会凡卡内心的孤苦无依与绝望，感受凡卡希望回到乡下和爷爷生活在一起的迫切愿望。

教学难点

引导学生体会凡卡的苦不仅仅是身体上备受折磨，更主要的是孤苦无依、看不到希望；体会作者的创作本意，理解结尾的含义。

教学过程

一、谈话导入

浏览凡卡写给爷爷的信，回忆凡卡在信中诉说了他怎样的心愿？

所以他在信中这样哀求爷爷。（指读三次"哀求"）

二、品读凡卡的信，推想并体会凡卡的悲苦

学习课文书信部分，抓住关键语句，推想凡卡身体和内心受到双重折磨的悲惨生活。

（一）自学

自学提示：默读凡卡给爷爷写的这封信，思考凡卡为什么这样迫切地想回到乡下和爷爷生活在一起，画出相关语句，标出关键词语，你从中体会出了什么，做适当的批注。

（学生自学，教师巡视——学生自学后可将自己感受最深的语句读一读——其间指学生板书。）

（二）交流

1．受虐待

挨打：预设会有以下两种角度。

（1）老板、老板娘的动作：揪、拖、揍、戳、捞。

重点理解："戳"（用硬物尖端触击，刺），想象老板娘下手之狠，下手之重。体会、朗读。

（2）利用各种工具痛打小凡卡：皮带、青鱼、楦头。

（这种日日挨打的日子，他再也受不住了。）

读哀求1。

挨饿："一点儿"、"没有"，与老板的大吃大喝形成了强烈的对比。带着你的感受读一读。（这种难耐的饥饿，他再也受不住了。）

挨困：老板的小孩子一哭，凡卡就别想睡觉，只好摇摇篮。

挨冻：老板连一双鞋都不给小凡卡，多么的狠毒！小凡卡又是多么的可怜！（这彻骨的寒冷，他再也受不住了。）

读哀求2。

2. 孤零零

伙计捉弄：都是学徒，本应相互关心，但却以欺负比他们更弱小的凡卡为乐。

孤零零：一个朋友也没有，在这个大城市，有着形形色色的人物，小凡卡却没有朋友，没有亲人，没有关爱，真是孤苦无依。

莫斯科的繁华与凡卡的孤苦对比。

课前有的同学问作者为什么写第 11 自然段，再读这段，有什么新的体会？

这座城市的繁华富有根本不属于这个九岁的来自乡下的孤儿。这座城市越是繁华富有，就越显得凡卡是那样的孤独，那样的凄惨。

体会内心孤苦，读哀求 3。

【设计意图】教学时的侧重点放在对凡卡内心痛苦的体会上，从学前调研可以看出，学生读文后对凡卡身体上遭受的折磨——挨打、挨饿、挨冻等比较容易感悟到，而对凡卡内心的孤苦体会起来有一定的难度。需要教师引导学生联系上下文，整合散乱在信中的关键语句，品读体味孤独无依的凡卡内心的苦楚。

三、学习插叙部分，联系全文，体会凡卡心愿不能实现的原因

引导学生读插叙部分，了解凡卡心愿不能实现的原因。

可怜的凡卡把这封承载了他全部希望的信投进了邮筒，他的心愿能实现吗？默读全文，思考。有想法后，小组交流。

预设 1 地址不详，收不到。

预设 2 插叙部分，爷爷生活艰辛，无力接凡卡回乡下。

【设计意图】经过对前测的分析发现，71.4%的学生认为乡下的生活是快乐、幸福、自由的，只有28.6%的学生意识到乡下生活其实也是很艰难的。这个问题在于引导学生关注爷爷生活的艰辛，根本无力抚养凡卡，被迫把他送到莫斯科，这才是凡卡心愿不能实现的根本原因，也是凡卡悲剧的所在。

四、关注结尾，联系全文，正确理解结尾的含义并初步感受结尾的精妙

凡卡的心愿可能永远也无法实现了，为什么作家契诃夫以凡卡甜蜜的梦作为小说的结尾呢？再读第 21 自然段，有什么新的体会？

【设计意图】体会结尾的好处对学生是个难点，通过小说结尾好处的讨论，把学生的思维引向深处。揣摩批判现实主义作家契诃夫的创作本意，尝试着

169

让学生初步感受到，小说戛然而止的结尾不仅给读者留下了太多想象的空间，也把凡卡的悲剧推向了极致。所谓"以喜写悲，悲更悲"。

　　引读：凡卡对乡下生活的美好回忆与甜蜜的梦境，以及凡卡对爷爷的苦苦哀求。

　　【设计意图】在有感情的朗读中，让学生感悟到乡下生活越美好，梦境越甜蜜，凡卡现实生活越悲惨，内心越孤苦。小说的结尾不再是美好，而是那么令人心酸。

　　板书设计：

凡　卡

"梦"

（副板书）备受虐待　　　　　　　　　　地址不详

　　　学生　　　　　回乡下，

　　　批注　　　　　和爷爷生活在一起。

　　　　孤苦伶仃　　　　　　　　　　无能为力

捕捉读写结合点，提升学生语言运用能力

——《生死攸关的烛光》课例研究报告①

一、研究背景

(一)读写结合教学现状

"新版课标"指出，"语文课程应致力于学生语文素养的形成和发展"，"写作能力是语文素养的综合体现"，而读写结合则是现今高段课堂中十分重要的一笔。

所谓读写结合就是把阅读和写作有机地结合起来。"新版课标"指出："作文教学要与阅读教学密切配合。"这就明确告诉我们，阅读是作文的基础，阅读好像蜜蜂采花，作文好像蜜蜂酿蜜。以读促写，以写促读是我们在课堂上力求展现的目标。

尽管现今读写结合在课堂中十分普遍，但是在真实的教学实践活动中却存在着一些问题。

1. 教师不能正确处理好习作与阅读的关系。

2. 阅读教学中不能把读与写有机结合，刻意追求课堂呈现。

3. 课堂上指导学生读写结合的方法较少，学生写作缺乏方法的指导。

4. 将课堂读写结合当作目标完成，不思考其能为学生带来怎样的帮助。

这些问题影响了学生对文本理解的深入与写作能力的提高。因此，在上学期我组针对读写结合进行了三教三反思的教学尝试，希望为读写结合这一教学方法在课堂上有效的运用探索一条出路。

(二)适合小学生读写结合的方法

1. 仿写

仿写是模仿某些范文的立意、构思、布局谋篇或表现手法，进行作文的一种训练方式。

---

① 本研究报告由武月红、尹晨妍执笔。课例研究负责人武月红，成员包括周燕、贺欣、刘春燕、尹晨妍、王潇。

2. 补白

小学语文教材中不乏文质兼美的文章，通过对文章的斟酌，补充其中的留白之处。

（1）补白人物心理

针对人物的心理进行补白，可以使课文由简到繁，内容多样，情节跌宕起伏。课文中那些叙事的故事，在某些时刻只描写了人物的动作、表情，却在内心活动处为学生留下了大量的创作空间，教师可抓住这些精彩片段帮助学生打开想象空间，探究人物的内心活动。借助心理补白，学生可以对人物有更深一步的了解，让人物形象在脑中立体化。同时，这一方法也可以引导学生感受作者创作的精妙之处。在补白之后，大家可以思考，作者为何不在这里添加心理描写呢？

（2）对故事省略的情节进行补白

课文往往只是叙述了事件的经过，从中省略了部分细节的刻画。而学生对于这些被忽视的细节的剖析，能够帮助他们更加深刻地理解课文内容，把握人物品质和课文中心思想。因此，我们在课上训练学生对一些情节进行更细致的描述，发掘文章深意。

（3）为后续故事进行补白

某些课文在故事的高潮处戛然而止，为人留下了无数荡气回肠的感叹。将故事续写，补白后面的内容则同样是激发学生探究思维，训练学生写作能力的好方法。学生往往很喜欢续写，课堂的气氛很容易被这一活动激发，但学生在续写的过程中绝对不是异想天开的思维创造，而是在对前文有深刻的揣摩后进行合理的写作。

（三）问题的确定

此次的选题，是我组所有教师深思熟虑的结果。语文课应该"贴着语言文字行走"。语言包含的不仅仅是说，同时也包括书写。"新版课标"指出："工具性与人文性的统一，是语文课程的基本特点。"我们认为语文教学要重视语言的学习与实践，包括语言表达能力的实践。"新版课标"对语文教学也提出了要求：在日常的语文教学中，不能忽视口语交际、日常写作等为主要内容的实际语文运用能力的发展，而语文能力的发展也不能脱离语文的实践活动。换句话说，学生对字、词、句、篇知识的掌握与听、说、读、写能力的训练最有效的途径就是"读写结合"，我组的课题也因此而定。

研究专题确定后，我们聚焦到《生死攸关的烛光》一课。这是一篇叙事性作品，讲的是在第二次世界大战期间，伯瑙德夫人的丈夫被德国法西斯俘虏了，为了把德国侵略者早日赶出法国，她和两个年幼的孩子担当起了转送绝密情报的任务。他们将情报藏在半截蜡烛里。可是有一天，家里来了三个德国军官，点燃了那半截蜡烛。情况十分危急，首先是母亲想要通过"端来油灯，吹灭烛光"的办法消除危机，但是没有成功；接着是十二岁的儿子雅克"借口抱柴，端走烛台"希望躲过危机，仍然没有成功；在最后的危急关头，小女儿杰奎琳"推脱睡觉，拿走蜡烛"，成功地保护了情报。本课的主旨是通过写母子三人在危急时刻想办法与敌人周旋，保住了盟军的绝密情报，表现了在危急时刻他们的勇敢和机智。我们决定利用这个文本，在充分学习过这篇文章之后，指导学生在课上进行续写。

（四）文献综述

1. 读写结合的概念界定

金毅在《关于小学语文读写结合策略的研究》中指出："读写结合是根植于中国语文教学领域的传统菁华，符合语文教学规律，具有鲜活的生命力。一直以来，在阅读中以读促写、读写结合的观念得到了小学语文界的广泛认同，并经过了长久的实践。实现读写结合，关键在于深度挖掘教材，找准读写训练点，从学生的兴趣出发，捕捉学生的真切感受，拓展写的空间，让学生乐于动笔。随着时代的推进，语文教学观也发生了一定的变化。从学生的发展出发，如何进行更有效的读写训练，是我们必须思考的问题。"

孔婧在《读写结合，要把握好训练的时机》一文中提出："读写结合是以文章为载体，从文章的内容出发，设计与之相关'写'的训练，使阅读、写作、思维训练三者融为一体。通过以读带写、以写促读的读写训练，使学生的思维得到发展，能力得到提升。"因此，读写结合的训练在整个语文教学环节中，尤其重要。

2. 关于读写结合的讨论

苏春玲在《浅谈小学习作教学中的读写结合》中指出："读、写结合就是教学中'理解'和'表达'的客观规律，也是许多小学语文教师悉心多年探讨的问题。然而，在当今教学中仍然存在读写脱节的倾向。阅读教学局限于阅读范围，而忽略相关的写作知识训练；读归读，写归写。"

黄伟在《读写结合的理论基础》一文中指出："'读写结合'是语文教学特有

的教学方法，也是语文教学中最常用的方法之一。但是，我们对这一方法的理论认识并未到位，以致影响到实践操作与成效。为此，有必要对读写结合的理论基础作一番考察，进而明确读写结合的学理依据与实践方向。'读写结合'有其深厚的理论依据，其理论依据并非唯一，但最基本的原理是迁移理论。迁移理论为读写结合提供了理论支撑，迁移理论背景下的样例学习为读写结合提供了实践路径。"

宋秀莲在《探究小学语文教学中读写结合能力的培养》中指出："小学语文的读写结合，就是小学教学中的阅读与写作结合学习，互相促进的效果。阅读与写作相结合，可以提高学生的综合能力，扎实学生的素质基础，读写相结合不仅能提高学生的学习能力，也能提高学生的写作能力，'以读促写，以写促读，读写结合'的学习方法，不仅可以在语言表达方面有所提升，在书面表达方面也有所提高，该文着重探究小学语文教学中读写结合能力的培养。"

二、研究过程与方法

（一）文本解读

全组老师就《生死攸关的烛光》一课，进行了深入而细致的文本解读。大家畅所欲言，将自己对文本的理解与大家分享，在讨论、交流及研究后，我们总结了该文本的特点。

1.《生死攸关的烛光》的文体是小说，小说的三要素即环境、人物和情节。

2. 情节的设计一波三折，跌宕起伏，引人入胜。学生们的兴趣浓厚，为后面结尾的续写做了很好的铺垫。

3. 文本对伯瑙德夫人一家的语言、动作、神态及心理活动都进行了细致的刻画。通过深入的分析，学生们能够感悟到如何将所描写的对象写得生动、具体。

4. 文本的结尾处，小女儿杰奎琳端着烛台上了楼，之后发生了什么？学生们可展开想象，根据自己的理解，对故事进行续写。

（二）研究方式

本课书的教研课任务由三位教师承担，其他教师各司其职。每次执教后，组内集体研讨，教师们从教学设计、课堂学生观察、课堂生成等多角度进行讨论，共同改进与完善，使三轮课形成螺旋上升的态势。

三、研究成果

我们聚焦常态教学，在集体教研后，将本学期研究的方向聚焦于"如何从文章结尾处创写"这一问题。我们选定了北师大版五年级上册第八单元《生死攸关的烛光》一课，针对此课的续写进行了三教三反思。

《生死攸关的烛光》讲述的是第二次世界大战期间，伯瑙德夫人一家为了保护珍贵的情报，与德国军官进行生死较量的光荣事迹。文章惊心动魄，一波三折。结尾也十分巧妙，当小女儿端着蜡烛走上最后一阶楼梯时，故事戛然而止，给予了读者无限的遐想空间。我们决定以文章的结尾为训练点，在学习课文后为课文续写结尾。

组内三位年轻教师尹晨妍、刘春燕、贺欣负责课堂实践操作，王潇、武月红、周燕老师负责学情调研、课堂跟踪、课堂反馈等，群策群力在课题研修中不断思考、调整、改进。下面呈现的是三位执教教师的教学反思。

一教一反思

尹晨妍老师认为课文篇幅较长，内容丰富。因此她在上课伊始就引导孩子们整体读文，回忆课文的主要内容，对文章有一个整体感知。而后主要设计了三个教学环节：1. 理解"危急"；2. 体会人物；3. 指导续写。

1. 理解"危急"。引导学生通过默读课文，找出描写当时情况的句子。通过蜡烛一次次被夺回，让人体会到危机的加深，指导孩子反复朗读句子，体会文章感情。

2. 体会人物。抓住描写伯瑙德夫人一家语言、动作的语句，理解课文，体会人物勇敢、镇定、临危不惧的高贵品质。重点指导学生聚焦伯瑙德夫人这个人物，引导学生抓住"急忙"一词，领会人物当时的紧张与焦急，引发学生思考：为何伯瑙德夫人又要"轻轻"吹熄蜡烛？孩子们能够理解到，夫人这样做是为了不暴露情报，动作太过着急只会让敌人产生怀疑。学生借用这两个词语理解了人物的镇定自若、临危不惧。之后，有关雅克、杰奎琳相关语句的体会依旧是通过人物的语言和动作。在教学过程中，重点引导学生理解杰奎琳的"娇声"是孩子纯真的表现，这也是体现小姑娘性格特点的描写，是人物的个性语言的再现。在讲解时，教师注重朗读，让学生通过朗读对人物有所感悟。

3. 指导续写。对于母子三人的形象有了深刻的理解之后，指导学生开始续写。续写时提出要求：依据课文内容、根据文中人物的性格进行写作，想象要合理，可以重点刻画一个人物。

孩子们对续写十分感兴趣，他们热情高涨。15分钟时间，大多数孩子能够对文章产生合理的思考，续写中设置了恰当的情节，少部分学生完成了300字左右的续写。但部分孩子的想象不够合理，无法和原文形成内在联系。而且孩子们对于人物的认识不够全面，人物的语言、动作、神情未能体现"个性化"，不能展示人物独特的特点。

尹晨妍老师认为，这是由授课过程中并没有将"续写"这一主题突出出来造成的。文章教学要注重整进整出，续写也要关注全篇，从文章中找信息，找准结合点。在带领孩子们对伯瑙德夫人一家勇敢的品质进行学习的过程中，没有提醒孩子注意三个人品质的相同之处，没有引导学生关注人物的年龄、性格、性别和言行举止的关系。

抓住人物特点和言行举止之间的关系，让学生在故事续写中得以体现，应该在今后的教学中进一步强调。如果再次教授这节课，可以缩短课文分析的时间，重点带孩子们学习描写伯瑙德夫人一家语言动作的语句，先抓住三人不同的特点，再总结三人共有的品质；可以延长续写的时间，给足学生们思考的时间，强调续写不在字数的多少，而应抓住精彩的地方进行刻画。

二教二反思

在尹晨妍老师授课的基础上，刘春燕老师对教学设计进行了相应的调整。

教学中，刘老师侧重从"续写"这一概念的理解入手，让学生明确：续写就是在原有素材的基础上，将内容继续延伸，成为一篇完整的文章。一般续写时，同学们先要认真读懂原文，把握原文的中心，只有这样续写出的内容才能和原文衔接。另外，同学们必须展开合理的想象。续写的内容都是想象出来的，要打开思路，多角度地去想象，可以想象几种情况、几种结果，从中加以选择。再者，续写要注意和原文语言上的衔接。特别是续写的开头，必须与上文紧密联系，使上下文融为一体。还要注意与前文照应，防止自相矛盾。

主要设计了以下教学环节。

（一）回顾课文内容，了解故事背景

这篇课文讲述的是在第二次世界大战期间，法国一个普通家庭母子三人为了保护隐藏在半截蜡烛中的秘密情报，在危急关头和三名德国军官巧妙周

旋，最终化险为夷的故事，表现了伯瑙德夫人及其儿女的勇敢机智和强烈的爱国主义精神。故事一波三折，颇有戏剧性，为了让学生迅速理清文章脉络，着重从以下几个方面进行教学。

1. 通过抓人物的动作、语言理解课文内容，抓重点词体会伯瑙德夫人母子三人遇事时的机智、勇敢与镇定自若。

2. 在理解伯瑙德夫人的机智与镇定时，让学生找出描写伯瑙德夫人语言和动作的词语，抓"急忙"、"轻轻"等词语体会，并让学生自己做出"急忙吹蜡烛"和"轻轻吹蜡烛"的动作，通过自己两次吹蜡烛的对比体会伯瑙德夫人的机智与镇定。

3. 在体会儿子雅克和女儿杰奎琳的机智时，同样让学生自己找描写兄妹俩语言的句子和体现他们机智、镇定的词，如雅克"慢慢地站"、"从容地"、"默默地"，杰奎琳"娇声地"等词，让学生感受兄妹俩在这危急时刻所表现出来的镇定、遇事从容不迫的品质，突破重点。

4. 抓住文中的重点词"不堪设想"，在找到描写情况危急的句子时，相机理解"不堪设想"，并引导学生想象如果情报被发现会有什么后果，学生通过想象发散思维，提出不仅会影响到伯瑙德夫人母子三人的生命，更会影响到许多参加战斗的抗战者，甚至影响到祖国的存亡，这样既加深了学生对情况危急的理解，又能加深对母子三人在危急情况下表现出来的镇定与机智的感悟，更能加强学生对人物的佩服之情，对人物遇事机智、镇定品质的学习便会油然而生。

（二）反复品读体会人物心理

课文描述的是一场没有硝烟但又紧张激烈的战斗。这紧张激烈，主要通过人物的心理活动反映出来。本单元进行了写人文章的学习，侧重的是写作方法的指导，指导学生学会抓住人物的动作、语言、神态、外貌、心理活动进行细节描写，从而突出人物的个性特点。

通过回忆和反复体会人物精神的方法来上这节课，主要是为了调动学生学习的积极性，面向全体学生，在轻松、活跃的氛围中让他们大胆想象，抓住人物的语言、神态、动作、心理活动来突出人物的品质，大部分学生都能按要求完成习作，优等生还能妙笔生花，运用拟人、比喻等手法，把文章写得更具体、形象、生动。

通过这节课的教学，刘春燕老师深有体会：从文本入手，抓住细节体会、品味人物，营造有利于学生交流的情境，让学生在快乐中交流，多维互动，多维练说，学生的说写将会快乐无限。

（三）本课教学反思

本节课教学，刘春燕老师更关注人物体会的具体教学策略的设计。但她认为学生的活动设计时间仍旧应该更加充分一些。

阅读是学生的个性化行为，不应以教师的分析代替学生的阅读实践，应将课堂还给学生，给学生更多的独立思考、独立学习的时间和空间，充分地发散思维，从各个角度设计情节，让学生在相互的激发中感受和理解彼此的写作意图，这样的效果应该会更加令人惊喜。展示学生作品的时间不够充分，这对于学生的写作积极性会有所挫伤，希望在贺欣老师的第三次教学实践中能够加以关注。

三教三反思

基于前两次教学，通过与全组教师的教研，贺欣老师进行了第三次教学的尝试。回顾本次执教的过程，贺老师进行了反思。

（一）插上想象的翅膀，激发写作的兴趣

在教学《生死攸关的烛光》一课时，通过有感情地读、绘声绘色地讲、设身处地地演等多种形式的理解体验，学生已深深感受到伯瑙德夫人一家镇定自若、热爱祖国的精神品质，充分调动学生写作的积极性，将原本枯燥的创作变得生动。学生由认识、思维到想象，由寻找、发现到创造，创新意识得到了开发，创作的积极性和主动性也得到了很大的提高。

（二）注重方法的指导，让学生有据可循

本节课注重在续写过程中，如何将人物写具体、写生动。例如，在分析雅克时，提问："如果我们去掉这些描写性的词语，你觉得怎样呢？就以雅克为例，谁来谈一谈。"正是通过对人物的语言、动作、神态的细致描写，展现了人物的内心世界，让学生感受到了人物伟大的精神品质。这也正是描写的好处。不仅如此，还让学生通过人物描写之间的互换，体会描写应注意准确性，即关注人物的年龄、性格特点等。

当然，教学本身就是遗憾的艺术。这节课突出的是续写，因此，课堂上应将教师的讲解再进行精简，把更多的时间留给学生进行课堂上的即兴创作。另外，既然是续写，那么教师应在学生续写前，充分地创设故事的情境，能让学生沉浸其中，将自己化身为课文中的人物，展开想象，大胆创作。

通过三教三反思，学生获得的是实实在在的续写方法，明确了续写的要求，并在续写的过程中更好地理解了课文。

四、研究结论及收获

（一）研究结论

续写，古已有之。当年的《红楼梦》，红学界就有两种意见，其中一种认为后四十回为高鹗所续。自从《红楼梦》出现之后，它的续书洋洋洒洒，汗牛充栋。各路人物大显神通，皆有尝试。其实，但凡出名之作，作为爱好者读后都不免对作品完结依依不舍，续写不计其数。

续写，就是利用已有的故事情节，展开合理的想象，推测事情接下来的发展，继续进行文学创作。这既是对学生写作能力的挑战，更要求他们在动笔前对文章有深刻的理解，了解作者的文风、故事的内容、人物的性格，这样才可让后续之文顺畅地与原文接轨。

对于指导文章续写，大家梳理出了一套行之有效的办法。

首先，续写文章要注意下面几点。

1. 根据原文情节，进行合理想象，切忌天马行空。

2. 动笔前揣摩原文（语言风格、人物性格等），再创作应与原作无缝接轨。

3. 把握续写题目要求，进行合理设想。

那么，对于怎样才能写好续写作文，我们总结出了以下几点。

1. 认真阅读原文。续写分为两种，一是续写整篇文章，二是续写某个重要情节。不论是哪一种续写，都要认真阅读现有文字。续写应以原文内容为骨，遵原文风格为纲，顺着作者的内容、风格写下去。

2. 遵循作者原有的创作思想。续写内容要和原文思想一致，不可另辟新径。如果续写内容与原文内容不符，另设一线，则不能算作续写，而是新的创作了。

3. 设计要点、勾勒框架。在创作属于自己的文章时，绘景时写下眼中所观，叙事时描摹故事经历即可，自己亲身经历胸有成竹。但续写不同，它以原文为起点，任何一点都不能与原文相悖，要周到，合理。因此，动笔前可设计提纲，有据可循，沿着自己勾勒的线索进行创作。

4. 要有修改揣摩。我们没有经历作者的故事，自然很难将自己的思路与原文搭配。因此在创作之后，要提醒学生反复阅读，修改。阅读时要原文与续文衔接在一起读，看看情节是否搭配，过渡是否自然。

5. 过渡自然。文章的后续内容最好能和前文有所呼应，衔接自然。文体自然是要相同的，人物视角也不能改变。细节之处也要注意，称呼、环境都不能改变。

（二）收获

1. 集体智慧的碰撞让组内每一位教师都欣赏了璀璨星空。

2. 对于续写的把握更加自信了。

3. 树立了正确的教学理念。

三轮的研究课结束之后，我们的教学设计已经发生了巨大的改变，老师说的少了，孩子们写的时间多了。老师对学生的束缚不见了，学生的思想更加活跃了。但细细说来，改变的岂止是我们的教学设计，更大的变化是我们自己的思想。原来，对于续写、仿写，我们唯恐避之不及，总认为这是在浪费课堂时间，影响教学进度。而将大把的力气放在固定的几篇大作文上，只在作文课上和修改文章时对学生进行写作指导。于是，学生写得累，我们教得烦。现在我们终于意识到了"写作应基于阅读"，我们不能让学生生搬硬套"写作应生动"、"描写有重点"这些所谓的写作"指南"，唯有让他们从真正的作品中体会到这样写作的精妙之处，才能使他们合理地运用起来。那么续写就是一种很好的训练方式。

现在，我们在教学前经常一起讨论，在某一篇课文中是否有可以延伸的读写结合点。这种续写的方式很受学生欢迎，同学们都乐于在课上写。小篇既成，行云流水，后面的长篇自然也会简单许多。总之，我们会继续帮助孩子们，从"要我写"走向"我要写"。

（三）有待解决的问题

回顾课例研究的过程，我们发现仍有一些问题亟待在今后的教学实践中继续思考，如行文不够连贯，习作整体意识不强，不能关注到文章前后的一致性等。另外，除了续写，我们还可以尝试进行扩写等。

我们在教学实践中发现问题，从这些问题中选择可以作为研究对象的课题，教研组教师共同合作展开研究，继而又将研究的成果运用于教学实践，以解决问题。我们已行走在研究的路上，期待着研究之路越走越实、越走越宽、越走越远。

附

《生死攸关的烛光》续写教学设计一

尹晨妍

今天我们一起进行一次作文指导——续写故事。那么什么是续写呢？下面就让我们再次走进《生死攸关的烛光》这篇课文，来为这个未完的故事续写。

一、回顾课文

课文我们已经学过了，对于那场人类历史上迄今为止规模最大的全球性战争——第二次世界大战我们无法忘记。在这次涉及 61 个国家，伤亡惨重的战争中，德国率领军队绕过马奇诺防线，进攻法国，占领了法国的半壁江山。课文就为我们讲述了一个发生在这样的背景下的故事。

1. 下面就让我们一起来回忆一下课文的主要内容，谁能来说一说？

主要内容：讲述了第二次世界大战期间，法国的一个普通家庭中母子三人是如何想办法保住情报的。

2. 让我们再次走进课文，感受那三次令人紧张而又危急的时刻。翻开书，找到相应的句子自己读一读。请看这三次危机的关头：同学读一读。

3. 在这危急关头，伯瑙德夫人一家是如何与德军周旋的呢？快速从文中找出描写母子三人动作、语言、神态的句子，体会一下。四人为一组交流。

4. 关于伯瑙德夫人，谁找到了？你体会到了她的什么精神品质？

5. 分析雅克时，提问："如果去掉这些描写性的词语，你觉得怎样呢？下面我们就以雅克为例，谁来谈一谈。"文章正是通过对人物语言、动作、神态的细致描写，展现了人物的内心世界，让我们感受到了他们伟大的精神品质。这就是描写的好处。

6. 分析杰奎琳时，提问：下面再请大家思考一个问题，如果将三个人的语言和行为调换，可不可以呢？比如，将雅克的行为与伯瑙德夫人交换？或是将小女儿杰奎琳的言行与伯瑙德夫人交换？这就提醒我们要注意，不仅描写要细致，还要准确，要符合人物的年龄特点与性格特点。

二、续写部分

本文故事情节发展到高潮处戛然而止，当杰奎琳踏上最后一级阶梯时，蜡烛熄灭了。故事还会怎样发展下去呢？请你展开想象，为课文续写故事。注意要描写得细致，准确。

《生死攸关的烛光》续写教学设计二

刘春燕

一、提出要求，明确概念

今天我们一起进行一次作文指导——续写故事。那么什么是续写呢？下面就让我们再次走进《生死攸关的烛光》这篇课文，来为这个未完的故事续写。

二、回顾课文，再次体会

(一)回顾历史，了解背景

课文我们已经学过了，对于那场人类历史上迄今为止规模最大的全球性战争——第二次世界大战我们无法忘记。在这次涉及 61 个国家，伤亡惨重的战争中，德国率领军队绕过马奇诺防线，进攻法国，占领了法国的半壁江山。课文就为我们讲述了一个发生在这样的背景下的故事。

(二)回顾描写，感悟品质

1. 下面就让我们一起来回忆一下课文的主要内容，谁能来说一说？

主要内容：讲述了第二次世界大战期间，法国的一个普通家庭中母子三人是如何想办法保住情报的。

2. 让我们再次走进课文，感受那三次令人紧张而又危急的时刻。翻开书，找到相应的句子自己读一读。请看这三次危机的关头：同学读一读。

3. 在这危急关头，伯瑙德夫人一家是如何与德军周旋的呢？快速从文中找出描写母子三人动作、语言、神态的句子，体会一下。四人为一组交流。

4. 关于伯瑙德夫人，谁找到了？你体会到了她的什么精神品质？

三、续写结尾，展开想象

本文故事情节发展到高潮处戛然而止，当杰奎琳踏上最后一级阶梯时，蜡烛熄灭了。故事还会怎样发展下去呢？请你展开想象，为课文续写故事。注意要描写得细致，准确。

《生死攸关的烛光》续写教学设计三

贺　欣

一、提出要求，明确概念

今天我们一起进行一次作文指导——续写故事。那么什么是续写呢？下面就让我们再次走进《生死攸关的烛光》这篇课文，来为这个未完的故事续写。

二、回顾课文，再次体会

（一）回顾历史，了解背景

课文我们已经学过了，对于那场人类历史上迄今为止规模最大的全球性战争——第二次世界大战我们无法忘记。在这次涉及 61 个国家，伤亡惨重的战争中，德国率领军队绕过马奇诺防线，进攻法国，占领了法国的半壁江山。课文就为我们讲述了一个发生在这样的背景下的故事。

（二）回顾描写，感悟品质

1. 下面就让我们一起来回忆一下课文的主要内容，谁能来说一说？

主要内容：讲述了第二次世界大战期间，法国的一个普通家庭中母子三人是如何想办法保住情报的。

2. 让我们再次走进课文，感受那三次令人紧张而又危急的时刻。翻开书，找到相应的句子自己读一读。请看这三次危机的关头：同学读一读。

3. 在这危急关头，伯瑙德夫人一家是如何与德军周旋的呢？快速从文中找出描写母子三人动作、语言、神态的句子，体会一下。四人为一组交流。

4. 关于伯瑙德夫人，谁找到了？你体会到了她的什么精神品质？

5. 分析雅克时，提问："如果去掉这些描写性的词语，你觉得怎样呢？下面我们就以雅克为例，谁来谈一谈。"文章正是通过对人物语言、动作、神态的细致描写，展现了人物的内心世界，让我们感受到了他们伟大的精神品质。这就是描写的好处。

6. 分析杰奎琳时，提问："下面再请大家思考一个问题，如果将三个人的语言和行为调换，可不可以呢？比如，将雅克的行为与伯瑙德夫人交换？或是将小女儿杰奎琳的言行与伯瑙德夫人交换？"这就提醒我们要注意，不仅描写要细致，还要准确，要符合人物的年龄特点与性格特点。

三、续写结尾，展开想象

本文故事情节发展到高潮处戛然而止，当杰奎琳踏上最后一级阶梯时，蜡烛熄灭了。故事还会怎样发展下去呢？请你展开想象，为课文续写故事。注意要描写得细致，准确。

在自主、合作、探究中促进学生综合理解篇章

——《白衣天使》课例研究报告①

一、研究背景

本课例选择以六年级下册《白衣天使》为载体，研究的主题为：充分落实自主、合作、探究式阅读，促进学生对人物传记类作品的篇章理解。"自主、合作、探究式阅读"主要指阅读教学中要促进学生"自主、合作、探究"的学习方式的养成，要给予学生充分的自读时间、保证交流与分享的有效性、鼓励质疑与探究。对人物传记类作品的篇章理解主要指联系文章不同部分的内容，从整体上了解人物传记类作品的事件梗概、表达顺序，进而理解传记主人公独特的精神风貌。上述主题的确定主要依据以下几个方面。

1.《白衣天使》在教材编撰中呈现出的"样本"功能决定了教学中应充分保证学生自主、合作、探究式的阅读。

《白衣天使》一文为人物传记，文章记述了护理专业的创始人南丁格尔伟大的一生。本文与描写雷锋、红军战士、苏武、南沙卫士等不同体裁的作品一起组成了"英雄"这一主题单元，诠释了对英雄的认识。教参对单元阅读要点表述为提升自读能力，了解英雄人物的高尚人格。根据王荣生对选文功能的划分，本文不宜定为"定篇"、"例文"及"用件"，而宜作为"样本"，即《白衣天使》适宜用来作为训练学生提升阅读能力的"样本"。在王荣生看来，所谓的"样本"是指学生在充分自主阅读文本的前提下，依据其自身的阅读经验，主动揣摩、发现文本的内涵，在无法自行理解或揣摩不到之处，由教师（包括教材编者）适当给予点拨与帮助。因此，《白衣天使》作为"样本"处理，在实际教学操作中一定要有效创设自主、探究、合作的教学情境，在充分保证学生自主阅读的前提下，发现学生阅读中存在的具体问题与困难，以学定教，采取相应的教学策略，提升学生的阅读水平。

---

① 本研究报告由贺欣执笔。课例研究负责人李爽，成员包括贺欣、周艳、武月红、王潇、郑君、张建刚。

2. 与第二学段（3～4 年级）阅读目标相比，"新版课标"规定第三学段（5～6 年级）阅读理解重在深入理解文字背后的隐含信息及综合理解篇章。

人物传记作为叙事类作品，"新版课标"在第二学段与第三学段的阅读标准上呈现了层级递进的上升趋势。从对字词的理解上，第二学段要求结合上下文与自己的生活积累及查字典，理解文中的生字词，而第三学段则在此基础上，要求学生对表情达意起关键作用的词句进行合理推断，体会其表达效果。从对全篇的理解上，第二学段要求复述大意，第三学段则要求对事件进行概括，并了解文章的表达顺序，进而对全文有更深入全面的理解。由此，通过《白衣天使》的教学，教师要依据学生自身的阅读水平，有目的地提升学生对隐含信息的理解及综合理解篇章的阅读能力。

3. 通过对学生自读状况的调查分析显示，综合理解篇章是突破本课教学重难点的需要。

对于六年级学生来说，理解《白衣天使》一文的内容、把握事件的梗概不难，难在理解事件背后所体现的南丁格尔与常人相异的价值选择——选择护理事业而放弃上流社会的舒适生活；难在理解南丁格尔对护理事业倾注的独特的情感与执着的精神。对于学习阅读的学生而言，本课的教学着重点是促进学生对南丁格尔的行为选择由不理解到理解再到敬佩，而这种敬佩的获得需要的是学生对南丁格尔发自内心的钦佩而非教师强行灌输。要实现这种发自内心的认同，在阅读中应要求学生一方面深入文字背后，理解细节中蕴含的隐含信息，另一方面将丰富的细节连贯成篇，综合理解篇章，进而将人物读立体、变丰满。唯其如此，才能形成对人物的真正理解。

二、研究过程与方法

（一）课例研究分工和日程安排

角色	任务	承担人	执行情况
分组研讨记录人	3 月 27 日小组活动	张建刚	良好
	4 月 26 日小组活动	张建刚	良好
分组研讨拍照人	3 月 27 日小组活动	郑君	良好
	4 月 26 日小组活动	郑君	良好

续表

角色	任务	承担人	执行情况
分组简报撰写人	3月27日小组活动	张建刚	良好
	4月26日小组活动	张建刚	良好
文本解读者	批注式文本细读	王潇	良好
	文本细读小文章	王潇	良好
	教材解读小文章	王潇	良好
学情调研者	前测初稿框架、修改过程及定稿	武月红	良好
	实施前测	武月红	良好
	前测分析报告	武月红	良好
	学情调研小故事	王潇	良好
教学设计者	教学设计初稿、修改过程及定稿	郑君	良好
	教学设计小故事	郑君	良好
课堂观察者	课堂观察初稿框架、修改过程及定稿	李爽	良好
	实施课堂观察	李爽	良好
	课堂观察分析报告	李爽	良好
	课堂观察小故事	王潇	良好
教学实施者	小组第一轮试讲	贺欣	良好
	小组第二轮试讲	周艳	良好
	小组第三轮试讲	周艳	良好
	全班汇报展示	周艳	良好
	案例式教学反思	周艳	良好
	教学实施小故事	周艳	良好
报告统稿者	文字整理	贺欣	良好
	文字排版	贺欣	良好
	统稿小故事	贺欣	良好

(二)研究主题与内容聚焦过程

1. 初次聚焦——以自主个性化阅读与阅读策略为研究目标。

关于本次校本研究的内容,在最初进行的项目需求调研中,我们组教师就开始了思考。

①我们期待在文本解读、教学设计、课堂教学技能方面得到提升。

②我们最感兴趣的是小说散文。

③我们最关注个性化阅读体验与表达。

④我们最困惑如何培养学生质疑。

经过上述思考，我们组把"阅读"作为此次校本研修的内容，将研究主题初步定位于高年级阅读策略研究及怎样在教学中体现自主的个性化阅读。

2. 再度聚焦——以《白衣天使》为载体，将研修主题确定为：寻找一种更朴实、更适切的高年级阅读教学模式。

确定了研究范围，但是具体选择哪一个主题，借助哪一课来研究？先"选题"还是先"选课"？在 2012 年 2 月 22 日开班后的第一次交流研讨中，我们几经辗转，全组未能取得一致意见，最后，我们决定还是依据教师们最熟悉的方式进行——先选课文，再根据课文定研究主题。我们全组最后达成一致，选择《白衣天使》一文。为什么选择这一课呢？《白衣天使》一文为人物传记，文章简要记述了护士专业的创始人南丁格尔伟大的一生。对于六年级学生来说，文章的内容并不难，学生大都能读懂。但是，学生对这样的文章并不十分感兴趣，原因是本文不像文学类文本那样，或故事性强，或语言生动优美。如何激发学生阅读人物传记的兴趣，如何寻找适宜的教学策略，引导学生体会传记人物所具有的独特人格与高尚品质，丰富学生的精神世界，这是摆在我们面前需要解决的问题。

确定好具体课文后，我们再次追问：通过这篇课文，我们想在哪些方面有所突破，尝试改变？2012 年 3 月 20 日下午，全体六年级组语文教师李爽、王潇、张建刚、武月红、郑君、贺欣、周艳与来自教育学院的卢杨老师开展了实践环节的第一次教学研讨活动。研讨活动主要围绕《白衣天使》一文展开。首先贺欣老师按照常规教学，提出自己关于这一课的教学设想，这一常规的教学设计引发了诸位教师的异议，上述教学设计是依据某些模本来备的，但是像《白衣天使》这类文本，需要像某些经典文篇那样面面俱到地讲吗？对于六年级的学生来说，本文并不难，学生一定能读懂，在这种情况下，教师教什么？在共鸣中，大家一致将本次研究主题确定为：寻找一种朴实的适切的高年级阅读教学模式——以传记类文本为例。我们纷纷感到，教学不能人云亦云地跟风，要依据文本特色、依据学生特点把握教学规律。传记类作品没有样板范例可寻，但却激起我们六年级组全体教师的研讨兴趣，因为无论好教还是不好教，都是语文课堂的教学内容。这就是我们教学中的真问题。

　　3. 在反复实践与追问中，廓清目标——实现在教学内容与教学方式上的突破。

　　在随后展开的多种形式的教学实践中，我们始终朝着一个最终目标努力：以《白衣天使》一文为载体，突破原有的想当然的教学模式，寻求更适合学生需要的阅读教学模式。这种教学模式在教学内容与教学方式上要做出如下突破与改进：一是实现自主、合作、探究的学习方式，把课堂真正还给学生；二是将学生的阅读理解能力由字面推进到字背、由段落推进到篇章的连贯理解。

三、研究结果

　　六年级语文组全体教师在《白衣天使》课例研究中历经三个阶段，这三个阶段分别是："全新的革命"期；新思维、新工具的介入期；寻找属于自己的课堂教学模式期。

（一）"全新的革命"——贺欣老师第一轮研究课

　　1. 授课突破点

　　在对六年级学生学情分析及文本解读之后，贺欣老师进行了第一轮授课，全体六年级组语文教师参加。本次授课的突破点是充分保证学生的自读时间，一节课学生自读书达 20 分钟；教学环节化繁为简，主要设计为两个活动。环节一：默读课文，谈谈哪个画面或情节最让你感动？学生交流、汇报。环节二：出示自学提示，"小声读文，作为伟人、英雄，南丁格尔的伟大表现在哪里？请你在文中找出关键词，将它们联系起来，体会南丁格尔的伟大。"小组合作学习，交流感受。

　　2. 教学反思

　　①激发了学生的主动性，让高年级的课堂也可以很活跃。

　　②通过训练，将学生思维的程度引向深入。

　　但是对于这次大胆的尝试，还是有许多不足之处。

　　①如何促进学生建立篇章理解，教师在教学中缺少方法性的引导。

　　②对于文章中情感的渗透关注得不够。

　　在课堂上，面对这种全新的、对学生而言具有挑战性的问题方式，孩子们完全沉浸其中，每个学生都在认真思考，联系上下文去挖掘自己所找到的词语的内在联系，这是这堂课最成功的地方。

3. 课堂观察

①学生自主阅读时间确实很充分，有一位男生与女生边读边画边批注，至少在 15 分钟以上。

②因为课文学习前学生在书上已画出太多的词，所以再画词，学生都不知道用不同的笔区别开来，不如让学生拿出纸写下来。

③小组合作组织不太完善，6 人一组，人数过多，实际上是两人一组在交流。学生也缺少合作的规则。

④当小组汇报时学生不善于倾听，也不善于发现别人信息中与自己重叠及不同之处。

⑤优秀学生在教师点拨下闪现出智慧，起到引领作用。

4. 改进要点

①自主读书的方式要保持。

②小组合作要保持，但还需要改进。

③建立篇章联系继续坚持，但要给学生更明确的引导。

④尽量保持课的完整性。

(二)新思维、新工具的介入——贺欣、陈晓波老师第二轮研究课

1. 授课突破点

陈晓波博士引入"思维导图"作为思考及阅读策略，以进一步完善贺欣老师课上留下的遗憾——坚持帮助学生建立篇章联系，为学生提供更细致、更明确的思维路径，并提供明确的示范。加强引导作用，使小组合作更加完善、有效。

2. 课堂观察

①学生自读时间很充分，自读时做到了边读边写边思考。

②因为有了思维导图做工具，教师提供示范，同时给学生提供单独的作业纸，这一环节的设计与实施使文本细读及建立篇章联系得以落实。

③教师示范明确有效。

④小组合作改为两人一组更为有效，学生可以互相补充。

⑤无法照顾到每一位学生。

3．教学反思

①思维导图将学生对文本的理解和与文本互动的过程以清晰直观的可视的图画呈现出来，这个过程可以充分调动学生的左右脑，帮助提高学生的逻辑思维能力和概括能力。

②思维导图有利于激发学生的学习兴趣，提高学生的自主能力。

③思维导图帮助学生将自己的阅读过程用图外化表达，教师可以了解每个学生理解文本的思路，为有效指导提供依据。

④思维导图作为工具，有助于自主、合作、探究的课堂教学模式的生成。

4．改进要点

①自主读书的方式要保持。

②小组合作很有效，可以坚持。

③思维导图对于篇章联系的具体化、可视化很有效，但对教师点拨、引导提出了巨大挑战，这是下一次课需要改进的地方。

④本次课继续延续"如何深入解读文本，将文本读立体；如何建立篇章联系"这一研究主题。

（三）寻找属于自己的课堂教学模式——周艳老师的多次试讲与汇报课

教师的教学最终还是要回归到教师自身对教学的理解及创造上，在吸收诸多新理念后，周艳老师在教学中始终坚持寻找既吸收上述研究课中的合理部分，同时又发挥自己教学优长的一种属于自己的课堂教学模式。

1．授课突破点

①延用思维导图，强调目的是为了建立信息之间的关联。

②示范更加清晰。例如在实施教学活动时，就联系上下文和自己的生活经验，认真体会"南丁格尔是怎样的一个人"这一问题，周艳老师做出以下示范。"比如我选择了她当护士这件事。在这一段中，我找出的重点词语有'家境优裕、良好教育、毅然'，把这些重点词句写在这，从这些词句中我体会出南丁格尔是一个意志坚定的人，把你体会出的人物性格特点写在这。是这三个词语联系起来使我有了这样的体会，要把这三个词用横线连起来，明白了吗？"

③小组合作要求更加细致，更加有效。下面是周艳老师的小组活动细则。"在小组内交流各自的思维导图。选出一个你们最认可的，大家一起用红色笔帮他补充完善。全班交流要求：一人投影；一人读课文中的句子；其他两人

谈体会。"

④运用师生接读的朗读手段强化学生的情感体验。以下是其中的教学片断。

师导语引读：因为超负荷的工作无法阻止南丁格尔——

生读原文接读：每天夜晚提着风灯巡视病房

师导语引读：不屑的目光无法阻止南丁格尔——

生读原文接读：每天夜晚提着风灯巡视病房

师导语引读：讽刺的话语更无法阻止南丁格尔——

生读原文接读：每天夜晚提着风灯巡视病房

师：南丁格尔就这样提着灯，走过一间间病房，看望一个个伤员。因为南丁格尔的心中始终有一个信念，那就是——"他们是人，是兄弟"。她始终践行着一个信念那就是——"他们是人，是兄弟"。

⑤通过梳理南丁格尔的人生脚步，强化对人物精神的理解。以下为教学片断。

其实，南丁格尔的脚步一刻也没有停留。1837年，她不顾父母的反对，毅然选择了当护士；1853年，她主动申请担任伤员的护理工作；1860年，她创建了南丁格尔护士学校……三十年间，她培养了一千多名学员；1901年，她双目失明，仍然念念不忘护理专业，不断地接见来访者，宣传她的思想和主张。

2．课堂观察

①学生大段时间安静读书画词语，将信息填写在思维导图中。

②小组合作指导细致有效，学生用红笔补充完善小组另一个同学的导图。

③小组合作中的观察：组内交流存在的问题是学习不懂信息分享与合作，即相同的观点要保留，不同的观点可以补充。这点还需要进一步指导。

④学生学习困难观察：学生在词语的表层打转，对语句推断的合理理解是难点。比如，学生关注到了"直视、严肃"等词语，但是推不出表达什么意思。同样几位同学都找到了"他们是人，是兄弟"这句话，但是推断的方向不一致，有的说是尽职尽责，有的说是尊重伤员、有爱心，有的学生指出她对工作一丝不苟。到底哪一个更精准，这里还需要细致的指导。

3．专家点评

①改变了传统的讲授式的教学模式，大胆创新，引入思维导图，充分调

动了学生学习的主动性。

②课堂学习建立在学生自学的基础上。老师给予学生充分的自学时间，没有用自己的讲解代替学生的自学体验。

③重视学习方法的指导。课上，老师将每一个环节的学习方法都细心且耐心地传授给学生，使学生有法可依。

④学生交流时，老师能够适时点拨。课上，学生发言时，老师能够捕捉到学生发言的信息点。学生谈得很好的地方，老师能够及时给予肯定；学生没有说到位的地方，老师引导学生继续深入思考；特别是学生说得不对的地方，老师能够指出学生的问题，帮助他纠正，使学生在课上有所提高。

⑤不足之处是小组与小组之间没有碰撞。在交流时，只注重了小组的内部交流，而外部的交流欠缺，因此，没有引发全班学生的思维碰撞。

⑥小组分工应更加合理。在小组汇报时，应让学生表达自己的想法，先自己读课文，然后再说体会。

4. 改进要点

①继续完善自主、合作、探究的学习方式，小组合作还有提升的空间。

②思维导图只是帮助学生建立篇章联系的一种手段，不是篇篇必用，也不是篇篇唯用，只要是能帮助学生提升对文本深层信息的把握及整体结构的构建的有效手段，都可以用。

四、分析与讨论

（一）对于高年级人物传记类文本阅读教学模式获得了新认识

就《白衣天使》这篇典型的人物传记而言，学生根据已有认知是完全可以读懂的。但是怎样将人物的精神品质深入到学生内心深处？怎样使人物更加丰富、立体？怎样有效地调动起学生对人物传记类文本学习的积极性？是我们亟待解决的问题。我们六年级组的课例研究始终锁定一个目标，即寻找适宜的小学高年级人物传记类文本阅读教学新模式，我们尝试在教学内容与教学方式两方面进行探索，一是帮助学生建立篇章联系，一是创设自主、探究、合作的学习情境。我们的研究课始终朝着这两个具体目标努力。回顾三个阶段的讲课，贺欣老师的初探可谓是一种激情的改革，突破了原有的教学模式，给了学生一种全新的互动体验；陈晓波老师的第二次试讲，则是对新理念、新工具的一种理性的改革，充分地调动了学生的积极性；最后的展示课上，周艳老师则是回归到一种师生彼此认同的教学模式上，整堂课自然流畅。课后我们进行了深入的反思，对于小学高年段人物传记的学习，每个学生都有自己的理解，完全可以设计一个大问题，给学生充分的时间去阅读文本，在文本中找到体现人物精神的词语，通过对全篇文章的理解，使词语之间建立某种联系，来凸显人物形象的成长经历，使人物能够更加生动、立体，而这个过程正是学生个性化行为的体现。

(二)在"真研究"中明确小学高年段阅读教学的重点，提升自己的学科教学知识

这个学期的课例研究，使我们能够潜下心来，就一个问题进行深入的探究，以课程标准研读为例，平时研读课程标准，尽管已经将每个学段课程标准的要求烂熟于心，但真正应该如何运用到我们的课堂中去呢？没有更深的实践与思考，但是在这一次的研讨中，在项目组指导教师的引领下，我们重新"真研究"了课程标准，并落实到了实践中。对于小学高年级的学生来讲，课堂训练的着眼点应该由原有的词语、句、段，过渡到篇章的概念上来。也就是说，要在学生头脑中形成一个整体的概念，能够从某一个局部联系到文章的另一个局部，两部分或多部分联系起来分析，在这样的训练中，使学生的思维不是只停留在表面，而是引向深入。当然随着年级的升高，课本中的文章，学生都能明白讲的是什么，但如何更好地去品味其中的语言文字以及文章的情感，就需要老师借助一些工具性的手段(如思维导图)来调动学生的积极性。学生能够主动参与其中，才能够主动思考。只有在这种主动的氛围中，我们的课堂才能更加灵动、鲜活。我们学生的语言表达和思维水平才能得到真正的提升。

(三)了解了思维导图这个新工具，并将其运用到课堂中，帮助学生建立篇章联系

1. 思维导图的定义

思维导图是发散性思维的表达，因此也是人类思维的自然功能。这是一种非常有用的图形技术，是打开大脑潜力的万能钥匙。思维导图可以应用于生活的各个方面，根据它改进后的学习能力和清晰的思维方式会改善人的行为表现。①

---

① 　东尼·博赞，巴利·博赞. 思维导图. 叶刚，译. 北京：中信出版社，2009.

2. 思维导图的基本特征

(1)注意的焦点清晰地集中在中央图像上。

(2)主题作为分支从中央图像向四周放射。

(3)分支由一个关键图像或者印在相关线条上的关键词构成，比较不重要的话题也以分支形式表现出来，附在较高层次的分支上。

(4)各分支形成一个相互连接的节点结构。①

3. 思维导图的制作

用一个中央图画，而不是一个中心词，可以发挥思维导图的全部潜力，只要有可能用图的地方就用图，而不用词汇。把词汇和图形这两个皮层技能合并起来，可以使智力翻番，特别是当你制作自己的图形时。

思维导图以一种与众不同和独特有效的方法驾驭全部的皮层技能——词汇、图形、数字、逻辑、节奏、色彩和空间感。这样做的时候，它会给你畅游大脑无限空间的自由。②

五、改进与建议

本次《白衣天使》的课例研究，虽然进行了多达 8 次的研磨和试讲，但是在课堂的呈现中依然存在一定的问题，针对这些问题，我们进行了深入的思考，提出了一些改进的措施，具体如下。

(一)防止"思维导图"运用的僵化，同时注重理性分析与情感体验的完美融合

课堂中对思维导图的引入，将学生的思考过程呈现得很清晰，但是这种理性的分析和思考妨碍了学生情感的抒发，因此，课堂上学生缺少了读书声，缺少了情感的表达。针对这一问题，我们决定采用如下措施让学生汇报：汇报前，先朗读事件的相关段落，分析时，谈完自己的理解后要将自己谈的语句有感情地读出来。这样，课堂上既有理性的分析，又有感情的表达，使情和理有机地相融在一起。

(二)继续完善自主、合作、探究的学习方式

1. 组内的分工需要更加细致和合理。在全班交流时，出现了这样的情

---

① 东尼·博赞，巴利·博赞. 思维导图. 叶刚，译. 北京：中信出版社，2009.

② 同上。

况：由于有些句子不是谈体会的那个同学找到的，因此，他在与全班交流时不能很清晰地表达。针对这样的问题，我们改变了小组学习提示中的要求：一人投影；其他人结合课文中的句子谈出自己的体会。这样，学生自己读句子，自己谈想法，更加符合其学习规律。

2. 小组之间需要交流碰撞。在课堂交流时，只注重了小组的内部交流，而外部的交流欠缺，因此，没有引发全班学生的思维碰撞。基于这个问题，我们也做出了改进，课堂上放慢教学的进度，在学习完一件事情后，可以让其他小组进行补充，这样，使小组与小组之间有了交流的时间，更能将事件学透，将人物理解深入。

参考文献：

1. 王荣生. 语文科课程论基础(第二版). 上海：上海教育出版社，2003.
2. 谢锡金. 儿童阅读能力进展. 香港：香港大学出版社，2005.

附

一、《白衣天使》教学设计

《白衣天使》教学设计一

贺　欣

环节一

1. 默读课文，请你谈谈哪个画面或情节最让你感动。

2. 学生交流、汇报。

环节二

1. 出示自学提示。

小声读课文，作为伟人、英雄，南丁格尔的伟大表现在哪里？请你在文中找出关键词，将它们联系起来，体会南丁格尔的伟大。

2. 小组合作学习，交流感受。

《白衣天使》教学设计二

贺　欣　　陈晓波

1. 导入

今天，我们继续来学习这篇课文，请同学们齐读课题。

2. 活动一

在深入学习课文之前，我们先来做个活动热热身。（幻灯片）

看到护士这个词你会想到什么？（工作的环境、地点、接触到的人群、工作的范畴）

谁能结合自己的亲身经历，讲一讲你和护士之间的故事？

3. 活动二

看到南丁格尔这个名字，请你回忆课文内容，联系上节课的学习，写出课文围绕南丁格尔讲了哪几件事？（幻灯片）

两个人交流一下，如果你写得不全面请用第二种颜色的笔补充你的"南丁格尔图"。谁来汇报？（指名说）

4. 活动三

在"我的视角"里，丁丁说了这样一句话："事迹"和"奇迹"意思不同，但都能用在南丁格尔身上。(幻灯片)首先我们来探讨一下"事迹"和"奇迹"这两个词分别是什么意思，有什么不同。你可以借助你的词典。(指名说)

南丁格尔的这些"事迹"为什么可以被称为"奇迹"？请以画图的方式来展示你的理由。示例讲解。

请同学们参看学习提示，继续填充自己的"南丁格尔图"。

小组交流。(先看一下小组交流提示)

汇报反馈。

总结：课文学到这里，谁能说说南丁格尔为什么能创造"奇迹"？可以说，南丁格尔的一生就是奉献的一生、执着的一生、奇迹的一生。现在，在你的心中，这是怎样的南丁格尔？

5. 拓展

你觉得，古今中外和南丁格尔相当的人物还有哪些？和南丁格尔相当的女性呢，有哪些？

6. 作业

推荐阅读《南丁格尔》。

《白衣天使》教学设计三

周　艳

一、导入

1. 今天，我们继续来学习这篇课文，请同学们齐读课题。

2. 上节课我们初读了课文，归纳出了文章的主要内容，请你联系上节课的学习，回忆课文围绕南丁格尔讲了哪几件事。

3. 课文围绕南丁格尔重点讲了这样四件事(具体说明)。在小组合作之前，先请同学们交换意见，达成共识，确定打算深入学习的一件事。

4. 反馈：确定好了学习事件，我们先来看自学提示。

二、深入学习课文，体会人物品质

(一)选择事件，自学课文

请同学们看自学提示，自己读一读。

1. 默读小组所选事件的相关段落，找出重点词句，并联系上下文和自己的生活经验，认真体会南丁格尔是怎样的一个人。

2. 将信息填写在思维导图中。

怎样填写信息，请同学们看示例。

比如，我选择了她当护士这件事。在这一段中，我找出的重点词语有"家境优裕、良好教育、毅然"，把这些重点词句写在这，从这些词句中我体会出南丁格尔是一个意志坚定的人，把你体会出的人物性格特点也写在这。是这三个词语联系起来使我有了这样的体会，要把这三个词用横线连起来，明白了吗？

（二）小组交流学习成果

很多同学已经完成了，下面进入小组交流阶段，先看一下小组交流提示。

1. 在小组内交流各自的思维导图。

2. 选出一个你们最认可的，大家一起用红色笔帮他补充完善。

3. 全班交流要求：一人投影；一人读课文中的句子；其他两人谈体会。

（三）全班反馈

事例一：

这一组同学抓住这些词句体会出了南丁格尔是一个这样的人，更难能可贵的是他们还能联系下文的句子谈自己的理解。很好，还有没有同学要对第一件事情进行补充？

预设：只有父母反对她吗？她还遇到了什么阻力？

谁能结合下文中提到的当时人们对护士这个职业的态度谈一谈？

（有理想、抱负远大、志存高远、信念坚定）

小结：南丁格尔选择当护士不是为名，也不是为利，只因为她有这样崇高的理想和坚定的信念。

过渡：有了这样的选择，她马上开始了自己的脚步，我们接着交流下面的故事。哪一小组来？

事例二：

这一小组重点抓住人物的神态和语言谈了自己的理解，有没有想为他们补充的？

在这一段文字中，南丁格尔的这句话也深深地打动了我。在少校的冷言冷语中，她能够直视着少校的眼睛说——师导语引读，生接读：

面对受伤的士兵，她安慰道

面对与她并肩作战的护理人员，她鼓励道

面对自己，她更加坚定地说

此时此刻，从南丁格尔的话语中，你能感受到她对战士的这种爱是一种什么爱吗？她能够放低自己的身份和地位，把受伤的战士称作和自己有血缘关系的兄弟，这种爱是一种什么样的爱？（博爱　大爱）

过渡：她不仅是这样说的，也是这样做的——我们继续交流。

事例三：

你们能够联系上文，通过数字的变化、病房条件的变化谈出自己的感受，真是细致！还有补充的吗？（尽职尽责）

请同学们一起看第十、十一两个自然段，在这两段中，作者对南丁格尔的正面描写很少，而是写了士兵亲吻她的身影、五十年后重逢时朗诵歌颂她的诗篇，以及马克思的通讯，这种写作方法叫什么？有什么作用？

小结：作者这样写正是为了突出她对战士的关爱、对工作的尽职尽责。

师生接读：因为超负荷的工作无法阻止南丁格尔——

生：每天夜晚提着风灯巡视病房

不屑的目光无法阻止南丁格尔——

生：每天夜晚提着风灯巡视病房

讽刺的话语更无法阻止南丁格尔——

生：每天夜晚提着风灯巡视病房

小结：南丁格尔就这样提着灯，走过一间间病房，看望一个个伤员。因为南丁格尔的心中始终有一个信念，那就是——"他们是人，是兄弟"。她始终践行着一个信念那就是——"他们是人，是兄弟"。

过渡：当面对人们的赞许和优厚的物质待遇时，她再一次进行了选择——

事例四：

你们抓住这些词语谈出了她回国后做出的贡献。还有小组补充吗？（无私奉献）

小结：此时的南丁格尔将自己的护理对象由受伤的战士扩大到了全人类、全世界，从这一点上我们更能体会到她的博爱思想。

过渡：其实，南丁格尔的脚步一刻也没有停留。

1837 年，她不顾父母的反对，毅然选择了当护士；

1853 年，她主动申请担任伤员的护理工作；

1860 年，她创建了南丁格尔护士学校；

……

三十年间，她培养了一千多名学员；

1901 年，她双目失明，仍然念念不忘护理专业，不断地接见来访者，宣传她的思想和主张。

三、仿写

我们一起学习了有关南丁格尔的事迹，此时你对南丁格尔肯定也有了自己新的认识，请你仿写几句话来赞美南丁格尔。

四、小结

南丁格尔的一生是追求的一生，更是奉献的一生。家境优裕的她毅然选择了做护士，并成功地把护理工作从污水般的社会底层提升到了受人尊敬的地位。她不仅成为了一个真正的护士，还勇敢地做了战地女护士，并一步步地把护士变成了真正的天使，给全世界的人们带来了幸福与温暖，所以这篇课文的题目叫《白衣天使》，让我们把她的名字牢牢印在心底。

二、《白衣天使》教学反思

让我欢喜让我忧
——《白衣天使》教学反思

贺　欣

《白衣天使》是一篇人物传记体的文章，记叙了家境优裕、跻身上流社会的南丁格尔不顾父母反对投身当时只有一些粗陋的老龄女人担任的护士工作。她奔赴前线，独自开拓现代战地护理事业；她成立护士学校，培养了一千多名优秀人才。她开创了现代护理专业的伟大事业，对整个人类来说是一项空前的贡献。

将这篇文章放在"英雄"这个单元主题下，旨在让学生体会南丁格尔对护理事业的热爱及其无私奉献的精神，而更多的是想通过文章中所描述的南丁格尔的事例，体会她一生的伟大。所谓人物传记是对典型人物的生平、生活、精神等领域进行系统描述、介绍的一种文学作品形式。这篇文章的难点也就是要使学生知道人物传记的阅读方法是什么，如何将人物每个阶段的事例串联起来，从整体上去感知人物的精神品质。这是阅读人物传记的方法，更是高年段学生应该具备的联系局部、立足全篇的阅读能力。

基于对本篇文章的重难点分析以及学生的学情分析，在教学过程中，我首先让学生对该人物有一个感性的认识，找到课文记叙的几件事情中，最让自己感动的画面。然后通过抓住重点词、句体会南丁格尔的伟大表现在哪里，但是要求所找到的词语要前后发生联系，并能将它们串联起来，谈谈自己的感受。

虽然只有短短的40分钟，但这40分钟，对我来说是一种突破，是一种全新的革命，因此在课前和课中，都是一种忐忑的心情。课后，回顾这堂课，真是让我欢喜让我忧，欢喜是因为在这种突破原有教学模式的课堂上，我有所收获和触动；忧的是这种模式最终让学生得到了什么，对课文的理解和把握是否可以更深入？

下面谈谈这节课上自己的收获和触动。

1. 激发了学生的主动性，让高年级的课堂也可以很活跃。

课堂上，一改以往的入课方式，不是回忆文章中讲了几件事，而是根据人物传记的特点提出：请谈谈最让你感动的画面。对于这样感性的问题，学生可以充分地表达自己的认识，各抒己见。在同学们的发言中，对文章的内容进行了回顾，课堂气氛非常活跃。

2. 通过训练，将学生思维的程度引向深入。

以往的教学中，更多的是让学生抓住重点词语，体会人物的精神品质。而这堂课上，找出体现南丁格尔伟大的词语只是第一步，接下来还要求学生将这些词语勾连，使它们成为一个系统。通过这样的训练，可以使学生的目光不仅仅停留在一个词或几个词上，而是会深入的思考、挖掘，将所找到的词语进行加工、整理，从而体会人物精神的伟大。在这个过程中，学生的思维由简单逐渐走向深入，由单一层次思考不断走向多层次思考。

课堂上，面对这种全新的、对学生而言具有挑战性的问题方式，孩子们完全沉浸其中，每个学生都在认真思考，联系上下文去挖掘自己所找到的词语的内在联系，但是对于这次大胆的尝试，还是有许多不足之处：其一，高年段的学生应该具备篇章的概念，在整个教学中，我们也力求让学生在所找到的词语之间建立联系，形成人物成长的轨迹，突出人物一生的伟大，但当学生找到的词语，一个个出现在黑板上的时候，学生找到的词语和词语之间的联系，只是个别的表现，比如死亡率由42％降低到2％，这种变化体现出了南丁格尔所做出的巨大贡献。但是当学生找不到词语之间的联系时，我其实也没有找到一个更加合理的角度引导学生，将这些词语整合，形成一条完整的线。对于整篇文章的理解也没有落到实处。课上完了，学生是否能够从南丁格尔一生的发展轨迹去体会她的伟大呢？我不能肯定。其二，课堂上，只关注了方法的指导，怎样抓词语，怎样找到词语之间的联系；然而对于文章中情感的渗透关注得还不够，例如找到词语后，有感情地朗读，找到词语之间联系的部分，也可以采用不同方式的读来深入地体会，这些在课堂上都没有体现。

总而言之，虽然这堂课还有许多需要改进的地方，但细细思考，还是喜大过忧的，因为通过这种突破性的尝试，让我在课堂上看到了学生的变化，也让我的观念得到了更新，更让我明确了在今后的语文课堂中，应该朝着怎样的方向去努力。

在"组织"和"引导"上有为
——《白衣天使》教学反思

周　艳

《白衣天使》一文讲述了南丁格尔在护理事业上做出的杰出贡献和取得的伟大成就，向人们展示了一位执着、坚毅、勇敢、无私无惧、用爱心和恒心为伤者带去福音的白衣天使的伟大形象。

教学本课时，我用了两课时。在第一课时，首先采用了自由诵读的方式，让学生用自己喜欢的方法读文，解决文中的重点词语。再采用默读的方法让学生从中了解课文内容，然后组织学生小组交流，说一说课文写了南丁格尔的哪些事迹。在解决这个问题时，我引导学生找出课文中的关键语句来说，概括能力好的可以用自己的话来说。这样为下面用三百字介绍南丁格尔的事迹这一教学环节奠定了基础。

在执教《白衣天使》第二课时时，基于对学生前测的分析，我精心设计了每一个教学环节。

一、课上精心组织课堂

在《白衣天使》的教学中，我设计了"回忆主要内容——浏览质疑，整合问题——自学批注——小组交流——全班交流"的学习流程，针对每一个学习环节，分别提出了明确的学习要求。比如，"自学批注"环节的学习要求是："找出重点词句，联系上下文和自己的生活经验，认真思考并体会'南丁格尔是怎样一个人'，简单批注。"又如，在"小组交流"后，我通过清晰示范，引导学生用思维导图呈现小组合作学习的成果。这些细节的考虑，都是基于我对"学习活动的组织者"这一角色的清晰认识。

二、细微处悉心引导学生

作为"学习活动的引导者"，在学生围绕主问题交流阅读感受和理解时，我并没有一味地肯定，而是认真倾听学生的发言，相机点拨并指导。如，当学生结合现实生活中成名的偶像往往毫无节制地追求物质享受，买别墅、名车来体会南丁格尔"婉拒"一切物质待遇的高尚举动时，我及时给予肯定。又如，当学生说"南丁格尔不像我们现在有些名人那么得瑟"时，我引导他用雅致的书面语来表达自己的阅读感受，等等。

三、尊重学生的学习和体验

"新版课标"在阅读教学建议中，明确地指出："阅读是学生的个性化行为。阅读教学应引导学生钻研文本，在主动积极的思维和情感活动中，加深理解和体验，有所感悟和思考，受到情感熏陶，获得思维启迪，享受审美乐趣。要珍视学生独特的感受、体验和理解。教师应加强对学生阅读的指导、引领和点拨，但不应以教师的分析来代替学生的阅读实践，不应以模式化的解读来代替学生的体验和思考；要善于通过合作学习解决阅读中的问题，但也要防止用集体讨论来代替个人阅读。"

谨记"新版课标"中的教学建议，在执教《白衣天使》第二课时时，入课后，在回忆主要内容的基础上，我迅速抛出主问题，并留给学生近15分钟的时间自读课文并思考解决。40分钟的课堂上，我尽量多的留给学生自主的阅读时间、自主的阅读机会和自主的阅读权力；在交流体会时，我允许学生畅谈自己的阅读感受。如有的同学认识到，把南丁格尔称为英雄，是因为她有着坚定的信念，并且这种信念贯穿了她一生的事业，父母的反对、社会舆论的压力没有动摇她做护士的理想，少校的嘲讽没有使她放弃战地护士的工作，每天七公里的巡视路程没有使她退缩，甚至双目失明了，她也没有停止工作。有的学生则认为，把南丁格尔称为英雄是因为她成就卓越，她改善了病房条件，使伤员死亡率由 42% 降到了 2%，她改变了人们对护士的看法，她创建了护士学校，为全世界的人们带来了福音，等等。当学生立足全篇侃侃而谈时，作为他们的语文老师，我非常欣慰，也颇为自豪。

这节课的尝试，让我深刻地认识到：在确定了合宜的主问题后，只要给学生充足的自读时间，学生一定能读出自己的感受、体验和理解；而且，这样做既达到了我们的教学目的，又训练了学生的语言组织能力和口语交际能力，还减轻了教师的负担，是一举三得的事，我们何乐而不为呢？

以课堂教学践行课标理念
——以《白衣天使》为例

陈晓波 周 艳

历经十年实践检验、八年反复修订，《义务教育语文课程标准（2011 年版）》（以下称"新版课标"）终于在 2012 年 1 月正式出版发行。"新版课标"描述了学生学习语文课程必须达到的基本要求。这些基本要求是语文教学的底线。作为一名一线语文教师，我们不仅要深谙课程标准在修订中的"坚持"与"变化"，知其然，知其所以然，更要以课堂教学践行"新版课标"的基本理念与基本要求。

课堂教学是一种有目的、有计划、有组织的教师的教和学生的学交互作用的共同发展过程，是学校教学活动的主要形式，也是实现教育目的、提高学生素质的最基本途径。课堂教学过程由诸多教学因素构成，存在着错综复杂的各种关系。简单而言，无论是设计还是实施，课堂教学都必须慎重地处理教学目标、教学内容、教学策略、教学评价四个方面的基本问题。

下面，就以北师大版小学语文教材六年级下册第三单元"英雄"中的《白衣天使》为例，阐述如何以课堂教学实践落实"新版课标"的基本理念及要求。

一、立足文本，教师要有文体意识

"新版课标"在"学段目标与内容"方面，根据各个学段学生的阅读心理特点安排了不同的阅读内容，同时也针对不同的阅读内容提出了不同的阅读要求。就第三学段而言，提及的阅读内容有：叙事性作品、诗歌、说明性文章、简单的非连续性文本等。因此，在教学中，教师要有意识地根据不同阅读内容的特点，有针对性地教学，即教师要有"文体意识"。

《白衣天使》显然是一篇叙事性作品。"新版课标"在第三学段的"学段目标与内容"中明确指出:"阅读叙事性作品,了解事件梗概,能简单描述自己印象最深的场景、人物、细节,说出自己的喜爱、憎恶、崇敬、向往、同情等感受。"根据课程标准的这一要求,我们将"学习南丁格尔的主要事迹,感受南丁格尔的英雄形象"作为教学目标之一,引导学生围绕南丁格尔的主要事迹,结合课文中的重点词语,联系上下文和生活经验,感悟南丁格尔的精神品质。

需要强调的是,这里所说的"文体意识",不是区分所谓的记叙文、议论文、说明文,而是指教师要根据具体文本的特点,针对不同的阅读内容实施不同的教学要求。同时,教师要有文体意识,并不意味着要教文体知识,而是重在引导学生在自己的阅读实践中充分感受风格迥异的文章样式。

二、尊重编者,备课要有单元意识

"阅读教学是学生、教师、教科书编者、文本之间对话的过程","新版课标"在"教学建议"中如是说。与 2001 年的实验稿相比,它增加了"教科书编者"这一新的对话主体,凸显了"教科书编写者"在阅读教学中的角色。这也就意味着,我们在教学中,"应认真钻研教材,正确理解、把握教材内容"。具体至阅读教学,我们要认真思考并揣摩:这篇课文为什么编排在这个单元?这篇课文在单元中独特的教学价值是什么?如果课文是在原文基础上修改的,那么编写者为什么会做这样的修改?

《白衣天使》这一课被编排在六年级下册"英雄"这一单元。围绕着"英雄"这个核心词语,编写者精心选编了《你,浪花的一滴水》《金色的鱼钩》《白衣天使》三篇主体课文以及《苏武牧羊》《南沙卫士》两篇拓展阅读课文。历数这一单元中的英雄:既有个体英雄,如雷锋、老班长、苏武、南丁格尔,也有群体英雄南沙卫士;既有古代英雄的光辉形象,如苏武等,又有现代英雄的平凡生活,如雷锋等;既有气宇轩昂的男性英雄,又有"巾帼不让须眉"的女性英雄,如南丁格尔等。这些包容中外、跨越古今的英雄形象,以其平凡却又伟大的事迹,向我们展现了丰富、深邃、崇高的精神世界。因此,学习这个单元的课文,教师应引导学生通过品味语言文字,了解英雄、崇尚英雄,在阅读中、讨论中提升对"英雄"的认识。

在教学《白衣天使》这一课时,我们紧紧把握住"英雄"这一单元主题,设计了"为什么南丁格尔可以被称为英雄"这一主问题,引导学生贴着语言文字行走,抓住关键词语,畅谈自己的崇敬、喜欢、疑惑等,在对话与交流中感受南丁格尔的伟大。

三、把握篇章，兼顾内容与形式

同一篇课文，不同的语文教师执教，课堂上呈现的教学内容可能是截然不同的。这是语文教学中常有的事情。语文教学内容的随意性可谓是社会各界质疑语文教师专业身份的重要原因之一。我们欣赏百花齐放、不拘一格的语文课堂，但同时，也必须坚守语文教学的底线——课堂教学内容必须符合基本的学段要求，契合学生语文能力的发展规律。

在第三学段的"学段目标及内容"中，"新版课标"明确指出："在阅读中了解文章的表达顺序，体会作者的思想感情，初步领悟文章的基本表达方法。"如果说理解内容、体验情感是解决作者"写什么"的问题，那么"了解"表达顺序、"初步领悟"文章表达方法则是学习和借鉴作者"怎样写"的问题。从阅读的层次上说，这一要求更高一些。与第一、第二学段的阅读目标及内容相比，我们发现，这一条要求正是第三学段特有的。综合来讲，第三学段的阅读教学要求，必须立足于篇章，兼顾内容和形式。

1. 关注"事迹"与"奇迹"，体会传主的独特性。

具体到《南丁格尔》这一课，内容上的关注点无疑是传主南丁格尔一生的主要事迹及其崇高的精神。本课主问题的设计，正是引领学生把握整篇文章的主要内容，前文对此已有阐述，这里不再赘述。

此外，对文章内容的深刻理解，还可以结合"我的视角"栏目中丁丁的观点："'事迹'和'奇迹'意思不同，但都能用在南丁格尔身上。"首先，引导学生浏览课文，梳理传主南丁格尔一生的事迹；进而，立足全篇，借助主问题，引导学生将她一生的事迹联系起来，从而感受这个平凡女子对世界卫生事业的杰出贡献，感悟这位巾帼英雄的伟大与崇高。

2. 兼顾"顺序"与"方法"，了解课文表达特点。

第三学段的阅读学习目标关注了表达顺序和表达方法，但是学习的要求仅为"了解"和"初步领悟"，这就提醒我们在阅读教学中处理"怎样写"的问题时不宜拔高要求。"了解"和"初步领悟"的要求都具有一定的弹性，"新版课标"特别强调"在阅读中"了解、"在阅读中"初步领悟。这也就意味着对课文形式的学习，仍然是在学生自主的阅读实践中，通过自主体验、感悟和思考有所得，而非教师硬性灌输有关写作特点方面的知识。

不同的文章在表达顺序及方法上也是各具特色的。《白衣天使》是一篇人物传记，它在表达形式上有这样几个特点值得我们关注。

其一，课文为什么要从护士的重要性说起？对于这一点，大部分学生能够理解到"是为了突出南丁格尔的贡献很大"。作为六年级的学生，还应该从"怎样写"的角度，感受到"从这样一个大家都熟悉的职业谈起，可以拉近这位生于近二百年前的传主南丁格尔与中国小学生之间的距离"。

其二，作者为什么详写第4至第9自然段，作者是怎样详写的？这个问题也是课后的思考题之一，大部分学生能够明白是为了突出南丁格尔的品质，但是却不能结合课文内容具体、深刻地理解正是因为这几个自然段集中阐述了南丁格尔身上最核心的精神——基于人道主义的博爱。因此，教师必须引导学生具体地说，而不是空谈概念、给人物贴标签。还需要注意的是，对于怎样详写，学生大多只能体会到是通过人物对话的形式来详写，教师还是应该因势利导、相机点拨，指导学生说具体，比如抓住人物的神态、动作等，从而简单渗透"叙述与描写相结合"的表达特点。

其三，课文哪些地方直接描写了南丁格尔？哪些地方是侧面描写？侧面描写有什么好处？学生在理解课文内容的基础上能够体会到这样写是为了更加突出南丁格尔对工作的负责、对战士的关爱。教师在与学生对话的过程中，要引导学生认识到侧面描写的内容都是南丁格尔的影响，因此，从别人的角度来阐述，更能令人信服，也更能体现传主的影响。也就是说，学习文章的表达方法，不是生硬地传授写作知识，而是让学生在反复的阅读实践中初步领悟这样写的好处。

关于使用"思维导图"教学策略的一点反思

武月红

我们六年级语文教研组此次活动的研究主题是：寻找一种更朴实、更适切的高年级阅读教学模式。

我们选择《白衣天使》这一课作为研究的载体，是因为这是一篇人物传记，文章简要记述了护士专业的创始人南丁格尔伟大的一生。

小学语文教材中，有关人物传记的文章并不多。通过前测，我们感到对于六年级学生来说，了解此类文章的内容并不难，学生大都能读懂，但是，对这样的文章并不十分感兴趣，了解即满足。由于写作特点不同，人物传记类文章不像其他文本那样或者故事性强，或者语言生动优美。如何才能寻找到适宜小学生体会传记文学中刻画人物形象的教学策略，并能够使其运用多种阅读方法初步理解，激发学生阅读人物传记的兴趣，丰富学生的精神世界，是摆在我们面前需要解决的问题。

为使我们的教学有所突破，陈晓波老师为我们引进了全新的教学模式——借助"思维导图"，引导学生建立篇章联系。

通过学习，我们知道了，思维导图是 20 世纪 60 年代英国人东尼·博赞创造的一种笔记方法。北京师范大学的赵国庆老师指出，思维导图是促进激发和整理思维的可视化工具，它将"认知对象同时以图、文形式表达，有效地促进全脑思维，提升思维效率和品质"。

我们组的周艳老师和全组教师一同，按照这个全新的教学方式一遍遍地进行教案设计，一次次地试讲，最终取得了良好的教学效果，体现了我们的研修主题，为全校语文教师开拓了新的教学模式。

不过，我们也发现，"思维导图"教学模式的使用还存在一定的问题。语文课和其他学科有着本质的区别，除了工具性、人文性以外，更多的是对语言文字的理解与欣赏，去品味每一篇文章的布局谋篇、遣词造句……然而，在使用"思维导图"模式教学一节课后，学生们的头脑会十分清晰，不足的是，留下印象深刻的不是一篇整体性强的文章，更不是优美的语言文字，而是过于理性的条条框框。《白衣天使》是一篇人物传记，这个方法的使用较为恰当，让学生对南丁格尔一生做出的杰出贡献有了明确的认识。但是，并不是每一篇文本都适用。

在今后的教学活动中，我们要善于使用文本，善于选择适当的教学策略，使课堂教学更高效，使我们的"痛"更少些，"收获"更多些。

一次"颠覆"传统教学模式的体验
——《白衣天使》教学反思

张建刚

《白衣天使》一文讲述了南丁格尔在护理事业上做出的杰出贡献和取得的伟大成就，向人们展示了一位执着、坚毅、勇敢、无私无惧、用爱心和恒心为伤者带去福音的白衣天使的伟大形象。课文采用倒叙的方法开篇，讲述了南丁格尔在护理事业上的成就及其从事护理事业的曲折道路。

一、研讨引发的思考

研讨活动主要围绕《白衣天使》一文展开。首先贺欣老师抛出了自己关于这一课的教学设想，之后大家对这一教学设计展开了交流讨论。老师们认为，从设计上看内容太多，应该依据文本的文体特点大胆取舍教学内容。同时，根据陈琳教授所讲的文本功能理论指出，《白衣天使》作为传记体文本，应作为"用件"来使用，体现其资料性，而不应像某些经典文篇那样面面俱到地讲，所以不赞同上述将写法作为主要学习内容设计。也有老师认为，贺欣老师的设计还应再细化一下，并针对课堂上读写应怎样结合、如何进行板书设计提出了自己的看法。

在听取了教师的建议后，贺欣老师提出了自己的疑问，上述的教学设计其实是依据某种授课样本来备的，但是自己也感觉本文以叙述为主，不生动，学生一方面可能不感兴趣，另一方面可能也看得懂，那么这样的文章到底要怎么教？

其实这是我们很多老师共同的困惑，对于六年级的学生来说，本文并不难，学生一定能读懂，在这种情况下，教师教什么？

问题一抛出，引起了全组教师的共鸣：这是一个需要思考的问题。在大家的共鸣中，卢杨老师建议将本次研究主题定为：寻找一种朴实的适切的高年级阅读教学模式——以传记类文本为例。他的建议得到了大家的一致赞同。老师们也感到，教学不能人云亦云，要依据文本特色、学生特点把握教学规律。传记类作品没有样板范例可寻，这激起了六年级组全体教师的研讨兴趣，因为无论好教还是不好教，都是语文课堂的教学内容。这就是我们教学中的真问题。

二、初次试讲深层探讨

本次试讲，由周艳老师执教。课堂教学设计秉承指导老师卢杨带领六年级组内教师研究制定的"寻找一种朴实的适切的高年级阅读教学模式——以传记类文本为例"的思路。课堂教学过程确实让全体参与教师有了一种颠覆传统教学模式，并获得解放的感觉，学生在课堂上的表现也是可圈可点。但是走出课堂，老师们不禁提出了自己的忧虑：这样的语文课是不是语文味又显得淡了些？老师课堂引领者的作用在哪里体现？老师们继续就本篇课文的细节之处展开了讨论，如资料使用的多与少，在哪些地方使用可以辅助学生理解等问题……在老师们热烈的研讨过程中，思维碰撞的火花不断地闪现。正像我们力求培养学生养成一种带着问题离开课堂的思维一样，新问题的产生已经拉开了下一次活动的序幕。

三、《白衣天使》课例研修反思

寻找在坚持中

李　爽

学期初参与了校本研修，经过反复研讨，我们组选定了《白衣天使》一文，确定了研究主题：以传记类文本为例，寻找一种朴实的适切的高年级阅读教学模式。主题是确定了，但这个新模式到底是什么样子的，谁心里也不清楚，不过有一点是大家一致认同的，那就是绝不用以往的教学方式，我们必须求新，即使最终的结果是失败，我们也要试一试。

这节课到底应该怎样设计，始终没有一个结果。一天，参与做课的贺欣、周艳老师在和指导老师共同解读教材后，兴奋地回到办公室，思路有了！当我们了解了讲课思路后个个瞪大了眼睛，"四十分钟的一节课教师只有三个问题，学生的一次性读书时间是二十分钟？这行吗？"

第一次课由贺欣老师试讲，在课上她的话加起来总共不足十句，学生独立阅读二十分钟，讨论、汇报、板书，就这样一节课结束了。学生在课上的自主学习不少，但听课的我们总觉得这节课淡淡的，好像少了什么。老师们陷入了深思。

不久，听说陈晓波老师也要讲《白衣天使》，形式是运用思维导图。我记得六七年前曾听说过思维导图，那时叫脑图，当时在香港有不少学校都在推行思维导图教学，特别是语文教学。这个新形式对我们太有吸引力了，我期待着。陈晓波老师的课足足讲了两课时，她将学生的思维、理解过程通过导图的形式展现在黑板上，看着满满一黑板的大圈、小圈，我们又开始了反思。

听课后又是一番思考，与其说是思考，不如说是一场激烈的思想斗争。我们还要不要坚持寻找新的教学模式？这样脱胎换骨的教学形式别人能接受吗？商量来商量去，组里老师们的倔劲儿又上来了，既然我们定了方向，就要坚持走下去。卢杨老师也鼓励我们：既然是研究，就会有失败，研究的过程才是我们最需要的。

有了明确的目标和共同的认识，再次审视我们的教学设计。继续运用思维导图的形式贯穿课堂，化简导图，使其层次更加清晰；将朗读、理解重点句渗入其中，增强情感渲染；使学生逐步从自学到合作探究，最终充分学习文章的表现手法，领略文章的思想境界、情感深度，学会品味人物的品质。

周艳老师做了最后的展示课，我不能肯定这节课是否真正找到了人物传记的新的教学模式，但我确信，我们的尝试让更多的老师认识了思维导图这种教学形式，给她们的教学带来了一些启发。有这些就足够了。

在反思中成长 在研修中提高

郑　君

随着新课改的推进，校本研修应运而生。它，是新课程改革的需要，是一线教师的呼唤，是保证新课程实验向纵深发展的有效途径，也是教师专业成长的坚实阶梯。任教多年来，经历的研究培训也不少，可唯独这次校本研修与整校推进给我留下了深刻的印象。

一、更新了观念，开阔了视野

培训期间，我们聆听了很多专家教授的讲座。这些讲座，或深刻，或睿智，或沉稳，或思辨，无不滋润着我的心田。他们以鲜活的实例、丰富的知识内涵以及精湛的理论阐述，真有种"听君一席话，胜读十年书"的感觉。这次的培训学习，使我耳目一新，深深地认识到要想跟上新世纪的教育教学步伐，就要首先转变传统的教育观念，树立正确的师生观，增强热爱教育事业的信念。在教学活动中，我们教师只有从观念上更新，允许学生提出独到的见解，为学生创设一种和谐、宽松的"心理安全"环境和无拘无束的"心理自由"环境，才能创造出师生平等、其乐融融、共享教学民主的氛围。

平时忙于教学很少静下心来学习，通过听讲座以及教师的互动交流，我加强了对新课程的理解，提高了自身创新使用教材和改进教学方法的能力，以及教学实践能力。这使我感觉到比原来站得高，看得远了，有了一种"天更蓝、地更绿、水更清"的感觉。

二、认真学习，启迪智慧

过去到书店买书也只会考虑买学生思维训练、练习册、教学技巧、教案集等方面的书籍，虽然在工作中也感到自己专业知识的匮乏，但也不知道该读什么书。在这次研修的过程中，我更深刻地意识到了读书的重要性。读书不是为了应付明天的课，而是发自内心的需要和对知识的渴求。多读书、读好书可以开阔视野，积淀自身的素养，锤炼自身的教学功底。

三、善于反思，做一名反思型教师

在教学过程中，我经常对学生说，"你得思考，光听不行!"今天当自己成为学生的时候，不由得又想起了这句话——"你得思考，光听不行"。

思考应该是一种习惯，只不过在日常工作中"懈怠"了，变得不愿思考，日久天长也就不会思考了。这又何尝不是游离于课堂之外的学生的现状呢？要想成为一名优秀的教师，爱思、勤思、会思是何等的重要。

四、这次研修培训使我感受到了压力，也增强了信心

通过培训我突然感到自己身上的压力变大了，要想最终成为一名合格的优秀教师，就要更努力地提高自身的业务素质、理论水平、教育科研能力、课堂教学能力等。而这就需要我付出更多的时间和精力，努力学习各种教育理论，并勇于到课堂上去实践，及时对自己的教育教学进行反思、调控，我相信通过自己的不断努力终会有所收获，有所感悟的。

说实话，这次校本研修与整校推进非一个"累"字、一句辛苦所能形容，即使这样，我依然坚持认真听每一节课。因为我珍惜!用新的教育理念和教育方法，进行自己的教学尝试与积累。尽管这一过程会很漫长，中途也会遇到困难，但是只要我们确立目标、积极进取，我们一定会在教育的舞台上实现自己的价值!

提升高年级阅读教学第一课时的实效性

——《我的伯父鲁迅先生》课例研究报告①

一、研究背景

语文教学过程中，一篇课文的教学任务很难在 40 分钟（一课时）内完成，一般都要二到三课时。于是，人们习惯将学生接触新课文、初读文本的教学称为第一课时。

纵观现在的小学语文课堂教学，无论是在公开课、观摩课还是大赛课上，教师们都"清一色"地选上第二课时，几乎没有上第一课时的。教师们不选第一课时，甚至害怕上第一课时，其直接原因就是第一课时没什么东西可上，出不了"彩"，吸引不了评委和观摩老师的眼球。

在我组教师教学实践过程中，老师们都认为第一课时教学内容比较简单，主要是为第二课时分析课文来做铺垫，因此，也不用花多大心思来设计教学。长此以往，导致了第一课时效率低下，出现了许多问题。例如：在第一课时，老师没有让学生充分读书，而是着急去理解课文，品味语言。造成了第一课时包办了第二课时的教学任务的"越位现象"。再如：让语文课变成了单纯的资料展示课，朗读训练课等，教学失去了重心，造成了第一课时失去了语文课堂的本真的"错位现象"。

第一课时在语文教学中有着十分重要的作用。因此本学期，我们六年级组老师选定了《我的伯父鲁迅先生》一课，针对"如何提高第一课时教学的实效性"这一问题展开了研究。

二、文本解读

1. 基础字词

《我的伯父鲁迅先生》一文中，要求会认"悼、浒、嚼、敷、绷"这 5 个字，

---

① 本研究报告由杨怀文、许亚南、李琢文、向昆执笔。课例研究负责人杨怀文，成员包括许亚南、李琢文、向昆、刘新玲、苏芳、刘莹、樊微微。

其中，"悼、浒"的读音易错。本课还有一些字需要注意读音：颧（quán）骨、模（mó）模糊糊、吊唁（yàn）、殡（bìn）仪馆、挨（ái）打、复（fù）杂、怒号（háo）。

　　要求会写的字中，"嚼"的右下角容易误写成"即"；"枣"的上半部与"嗽"的中间不一样；"枣"的第三笔是"横折"；"嗽"的右边是"欠"；"悼"与"掉"要进行形旁鉴别；"唇"是半包围结构，不是上下结构。

　　要求掌握的词语中，要重点理解"囫囵吞枣"、"慈祥"、"恍然大悟"、"饱经风霜"等词语的意思。

　　2. 文章主旨

　　《我的伯父鲁迅先生》这篇课文是周晔写的回忆伯父鲁迅的纪念性文章，通过回忆鲁迅先生生前给自己留下的印象深刻的几件事，说明鲁迅先生是一个爱憎分明，为自己想得少、为别人想得多的人，表达了作者对鲁迅先生的无比怀念、热爱与敬仰之情。

　　3. 文章结构

　　课文以隔行分段的方法把文章分成了六个部分。

　　全文脉络清晰，叙事清楚。第一段是果——鲁迅先生受到人民的爱戴，后几段是因——鲁迅先生受到爱戴的原因。在叙事的过程中，始终贯穿着"伯父就是这样的一个人，他为自己想得少，为别人想得多"这一基本主题。可以借助文章内容引导学生查找资料，进一步了解鲁迅，从而对其产生崇敬之感。

三、教学反思

　　在充分解读文本后，李琢文老师进行了第一次教学实践。

一教一反思

本节课设立了以下三个教学环节。

（一）交流资料，拉近距离

　　本文的作者周晔小时候对其伯父都不甚了解，更何况鲁迅逝世已近80年，我们的学生对其更是陌生，多数学生只知道鲁迅这个名字，部分学生知道鲁迅是个伟大的作家，但这仅仅停留在"听说"这一浅层次的知晓方面。

　　基于以上学情分析，在上课之前，先安排学生搜集关于鲁迅的资料，并在学习课文之前进行汇报交流，帮助同学们更深一步了解鲁迅。

　　当学生对当时的时代背景以及鲁迅的经历有了一定的了解后，可以帮助理解课文内容。不至于在学习课文、感悟人物时还如作者周晔小时候那样弄不明白。

(二)正音正形，扫清障碍

这篇课文比较长，语文的基础字词学习量较大。

在读音方面：易读错的字音如"殡仪馆"、"追悼"、"挽联"、"爆竹"、"挨打"；需要据义定音的多音字有"张冠李戴"、"嚼着"、"怒号"、"淌血"。

在字形方面：要注意"囫囵吞枣"的"枣"第三笔是横折，没有勾。"嘴唇"的"唇"是半包围结构。"敷药"的"敷"书写要重点记忆。

在字义方面：要理解"饱经风霜"、"张冠李戴"、"囫囵吞枣"在文中的意思。特别是注意"饱经风霜"的"饱"是"充分"的意思，学生要查字典选择正确的字义。

(三)列小标题，训练能力

课文的段落以空行为标志，分成了六个部分。其中，每一部分叙述一个故事，可以独立成文。可以借此训练学生归纳总结的能力，高度概括段意，列出小标题。

借助小标题，在第二课时的学习中也能帮助学生抓住文章重点，就重点而质疑，就重点而研讨。学生明确了目标，自然不会因纠结细枝末节而使课堂整体跑偏。

执教后，针对教学中出现的情况，李老师进行了如下反思。

1.资料查找，适量适度。

本堂课学生在交流资料时占用的时间过多，有些同学对自己打印的材料读起来还不流利，对里面的话也不太懂，其他同学听起来更是不知所云。也有学生在完整地叙述一个故事，却不能提炼出核心内容。此外，最近网上流传着不少当代关于鲁迅个人生活的研究，良莠不齐，无益于课文的学习，应该在查找前就摒弃。

作为教师，在收集材料之前应该给学生安排任务，先行指导，让学生有目的、有重点地去搜集。例如针对这篇课文，应该查找以下内容。

①鲁迅为何被称为"文学家、思想家、革命家"。

②鲁迅弃医从文的原因。

③鲁迅的代表作有哪些。

④《表》和《小约翰》的主要内容是什么。

在交流时，应先采用小组交流的形式，给每个学生表达的机会。在小组交流后，再找学生就与课文关系密切的重点问题有针对性地交流。

2. 巧用前测，节约时间。

本节课先采取了学生依次读文，随文识字教学的方法。之后再由学生自读、巩固加深印象。因为课文较长，这种学习方法占用的时间较多，效果并不显著。

就高年级学生来说，已经有了一定的自学能力与自学方法。可以考虑用学习单进行预习，要求学生在课前通过查字典等方法，解决字音、字义的问题，对于有难度的问题再在课堂上集中交流，以此提高学习效率。

3. 方法指导，有法可依。

学生以往学习过的常用小标题命题法有三种："事件命题法"、"中心命题法"、"人物命题法"。

本节课因缺少回顾和具体的指导，学生开始时无从下笔，之后写出的小标题五花八门，有的是从感受出发，有的是以作者周晔为中心，更有甚者写成了一句话。因为离预设相距较远，在引导与纠正上花费了不少时间。

吸取此次教训，在下次列小标题时，可以先给予指导，如依据这三个建议来列小标题：①以事件命题；②以鲁迅为主体；③用短语来表达。这样可以节约试误的时间，将更多的教学时间用在"咬文嚼字"上。诸如"谈水浒"合适还是"谈书送书"合适；"帮助车夫"合适还是"救助车夫"合适。在比较中使学生体会到用词的准确。

在一教一反思的基础上，许亚南老师进行了二次教学。

二教二反思

(一) 交流资料，有的放矢

学生交流课前查阅的资料，认识鲁迅先生。针对李琢文老师的第一次执教经验，找准本课需要学生查找的资料范围，为更好地理解文章做准备。

方法：确定内容——列出清单——分工查找——筛选整理——组内交流——班内汇报。学生在查找资料方面更加有的放矢了，第一小组汇报的是书上小资料的内容，加上了鲁迅在大学当老师时帮助学生的一个故事。第二小组汇报的是鲁迅多次写文章所用的笔名不同，并且结合当时的背景分析了原因。第三小组汇报了鲁迅的代表作。第四小组汇报了许广平写的《鲁迅回忆录》。各小组分门别类地对鲁迅进行了了解。这样的课堂更高效，获取的信息也更有效，明确鲁迅是一个文学家、思想家和革命家。还有的小组介绍周家三兄弟，学生自主探究明确作者和鲁迅的关系。教师顺势而导——我的伯父鲁迅，为什么后面还要加上一个先生呢？让学生怀着一种尊重再去读一读。

(二)巧用前测，找准重点

根据一教的经验和本班的实际情况，前测卷上去掉了"挨打"这个字的读音，从前测卷和课堂反应看学生已经基本掌握了。确定上课抢读生字字音时重点强调"追悼、殡仪馆、水浒传"。

字形方面：学生互相提醒需要注意的字的结构和笔画，如"嘴唇"的"唇"是半包围结构，"咳嗽"的"嗽"右半部分容易写错。

理解词语"追悼、吊唁、饱经风霜、张冠李戴、囫囵吞枣"在文中的意思，并联系上下文说一说。特别是"饱"和"冠"，出示字典中的解释，让学生运用"据义定音"的方法来确定多音字的读音。

(三)明确课文主要内容，用小标题概括

小标题的概括要求语言精准、全面。在概括小标题时，引导学生观察文章采用隔行分段的方法共写了五件事，先让学生用概括主要内容的方法说一说分别讲的是什么事，然后再剔除枝干保留主干，概括为笑谈水浒、谈"碰壁"、放烟花、救助车夫、关心女仆。同时，及时总结概括主要内容的方法：一是根据段意概括出简洁的话做小标题；二是从文中找出重点词语做小标题，达到"授之以渔"、触类旁通的学习效果。

不足之处：

1. 教学应当是"预设与生成相得益彰"的。

由于是新老师，只顾着按教学设计步步为营地进行教学，对学生提出的一些疑问以及产生的认识和感悟，没有做到及时捕捉，只是轻描淡写、蜻蜓点水似的点到，甚至忽略不计，没有使之成为学生进一步学习的基础，更没有被用作新的生成资源。

2. 读书时间较少。

由于课前资料的介绍占用了过多的时间，读书时间相对太少。第一课时对学生而言必须要充分的朗读课文，对文本的熟悉程度将直接影响第二课时对文章内容的理解。可抓住重点词语、段落采用不同形式的读，指名读、小组读、齐读，使学生对鲁迅的形象和事迹有更清晰的了解。

对第一课时的关注，将更有效地提高教学的质量，更能体现年段特点、提高课堂效率，更加注重学生学习的真问题。总之，教学是一门艺术，它永远需要教师不断提高应变能力，锻炼教学智慧，增强教学技艺和魅力。对此，我们还需继续努力。

二次教学虽然在谈鲁迅的交流资料环节节省了时间，但在自学课文和检测自学情况这部分，耗时还是不少。为此，老师们再次展开研讨，如何巧用"摘录笔记"，提高教学效率。

在二教二反思的基础上，向昆老师接过接力棒，展开了第三次教学研究。

三教三反思

(一)继续培养学生做"摘录笔记"的能力

北师大版语文教材中一直在安排"我的摘录笔记"这一栏目，它是引导学生积累语言材料、识字教学、识字学词的重要途径。同时，这也是一件小学阶段不容忽视的任务。与中低年级不同的是，高年级学生更应该懂得自主学习，并养成良好的学习习惯。教师应在检测和帮助学困生方面多花些精力。鉴于此，在教学《我的伯父鲁迅先生》第一课时时，针对学生摘录笔记能力的培养设计了以下四个环节。

1. 自读课文，边读边补充摘录笔记。

2. 同桌相互交流，分享摘录笔记。

3. 出示检测单，对学习成果进行检测。

4. 同桌互换，订正、修改检测单。

经过以上这四个教学环节，学生对自己的"摘录笔记"经历了二次补充、交流、检测和订正，比较扎实地培养了自己学写"摘录笔记"的能力。

(二)继续培养学生概括小标题的能力

概括能力的培养不是一蹴而就的，课上，遵循指导——练习——巩固的原则，充分挖掘教材中培养学生概括能力的训练点，把训练落实到位，贯穿到底。

在《我的伯父鲁迅先生》一课的概括能力培养中，结合学生课前预习反馈，提出了小标题的修改建议，即紧扣内容，全面、准确；短语呈现，力求工整。在学生知道了概括的原则后，又有了新的思考。有了这些理论的认识，更需要的是在实践中锻炼提高能力。于是，从以下三个层次展开了教学。

1. 学生自读思考，记录要点。

针对鲁迅先生的这五件事情，找出要点，标记在书上。巡视期间，发现多数学生是从他人的角度去概括小标题的。还有一部分同学是用一句话去概括的。及时了解到学生概括小标题的困难点，为下一步交流做了充分的准备。

2. 师生交流研究，甄选要点。

"学习效果的优劣取决于学习过程的落实。"这是我们在教学中常常思索的问题。因此，我们从不吝惜这个时间，更不会匆匆而过。集体交流中，把学生概括的有代表性的小标题以及学生所说的要点都显示在板书上，再引发新一轮的讨论：哪些是必不可少的？哪些是无关紧要的？学生在阐述理由的过程中结合课文内容，加深了对人物、内容的理解。

3. 学生动笔修改，串联要点。

"纸上得来终觉浅，绝知此事要躬行。"动笔串联要点，修改语言表达也是一个重要的环节。于是，引导学生在说通语句的基础上动笔写，写完后再朗读，发现问题后再次动笔修改。学生最终体验到了概括小标题的学习过程。

培养学生的概括能力是提高理性思维能力的一个方面，是提高阅读能力的基础，也是提升语文素养的重要部分。因此，扎实的教学，就是要立足于课堂，立足于一点一滴的培养。

(三)继续培养学生质疑解疑的能力

初读质疑。孔子说过"不愤不启，不悱不发"。学生在"愤"、"悱"之际是引导其质疑的最佳时机，只要抓住了时机随时都可以质疑。根据学生的认知规律，初次接触一个新的文本后，会遇到许多问题，所以在初读课文后，引导学生对文本中的生字新词、难句、课文的内容等提出自己不懂的问题很有必要。一方面，教师可以从问题的难易程度了解学情；另一方面，可以根据他们感兴趣的问题来调整自己的教学思路，围绕质疑的问题组织教学，这样的教学有着传统课堂所没有的生成性，符合"新版课标"的精神。有关质疑能力的培养，可分为以下几步：针对这篇课文，课前提出问题；通过初读自学，看一看问题有没有得到解决；用笔划去已经解决的问题；如果有存留问题，四人为一组交流解决；针对小组存留问题，教师梳理，归结主要问题，全班解决。

在教学《我的伯父鲁迅先生》一文时，当学生对文本有了初步的了解之后，老师说："同学们，你们能够运用借题质疑的方法提出问题，带着问题走进文本，了解文章的主要内容，那么读了文章你们肯定又会提出很多有价值的问题。"这时，有的学生就提出："为什么我的伯父会得到那么多人的爱戴呢？"

"为什么说我的伯父是一个为别人想得多、为自己想得少的人呢?""为什么鲁迅说四周黑洞洞的,还不容易碰壁吗?"……把这些有价值的问题归类梳理,归结出两个大的主问题:①鲁迅先生到底是一个怎样的人? ②课文为什么要选取这五件事情来写? 这五件事可不可以调换顺序? 这为第二课时的教学打下了基础。

附

《我的伯父鲁迅先生》学习单

一、生字词语

易错字音	
多音字	
形近字	
词语解释	爱戴
	追悼
	吊唁
	囫囵吞枣
	张冠李戴
	饱经风霜

二、初步思考

1. 周晔是鲁迅先生的侄女，跟鲁迅先生接触很多，为什么会选择这样五件事写鲁迅？少写一两件行不行？为什么？

_____

_____

2. 这五件事并不是按时间顺序写的，你认为这五件事的顺序可以颠倒吗？为什么？

_____

_____

3. 连一连。

　　　横眉冷对千夫指　　　　　俯首甘为孺子牛

　　关心女佣　　　救治车夫　　　谈论"碰壁"

三、相关资料

1. 鲁迅：我国著名的_____家、_____家、_____家。原名周树人，字豫才，浙江绍兴人。三十八岁时，开始以鲁迅为笔名发表作品。与二弟周作人、三弟周建人，合称为"周氏三兄弟"。作者周晔是鲁迅三弟_____的女儿。鲁迅著有《_____》《_____》《_____》等多部作品。

2.《表》：苏联作家_____的早期作品，描写一个失去双亲、无家可归的流浪儿_____为饥饿所迫，当了小偷，骗取了一个醉汉的_____。故事以金表为线索，描述了主人公从偷表到还表的成长过程。

3.《小约翰》：荷兰作家_____的作品，鲁迅称它为"无韵的诗，成人的童话"。

四、你查找的有关"鲁迅"的资料有哪些？

_____

_____

《我的伯父鲁迅先生》课堂检测题

1. 下列词语中加点字读音错误的是第(　　)个。

①殡仪馆(bīn)　　②追悼(dào)　　③吊唁(yàn)　　④复杂(fù)

2. 下列词语中加点字的读音不同的是第(　　)组。

①挨打　挨饿　　②模样　模具　　③怒号　号叫　　④扎脚　包扎

3. 根据拼音选择合适的字组成词语，正确的是第(　　)个。

慈 xiáng　　①详　　②翔　　③祥　　④降

4. 给下列加点的字选择正确的解释，并把序号写在括号内。

饱：①满足了食量。②足足地；充分。③满足。④饱满。

饱经风霜(　　)　　饱食终日(　　)　　大饱口福(　　)　　谷粒饱满(　　)

5. 看拼音写词语，注意把字写正确、工整。

chún　　　　sou　　　　zăo

嘴　　　　咳　　　　囫囵吞

下篇

课例研究反思

教学小故事

——都是插图惹的祸？

赵鑫馨

《小鱼的梦》是北师大版小学语文教材一年级下册第五单元"动物"的第一篇课文，它是一首充满儿童情趣的儿歌，一共四句。本节课教师多次创设情境，贴近课文内容，激发学生学习兴趣，使孩子们在玩中学。儿童诗歌，是一种读起来朗朗上口，简单易学的文学体裁，但我们在教学时却遇到了障碍。

在课堂前测中，我们曾让学生回答"珍珠被"是什么。这个问题难住了学生。回答是泡泡的同学将近30%。

为什么这么多学生会觉得"珍珠被"是泡泡呢？通过研究教材、向学生提问，我们发现了其中原因。其实，"珍珠被"应该是天上的星星倒映在水中的影子，但是由于一年级学生受认知经验所限，这一景象大部分学生没有见过，而学生很熟悉的"珍珠"在生活中倒是常见。学生在仔细看图后不难发现，书里画的众多的小泡泡就像一颗颗珍珠。学生在比较"珍珠"、"珍珠被"这两个词后，觉得有相同的地方，错误答案由此产生。许多同学都被书中的图片误导了。本篇课文的插图很美，从白到蓝的渐变色，仿佛从水面过渡到水底。小鱼在碧绿的水草中微微张着小嘴，一副闲适的样子。插图很美，但是作为教材插图，除了装饰的作用，在我们看来，还应有帮助低段孩子理解文意的作用。

鲁迅先生曾说过，"书籍的插图，原意是在装饰书籍，增加读者的兴趣，但那力量，能补助文字之所不及"。插图就是要用鲜明的形象来表现较抽象的文字内容。色彩鲜明、形象逼真的画面能给学生以枯燥平面的文字所不及的视觉刺激。学生喜欢看插图，继而喜欢看课文并引起图文之间的思维互动，由此喜欢教科书。此外，插图还应起到帮助理解的作用。就拿这篇课文的插图来说，删去这群"小泡泡"可能会更大程度放飞孩子的想象。

夸美纽斯说："知识的开端永远必须来自感官。"所以，在今后的语文教学实践中，我们在注重研究教材时，也应兼顾到课文中插图的使用，让每篇插图都能更好地为文章服务。

根据文本主题和生字特点　优化识字教学的方法

杨怀文

在中国的历史上，自从有了汉字，便有了识字教学。可以说，识字教学和中华文明史同步，走过了漫长的道路。传统语文识字教学的方式主要有两种：集中识字与随文识字。

两种识字方法各有利弊。因此，我认为在识字教学中与文本主题联系紧密的生字可以随文学习，生字在具体语境中的学习更便于学生对字义的把握，对文本主题的理解；对于课文中字音、字形有特点的生字归类集中学习，字与字之间进行相互比较，便于学生归纳总结识字方法。这样学习生字相对分散，符合学生的记忆规律。通过长时间的课堂实践，证明集中识字与随文识字相结合的教学策略，确实可以提高识字教学的实效性。

下面就以《小鱼的梦》一课为例，探讨如何将集中识字与随文识字相结合教学本课的 12 个生字。

一、课题中字　导入解决

上课伊始，伴随着动画课件和悠扬的音乐，教师谈话导入："小朋友们，在池塘里生活着许多活泼可爱的小鱼。白天，它们一会儿游到水面上欣赏着岸边美丽的景色，一会儿在水草间你藏我找、追逐嬉戏，一会儿又游到池底在沙土中寻宝。玩得可真开心呀！夜晚当月亮婆婆露出笑脸，星星也眨眼睛的时候，玩了一天水的小鱼睡着了，做着甜甜的梦。今天我们就来学习《小鱼的梦》。"此时，教师板书课题，引导学生说"梦"的记忆方法，并组词加以巩固。

二、"三"读课文　随文识字

随文识字，即生字随课文出现，边识字边阅读，结合课文来学。在随文识字中，要注意寓识于读。通过朗读，读通全篇的文字，然后结合课后的生字表，进一步确定字音，再通过朗读来巩固字音。课堂上，在引出《小鱼的梦》课题后，我安排了学生三遍读文。一读：自由读文，借助拼音读准字音；

二读：相互读文，纠正读音；三读：分句指名读文，巩固字音。在三次读文的过程中，学生有目的、有层次地随文识字，同时培养了自主识字的能力。

三、特色生字　归类识记

在自由读文了解字音、相互读文矫正字音、指名读文巩固字音之后，学生对文中生字的读音已有初步的掌握。在此基础上，我根据生字音、形、义的特点进行归类，组织学生集中学习文中部分生字；同时渗透结合生字特点归类识记的方法，培养学生运用多种方法识记生字的能力。我把《小鱼的梦》这篇课文中的生字分为以下几类进行识字教学。

1. 部首相同的字，归纳识记

师：（出示摇、摆、推、把）请你们认读一下这些生字。

生：（逐字认读）摇、摆、推、把。

师：请你边读字音，边做出这 4 个生字的动作，观察字形，说说你发现了什么？

生：这 4 个字都带有"扌"，都与手的动作有关。

师：你们总结得真准确，这种识字的方法就叫利用部首归类识字法。你们还能再说出几个带有提手旁的字吗？

生：打、拍、拉……

师：下面请你们看一看这节课认字表中的生字，还有哪些字也能用部首归类识字法来学习。

学生同桌学习"波、浪"，结合词语的意思总结出带有"氵"的字与水有关。

2. 形近字归类，区分异同

"波、被"是一组形近字。在引导学生说出它们异同的同时，概括出"衤"表示的意思。

3. 通过组词识记部首表义的字

（1）认读"篮、嘴"。

（2）让学生根据部首说出"篮、嘴"与什么有关。

（3）结合字义进行组词练习。

篮：花篮、竹篮、篮筐……

嘴：嘴巴、嘴唇、嘴角……

四、重点字词　随文解义

《小鱼的梦》是一首充满儿童情趣的儿歌。描写的是小鱼玩累了；夜晚，星星为它盖被子，风儿为它唱歌，波浪摇它入睡；小鱼在池塘妈妈的怀里甜甜地进入梦乡。在处理"玩、怀、甜"这三个字时，我采用了随文解义。

师：同学们，这是一条怎样的小鱼？

生：快乐的、幸福的……

师：你们是从哪里知道的？

生1：小鱼在池塘里玩了一天，当然快乐了。

生2：能在妈妈怀抱中睡觉一定是幸福的。

生3：课文中说小鱼做了个甜甜的梦，它肯定梦到很多有趣的事情，所以是快乐的。

孩子们在回答时，教师随即出示"玩、怀、甜"，进行识字教学，引导学生结合语言环境或生活实践记忆字形，理解字义。

五、板书设计　巩固识字

在讲读课文过程中，我根据课文主要内容，在板书设计中包含了刚学过的生字，一方面可以帮助学生更好地理解课文，另一方面也给学生创造跟生字见面的机会。这是为识字教学所做的巩固字形的工作。

汉字有非常强的个性特点，在教学过程中，教师们还可以根据文本主题和生字特点，采用故事识字法、歌诀识字法、谜语识字法、实物或图片展示法等更多有趣的识字法。另外，教师应鼓励学生使用多种途径识记生字，从课外汲取更丰富的识字源泉，在生活中捕捉锻炼的机会，使学生养成良好的识字习惯。

总之，教是为了不教。低年级识字量多、难度大，为了让学生掌握得更牢固，教师不仅要教学生会读生字，更重要的是要教学生如何学习生字，实现由"学会"到"会学"的转变，从而获得生字学习的主动权和高效率。

以最大努力回报春天

白　雪

曾经看到过这样一段文字，"我们萧萧的树叶都有声响回答那风和雨，你是谁呢，那样沉默着？我不过是一朵花。是的，我只是一朵小花，带着一丝芬芳，和着风和雨，我却执着地孕育着，盛开着，以最大的努力回报春天"。在教育改革的今天，教师的教育生命就应该在课堂上不断地生长，正如一朵玫瑰，努力绽放，酝酿芬芳。

今年是我第一次执教一年级，对我来说无疑是巨大的挑战。一年级中的识字教学是小学语文教学的重要组成部分，也是小学生阅读和写作的基础。众所周知，识字、写字是学生学习文化的开始，是形成读写能力的先决条件，学生只有认识并学会一定数量的字词，才能理解书面材料，才能用书面语言表达自己的思想。识字教学的成功与否，直接影响语文教学的整体质量和效率。同时，识字对儿童发展起到重要作用，并能有效地提升学生的人文素养。所以，能否教好识字，对我来说尤为重要。

长期以来，识字教学一味强调识字的工具性作用，因此，识字教学常常与单调、枯燥联系在一起，结果却是高耗低效。主要表现为字音教学时教师先直接出示带有拼音的生字让学生读，读准字音后，指导学生分析汉字的组成部分，熟悉字的笔画、笔顺和偏旁部首，最后达到掌握字形的目的；字义教学比较复杂，一般都是把生字和其他字连成词语来解释，再造句，让学生在具体的语言环境中体会它的意思。之后再让学生进行抄写、默写等多方面的练习以达到巩固识字的目的。

如何让识字教学散发活力？如何让学生一开始接触汉字，就喜欢上汉字，爱上汉字，从而主动识字呢？我认为不应依靠简单、机械的认读和大量的抄写来完成，而是有的放矢地加强学生识字能力的培养，采用相应的教法以提高识字效率。带着这样的想法，我和组内的老师以《小母鸡种稻子》第一课时为例，进行了深入探究，并进行了四次讲授。

一、把抽象的符号具体形象化

陶行知先生说："学生有了兴趣，就会用全副精神去做事，学与乐不可分。"学龄初期的儿童处于表象思维阶段，他们通过感性认识而获得表象，运用表象进行直觉的"形象思维"。情境教学正是从感受形象开始，以情激情，符合儿童思维的特点。低年级的语文教学，要力求做到有情有趣，尤其对于刚入学的一年级新生来说，教师更应创设丰富多彩的教学情境，诱发学生学习生字的饱满热情。如教学《小母鸡种稻子》第一课时，引导学生在语境中识字。问学生："春天来了，小母鸡开始种稻子了，她都邀请谁和她一起种稻子呢？"学生兴趣盎然地说："小鸭、小猫和小猪。"教师随机贴生字卡。然后让学生认真观察"鸡"和"鸭"，发现它们有什么共同点，还知道哪些带"鸟"的字。再观察"猫"和"猪"，又发现了什么。按部首集中识字，既了解了汉字意义，又激发了孩子的兴趣，同时理清了课文的脉络。

二、穿插游戏活动，培养识字兴趣

爱玩是孩子的天性，尤其是一年级的学生刚刚从绚丽多姿的游戏世界中踏入校门，他们活泼好动，充满童趣，但注意力集中的持续时间短，课堂教学中穿插游戏能很好地克服这一弊端。因为它满足了学生的需要，激发了他们的童趣，诱使他们主体参与、自主学习。在学完字词后，设计了游戏巩固环节，根据难易程度，把词语分成三类，藏在稻穗后面，让小老师领读、抢读等。这些异彩纷呈的活动，有效地激发了学生的识字兴趣，提高了学生主动识字的积极性。

三、结合语境，复现词语

遗忘理论告诉我们，人的记忆是会随着时间的推移而逐步衰退的，所以在学生正确识字后，还得进行间隔性的再现。从复现的形式看，应力求丰富多样，以调动学生多种感官参与。在教学中可以采用多种形式帮助学生复习识字，确保识字的效果。

在学习"愿意"这个词时，首先引导学生读第一段，思考小母鸡是怎样邀请小鸭的。同时出示重点句："你愿意和我一起种稻子吗？""种稻子太辛苦，我怕弯腰。"引导学生观察"愿意"，体会共同点，再观察"怕"，体会小母鸡的真心和小鸭的不情愿。进而引导学生练习说话，你愿意（　　　　　）？我愿意（　　　　　）。再次回文品读。"接下来，她又怎样邀请小猫？"出示相关句子，指导学生品读，再次巩固"愿意"和"怕"。

总之，识字是小学阶段的一项重要任务，它对学生语文素养的形成有着不可替代的作用。教师应该遵循教学规律、尊重学生主体，采用丰富多彩的教学方法注重识字能力的培养，才能让识字教学焕发生命活力，使学生终身受益。日子像这些调皮的孩子们一样，不知不觉就走过了一节又一节课，一天又一天。今天的自我在审视昨天的自我，于是今天的自我比昨天进步了；今天的自我在学习今天的别人，于是明天的自我比今天又饱满了；每一个今天都不会简单重复昨天，每一个明天都以一个崭新的面貌出现，自我在不断地反省汲取之中日益成长着、提升着、壮大着。

附：《小母鸡种稻子》(第一课时)教学设计

教学基本信息							
课题	《小母鸡种稻子》(第一课时)						
学科	语文	学段	低年级	教师	白雪	年级	一年级

指导思想与理论依据
语文课程标准指出："识字、写字是阅读和写作的基础，是第一学段的教学重点。"阅读中要"引导学生钻研文本，在主动积极的思维和情感活动中，加深理解和体验，有所感悟和思考，受到情感熏陶……"据此，本课设计重视识字、写字、朗读以及阅读中的句子教学，充分体现以读为本的理念，帮助学生读中识字，读中积累。

教学目标
1. 识字 14 个，巩固学过的字，并进行渗透性识字，知道反犬旁、鸟字旁的名称及表示的意思。 　　2. 用"愿意"口头造句，培养学生的口语表达能力。 　　3. 培养学生的劳动观念，知道劳动是光荣的，应当珍惜劳动成果，体会劳动的辛苦，培养劳动习惯。 教学重难点： 1. 识字 14 个，写字 3 个。 2. 体会劳动的辛苦，知道劳动是光荣的，应当珍惜劳动成果。 教具准备：词卡，课件 教学时间：2 课时

教学过程(文字描述)(包括：教学阶段、教师活动、学生活动、设计意图)

一、课题导入

1. 今天我们学习一篇童话故事，齐读课题。拿出小手指和老师一起板书课题，教师指导"母"的笔顺，学生书空。再齐读课题。

2. 这个故事就藏在语文书第80页，轻轻地翻开书。

3. 在学习之前，老师送大家一把学习的"金钥匙"，出示标段方法，教师标好第一段，请学生按老师的方法标出文中的自然段。

4. 指名投影展示自己标的段。

二、初读课文，读准字音

1. 请同学们出声地读课文，遇到不认识的字看看上面的拼音能否帮助你。(左手扶书，右手指字)

2. 你借助拼音学会了哪个字?

3. 自己都会读了，赶快听听同桌读得怎么样吧，和你的同桌共用一本书，每人读两段，别人读的时候用手指读，并认真倾听读音，如果都正确夸夸他，如果有问题帮帮他。

4. 帮助同桌纠正了哪个字?

5. 指名分段读课文。

三、学习课文，理解内容

1. 春天来了，小母鸡开始种稻子了，她都邀请谁和她一起种稻子了? 教师随机贴生字卡。

2. 认真观察"鸡"和"鸭"，发现它们有什么共同点，还知道哪些带"鸟"的字。再观察"猫"和"猪"，发现了什么。

3. 赶快看看第一段，请一位同学读读，其他同学认真听，她是怎样邀请小鸭的。
出示重点句:"你愿意和我一起种稻子吗?""种稻子太辛苦，我怕弯腰。"
观察"愿意"，体会共同点，再观察"怕"，体会小母鸡的真心和小鸭的不情愿。

4. 练习说话，你愿意(　　　　　　　　　　)? 我愿意(　　　　　　　　　　)。

5. 再读第一段。

6. 接下来，她又怎样邀请小猫? 出示相关句子，指导阅读。再次巩固"愿意"和"怕"。

7. 稻子熟了，小母鸡又真心邀请小猪，她是怎样邀请的? 出示句子。

四、游戏识字，巩固运用

抢词游戏。指名领读稻穗后面的词，按难易程度分成三组。

五、揣摩字形，指导书写

1. 出示词表，学生按照结构给字分类。

2. 指导写"种、母、明"三个字。

小母鸡收获了她的稻子，我们也带着自己的收获走下课堂。

续表

教学过程（文字描述）（包括：教学阶段、教师活动、学生活动、设计意图）
附：板书设计 小母鸡种稻子 猪　猫　　　愿意？ 鸭　鸡　　　怕！

在认真书写中创造美，悉心感受汉字魅力

郭红霞

在近十年的义务教育语文课程改革中，"加强写字教学"一直是不变的旋律。新颁布的《义务教育语文课程标准（2011年版）》再次强调"按照规范要求认真写好汉字是教学的基本要求，练字的过程也是学生性情、态度、审美趣味养成的过程"，并进一步明确提出"第一、第二、第三学段，要在每天的语文课中安排10分钟，在教师指导下随堂练习，做到天天练。要在日常书写中增强练字意识，讲究练字效果"。

"认真写好汉字"是一个长期培养的过程。而作为义务教育的起始阶段，小学低年级的写字教学尤为重要。在多年来的教学实践中，我们采取多种策略积极培养低段学生书写汉字的兴趣和能力，一直坚持引导孩子们在仔细观察中感知美，在认真书写中创造美，在激励评价中欣赏美，进而悉心感受汉字的魅力。

一、在仔细观察中感知美

汉字，是世界上最为古老和特殊的文字之一，形体端正大方，优美典雅。每一个字都是一幅美丽的画，魅力无穷。古今书法家大多提倡写字要先练眼力。因此，教师要充分发挥主导作用，引领学生认真观察字形，感受汉字的形体美。

（一）欣赏形体演变，感受汉字形体美

汉字是现存几乎唯一的象形文字，"象形"是建立在视觉的会意基础上的。"会意"在汉字系统中特别可以连结文字与图像的共同关系，也就是古人说的"书画同源"①。如"人、鱼、马、山、火、土"等象形字，像一幅幅简易画，极具形象性。汉字的这一特点特别契合低年级学生形象思维发达的特征，因此我们常常用实物、图像等辅助教学，通过展示汉字原初形象及演变过程的动画，引导学生感受汉字的形美。如，教学"水"字，教师可以先展示流动的

---

① 蒋勋. 汉字书法之美. 桂林：广西师范大学出版社，2009.

溪水，再展示甲骨文的"水"字，最后展示演变至今的"水"，激发学生发现并欣赏汉字魅力的兴趣，进而引导学生认真观察，感受"水"字笔画中的动态美。

（二）揣摩字形结构，感受汉字形体美

汉字的结构非常灵动，展现出上下平稳之美，左右对称之美，舒展避让之美等。教师要留心汉字形体构造的这些特点，在教学中引导学生认真揣摩字的结构，从而感受汉字独特的美学特征。

如"从"字，两个"人"绝不相同，而是各有变化，单写一个"人"字，要求占田字格正中间，撇和捺要写得舒展。但在"从"字中，两个"人"并排走，既亲密又要彼此避让，生动自然。汉字结构的避让，除体现在左右结构的字上，同样也体现在"上下结构"的字上。如"露"字，上面的雨字头就要为下面的"路"字让出足够的位置。

在观察中揣摩汉字结构美，在观察中感知汉字形体美，久而久之，学生在老师有意识地引导和渗透中，也会逐渐养成按照汉字结构归类的习惯，进而感受到汉字不同的形体美。如，全包围、半包围结构的字，体会其方正之美；左（中）右结构的字，体会其错落之美；笔画多的字，体会其疏密有致之美。

二、在认真书写中创造美

"与其他任何一种文字的书写相比较，汉字的书写无疑是具有最多的讲究，因而也是最需花费心智的一种活动。与此相应，在世界各民族文字之林中，惟有汉字的书写才能形成人类最伟大的艺术门类之一——书法。"①汉字的美，只有通过书写，才能表现出来；也只有通过书写，才能传承汉民族独有的这一传统"美"。

（一）教师范写先行，激发爱美之心

入学伊始的孩子们，模仿能力强，向师性强，在他们的心目中老师写的字是美的。因此，指导学生写字，教师的范写很重要。对一年级的学生来说，教师的范写就是最形象、最生动、最切实的指导，可以有效地激发学生对汉字书写的爱美之心。学生通过观察教师的动作，亲眼看到起笔、行笔、收笔

---

① 刘志基．汉字文化综论．南宁：广西教育出版社，1996：137.

的全过程，是一个"润物细无声"的教育过程。

以往在书写指导时，教师一般都是面对黑板、背对着学生在田字格中范写指导，这样做学生不易看清执笔姿势和运笔方法。尤其是粉笔和铅笔的执笔还有所不同，示范的效果大打折扣。为了达到最佳的示范效果，教师可以在实物投影上进行范写指导。这样，学生可以看清每一个细节，能够直观地感受运笔的轻重缓急和间架结构的均匀、协调，写字的难度也就有所降低。

(二)姿势正确到位，养成良好习惯

写字姿势的正确与否直接影响写字质量。同时，不正确的姿势还会严重影响学生的身体发育和健康成长。十多年前，语文课程标准实验稿只在第一学段"阶段目标"中提出"养成正确的写字姿势和良好的书写习惯"；而2011年版的课标中，则从第一学段到第四学段始终强调"写字姿势正确"和"有良好的书写习惯"。

说到写字习惯，大家很自然想到"三个一"，即"眼离书本一尺、胸离桌子一拳、手离笔尖一寸"。在平时的教学中，我们经常发现：学生写字前，教师均会提醒学生注意正确的写字姿势，当时每个学生基本上都能做到；但过不了两三分钟，学生就会"怎么方便怎么来了"。这种现象到中高年级更是普遍。相信这"三个一"是每个学生都知道的，但却又不能养成自觉的习惯，究竟是什么原因呢？经长期观察，我发现其根本原因，一方面是学生的执笔姿势不正确，可谓千奇百怪。例如，有的学生手腕过于向里扣，保持正确的"三个一"姿势就不能看到笔尖，于是自然要低头。另一方面，是学生与教师往往只关注"一时"（即动笔前），而不是时时处处留心。

我们认为，教师在指导写字前务必要腾出一定的时间，从执笔开始，教给学生正确的写字姿势。正确的执笔姿势是：笔杆向后方倾斜，大约与纸面形成四十五度角，靠在食指根部与虎口之间，手掌与手臂成一条直线。捏笔时手指与笔尖的距离为三公分，手指不能捏得太紧，要自然些。写字姿势的培养就得从根本抓起，从细节抓起，而且要常抓不懈，不能流于形式。

需要强调的是，习惯的养成不是一蹴而就的，我们需要采用适合儿童年龄特点和心理特征的方法，引导学生在学习书写的过程中坚持应用，从而逐步养成良好的写字习惯。只有在头脑中深深留下了姿势美的印象，有了愉悦的体验，学生才会对写字越来越感兴趣，从而愿意自己"创造"优美的汉字。

（三）关注写字细节，提高写字质量

学生写字的过程也是怡情养性的过程，一定要重视培养他们认真书写的态度，促进良好的心理品质的形成。指导学生认真写字时，很多小细节是必须关注的。比如，要教育学生在写字过程中尽量不用橡皮。不用橡皮，有利于提高学生的书写质量。首先，积极培养学生的责任感——每写一笔就要把它写好，不依赖橡皮的涂涂擦擦，既保持本面整洁，又提高速度和质量。要做到这一条，学生必须养成先用眼、用心观察，后用心去写的习惯，从小树立精品意识。这样经过一段时间的练习，使学生逐步养成只要提笔，就要努力写好字的习惯。

培养学生良好的写字习惯是一项长期的艰苦工作，需要坚持不懈，把各项要求落到实处，才能真正养成良好的写字习惯。当学生看到自己写的字一个比一个漂亮时，自然会有一种成就感。此时，书写的过程真正成为学生发现美、创造美的过程。

三、在激励评价中欣赏美

小学生天性好胜，成功的喜悦往往能带给他们无穷的力量。实践证明，成就感可以大大地调动学生书写汉字的积极性。因此，要重视发挥评价的激励功能，调动并培养学生的审美能力。

审美能力不是与生俱来、一蹴而就的，需要在生活实践中不断磨砺。在低段的写字教学中，我们经常看到老师们在班级开展自我评价、同学互评、师生互评。在自评中，学生学会了认真审视自己的学习成果，在审视与反思中提升了汉字审美能力，同时还享受到了成功的愉悦。在互评中，教师引导学生学会以欣赏的眼光看待他人，善于发现并捕捉别人的优点，同时也要诚恳地为伙伴提出改进的建议。此外，还可以定期举办展览，为孩子们创造展示自己的机会，让学生体验并分享写字的乐趣。这些措施对学生有着极大的鼓舞作用。有时，老师还邀请字写得好的学生介绍他们的经验。一句朴素、真诚的表扬，换来的往往是学生作业本上虽幼稚但却更加工整、美观的汉字。学生在享受成功喜悦的同时，也最大限度地发挥了自己的潜力。

常言道："字无百日功"，练字是持久战，写字教学是一个长期工程，不可能速成。在日常的写字教学中，教师要谨记汉字的特点，心中装着学生，在指导写字的过程中全面培养学生发现美、感知美、创造美、欣赏美的能力。

这样，学生不仅能写出一手漂亮的汉字，更能在认真书写中修身养性，锤炼自己。诚如蒋勋先生所言："大概只有在汉字的书写学习里，包含了一生做人处事漫长的'规矩'的学习吧！"

追根溯源　寻求真知　完善成长

李媛媛

有人说：童话是人类的梦想。没有童话的人生，是黯淡的人生；没有童话的教育，是失去水分的教育；没有童心的教师，是失去生命光泽的教师。参加工作十多年的我一直用激情与活力用心浇灌着每一棵幼苗。在经历了几轮课改后，我有幸参与到校本研修活动中，在三年校本研修的道路上且行且思，收获良多，让我的教育生命充满了生机。

一、用智慧点燃智慧

今年我再一次参与到校本研修活动中，我从自己的教学实际出发，加强合作，取长补短，不断养成自我学习与自我反思的习惯。就以二年级上学期我组共同研究的《特殊的考试》为例，老师之间相互启迪，相互切磋，使智慧的火花不断迸发。

"新版课标"指出："识字、写字是阅读和写作的基础，是第一学段的教学重点，也是贯串整个义务教育阶段的重要教学内容。"对于刚刚升入二年级的学生来说，识字写字仍是我们教学的重点。而二年级的学生已经掌握了基本的识字方法，他们对识字也有一定的兴趣，教师在教授生字时，应当自己先对需要教授的生字有清楚的认识，将生字进行分类整理，再结合学情字情选择恰当的识字方法进行教授，让学生在一种轻松的氛围中，认识生字，感受汉字的魅力。

字理，也称造字理据，顾名思义，即汉字造字的源头和根据。演变了数千年，至今仍然有部分汉字没有失去字理。运用汉字的字理，分析汉字音、形、义之间的内在联系，以达到帮助学生识字、培养学生识字能力的目的，使学生感知汉字内在的含义，仿佛在童话的国度里学习知识一样。

在教授《特殊的考试》一课时，我抓住写字表中的会意字"取"进行了字源识字的活动。

"取"，会意字。从又，从耳。

"𦥑"甲骨文字形。左边是耳朵，右边是手（又），组合起来表示用手割耳朵。古代作战，以割取敌人尸体首级或左耳计数献功。本义是捕获到野兽或战俘时割下左耳。

在这一环节开始的时候，我让学生根据字形猜这个字的本义是什么。有的学生说是"用耳朵听才能获得想要的东西"。当我解释这个字左右两部分的本义"左边是耳朵，右边的'又'表示手"的时候，很多孩子笑了起来，说明学生对这个解释感到匪夷所思。这时，我适时点拨道："古代作战，以割取敌人尸体首级或左耳计数献功。本义是捕获到野兽或战俘时割下左耳。"学生听到这样的解释不再笑了，相信每个学生的脑海中不是一个"取"字，而是远古的战争画面。与此同时，这个"取"字被学生牢牢地记在了心里。

二、以真知启迪真情

这之后，我对字理识字进行了深入研究，并继续在课堂上实践。慢慢地，我发现，学生识记知识的效果与他们识记的积极性密切相关。最先被学生识记的知识，常常是那些他们认为很重要或者很感兴趣的，因而能够积极主动地加以识记。根据儿童的认识规律和心理规律，感性的材料、形象的联想比抽象的符号更能让他们感兴趣并且记忆深刻。这说明字理识字符合儿童的认识规律和心理规律，即化抽象符号为形象的联想，让学生理解记忆而非机械记忆，从心理上为学生减负。任何事情都必须按其发展的规律来办，这样才会收到最好的效果。

从东汉许慎的《说文解字》到清代的诸多识字教本，都非常注意从构字原理上析解汉字，如今的字理识字更明确、更直接、更集中地强调"字理"，减少了死记硬背的内容，提供了更多易于联想的线索，使学生更快更牢地识记汉字。"减负"从某种意义上说，是要求转变一种学习方式，提高教育教学质量，指导学生建立一种新的学习方式。我们应该抓住这种有效的识字方式，提高识字教学质量。

在识字教学中，注意字理解析，不仅有利于提高学生的学习兴趣，增强记忆和发展思维，还能使学生在了解汉字负载的文化知识的同时，潜移默化地受到汉字的熏陶，感受到汉字文化的博大精深，从而产生对祖国语言文字和民族文化的热爱之情。

童话，让教师拥有了童心；研修，让教师可以深入思考。在校本研修活动中，我不断地学习、吸收养料，而这又使我能源源不断地向学生灌输知识和学习的能力。

　　几年的实践，带给了我走向成功的信心。尽管我尚未产生过"跨越式"的飞跃，但我可以自豪地说："这种立足于教师不竭动力挖掘、立足于学校教师可持续性发展的'校本研修'，使我迈出的每一步都感到扎实。我且行且思，收获着累累硕果。"

让课堂迸发思维的火花

——《上天的蚂蚁》课堂札记

侯杰颖

思维能力是学习能力的核心。《义务教育语文课程标准(2011 年版)》在"总体目标与内容"中指出，在发展语言能力的同时，要注重发展学生的思维能力。那么，对于低年级的语文教学来说，如何在识字写字的同时，达成这一教学目标呢？带着这样的思考，我开始了《上天的蚂蚁》一课的教学实践。

一问——抽象的文字怎样入心

《上天的蚂蚁》是北师大版教材二年级上册"努力"主题单元中的一篇主体课文。这是个有趣的童话故事，一只小小的蚂蚁立志凭借自己的不懈努力，从通天树爬到天上去，小蚂蚁的表现与巨人形成了鲜明的对比，文章赞扬了蚂蚁敢于立大志，并为此勇往直前的精神。如何引导学生读出语言文字所蕴含的情感呢？

低年级学生以形象思维为主，要使抽象的文字进入到学习者的内心，最有效的不过两种方式——想象和体验。教学中便引导学生结合上下文和生活实际展开想象，走入文本，对话人物，请学生结合语言文字想象"这是一棵怎样的树"，又通过"俯下身子"、"抬头仰望"等动作体验蚁之小、树之高。在教师的引导下，学生经历了把文字形象化的体验过程。

二问——散乱的思维怎样条理化

其实在我们的课堂上，处处体现着学生的思维。只要学生一张口说话，一动笔写字，我们看到的是什么？不是一个个文字，而是其中蕴含的想法，触摸的是学生的思维状态。当教师对此进行评价时，便是在改善学生的思维。

在《上天的蚂蚁》一课的复习导入环节，先引导学生回顾认读词语"身材魁伟、连连告退、充

满自信、很小很小"，顺势请学生结合课文内容试着将这些词语分类。分类的标准不一，鼓励学生多角度思维。有的学生将描写巨人的词语分为一类，描写蚂蚁的分为另一类；有的学生将描写身材的分为一类，将描写面对大树态度的分为一类。

在这样的学习过程中，学生不仅对文本有了整体感知，又梳理了思维，将颗粒状思维整合成线条型思维。

三问——文章的构思怎样触摸到

能够入选教科书的文章篇篇构思精巧。本文中多处运用了对比的表现手法，也正是在这一处处对比中，人物形象鲜活起来。如何引导低年级的学生适时适度地感受呢？

记得崔峦老师说过，低年级的阅读教学除了指导学生朗读课文外，还应引导学生了解少量的重点词句，在阅读中积累。教学中，我便从重点词语入手。"很小很小、很高很高"这两个词语在文中分别描写蚂蚁和大树，它们不仅构词方式相同，而且意思相对。教学中，先引导学生学习带有这两个词语的句子，初步感受通天树的高大，以及蚂蚁的矮小。之后将词语提取出来，放到一起，请学生再来读一读，说说想到了什么？孩子们将词语关联起来，说出了自己的想法：

"树这么高，蚂蚁怎么可能爬上去呢？"

"这简直不可思议！"

"我发现这组词意思相反，这是对比。"

……

孩子们的回答出乎我的意料。看来，我们有时的确低估了学生的能力，认为他们什么都不懂。其实只是因为我们没有提供给学生发现的空间，倘若给了足够的空间，那一个个小宇宙一定能释放出惊人的能量。

语言和思维是不可分割的，它们相互促进，共同发展。只有把发展学生的语言和思维统一起来，才能有效地提高学生的语文素养。能够迸发学生思维火花的课堂，才是精彩的、灵动的、值得回味的课堂。

探究真问题，潜心自发展

沈宏玲

做了二十年语文教师的我，经历了教材、教法的多次变迁之后，似乎已经形成了一定的教学模式，教学水平也到达了瓶颈，很难再去突破。但是经过了几轮的校本研修之后，我感到了"教学"的生命力，我的教学水平也在不断的学习、研讨中获得了新生。

一、真问题带来真思考

研修的过程中给我冲击最大的是，让我感受到了真问题的可贵。我们的真问题并不是拍脑袋拍出来的，而是逐步聚焦得到的。我们的研究问题经历了从"篇章阅读"到"对重点词句的理解"，再到锁定"识字教学"，这一过程是自己对课程标准的进一步解读以及对学生年段特点的深入了解。也正是因为此，我低段语文教学的理论水平有了很大的提高。

二、"三教三反思"在成就团队共同成长的同时，完成了个人的突破

在研修过程中，我们就真问题进行了几轮的备课、反思。在这一次又一次的反思中，我的眼前逐渐云开雾散，教学思路、理念逐渐清晰起来。在对《瀑布》一课的研讨过程中，我在随文识字和集中识字如何恰当使用方面有了更深刻的认识。在进行文本解读时我发现，《瀑布》不同于以前我们学过的《小小的船》那样有节奏感、朗朗上口，更多的是一种诗的意境。所以我就重点对四个比喻句以及在这四句话中的生字进行了研究。为了把功课做"实"做"足"，我真可谓是逐字逐句地分析、揣摩。每一个生字都究其字源，明其字理。当把句子已经掰开揉碎分析透了，把生字研究清楚之后，我觉得如果在课上能把这些都教给学生，学生一定学得扎实，理解得透彻。

然而，在试讲过程中问题出现了。学生对"时时吹来一阵风，把它吹得如烟，如雾，如尘"提出了疑问："如烟，如雾，可以理解，但是为什么会如尘呢？"多好的问题，我抓住此问题顺势讲解了"尘"这个生字。"你们看'尘'这个字，有什么好方法把它记下来吗？"学生答："上面一个小，下面一个土，就念

'尘'。"我接着引导："是呀，小土为尘，当风吹来时，瀑布上的小水滴，就像尘一样，飘在空中，多美呀，谁来读一读？"此时，学生一脸诧异，"尘土"美吗？把"尘土"读美？课后我和组里老师就"如烟，如雾，如尘"这一比喻句展开了热烈的讨论。此时的我在脑海中出现了一个大大的问号。我开始意识到，文中的比喻句，是一种意境，如果把它落到实处，落到具体的物象上，就会禁锢想象，破坏意境美。茅塞顿开的我，立刻调整了教学设计，利用了一段恰当的视频，以及老师优美的语言，激发学生的想象，让他们通过朗读来体会比喻句的意境，感受瀑布的美。在最后的展示课上，此环节的调整确实收到了良好的效果。

也正是通过这样的课例，我在反思中认识到，并不是每一次课堂，每一篇文章，都要让学生们咬文嚼字地去分析，去理解；并不是每一段文字都要实实在在地去探其究竟。有时候我们的教学就应当是"虚""实"结合，这样"尘土"也可以美起来。而随文识字和集中识字也是一样，只要学生学习过程中需要在文中讲解、并能促进文章理解的，我们就随文。在文中讲解对学生识记没多大帮助的我们便可以采用其他方式识记，不可一味地追求时髦的识字方法。由此可见，淡化两种识字方法之间的界限是我们现在应该去努力的方向。在设计识字环节时，我们要再三审视，审时度势，做到识字方法的最优利用。

三、研修久长，唯有不断前行

经历了实实在在、扎扎实实的课例研究过程，我深刻地认识到如果我们能在每个学期都针对某一真问题展开真研究，促进的将是老师的自发展，受益的将是我们的学生。在课例研究过程中，做好前测和课堂观察是课堂持续改进的前提条件，而课后的反思则会给我们带来宝贵的经验。在减负增效的今天，开展切合实际的课例研究显得尤为重要。

持续、有计划、有目的的研究受益的是教师，能够使教师得到专业的成长，使年轻的教师尽快上路，有经验的教师突破自身瓶颈再提高；受益的是学生，使学生提高了学习能力，增强了学习兴趣。

研究之路久长，在这条路上我们愈来愈感叹真问题的可贵。正是潜藏在我们心中的真问题，引领着我们每一个人渐渐踏上了一条探索之路，一条集体研究、自我修炼之路！

跳跃的思维，永恒的印记

——我的"批注式阅读教学"之路

于京莉

苏霍姆林斯基曾经说过，如果你想让教师的劳动能够给教师带来乐趣，使天天上课不至于变成一种单调乏味的义务，那就应该引导每一位教师走上从事研究这条幸福之路。

2013年9月至2014年1月，我作为执教教师，参与了学校的课例研究活动，完成了小学语文三年级上册《海底世界》一课的教学研究。在研究组所有成员的协助下，我与同伴们亲历了三次实践、三次反思的过程。这次的课例研究带给我智慧的启迪，思想的碰撞，让我提升了教育理念，促进了个人发展。

一、以师为主进行批注

《海底世界》是一篇介绍海底的科普性说明文，作者通过生动形象的语言，描绘了一个"景色奇异，物产丰富"的海底世界。第一轮备课中，我们认为课文结构清楚，采用"总—分—总"的结构介绍了海底的情况，这是第一个批注点。第4自然段是典型的围绕中心句展开叙述的段落，也是很好的习作素材，因此总分句式作为第二个批注点。课文是围绕"奇异、丰富"这两个词来写的，因此文章最后一句话是第三个批注点。在课堂实践中我们发现，这样的教学设计束缚了学生的手脚，批注没有指导性、层次性，关键词句没有理解到位，更无从谈起对学生理解与表达能力的提高。

二、以生为主进行批注

"新版课标"指出："阅读是学生的个性化行为。阅读教学应引导学生钻研文本，在主动积极的思维活动和情感中，加深理解和体验，有所感悟和思考，受到情感熏陶，获得思想启迪，享受审美乐趣。要珍视学生独特的感受、体验和理解。"语文课堂阅读应基于学生的个性化，又最终指向学生阅读中的个性化发展。

　　基于这样的认识，我们在第二轮课进行了这样的设计，让学生自读第2、3自然段，画出能体现景色奇异的句子。第4自然段的批注分了两个层次，先圈出动物名称，用直线画出它们的活动方法，再用自己的语言批注它们的活动特点。

　　这一轮课重视了学生的个性体验，但形式过于单一，似乎是为了批注而批注。课文的核心语句是"海底真是个景色奇异、物产丰富的世界"。学生的批注应围绕着这一核心内容进行，课堂上教师引导学生的着眼点只落在一词一句一段上，造成了"一叶障目，不见泰山"，对文章整体关注不足。

三、关注整体进行批注

　　阅读教学应围绕着教学目标和重点难点，设计一个或几个能架构全篇的母问题，母问题的解决，又常常先从解决子问题开始。尽管这些问题纵横交叉，层次不同，但逻辑关系清晰，目标指向明确，对于任何一个有价值的问题的解决都需要进行整体性的思考。因此，尝试以核心问题架构起阅读教学的主线，先使整体思路清晰起来，再打散各点，自主批注，咀嚼细微之处，最后聚拢散点，整体批注，这便把批注的特点和语文教学的规律结合起来了。仿佛放风筝有一条牵紧的主线，风筝才可以自由地在一定的空间里翱翔。

　　第三轮上课伊始，我就抛出了直指核心内容的问题，"课文以一个问句'你可知道，大海深处是怎样的吗'开头，读读全篇课文，思考课文中哪句话回答了这个问题"。接着，在第3自然段针对动物的声音、第4自然段针对动物的活动方式，第5、6自然段针对植物和矿物分别进行了自主批注和补充批注。最后以一个问题"课文学到此处，你心中的海底世界是怎样的"，引导学生进行批注，解决核心问题，回归整体，达到了训练学生思维的目的，并且使学生对文章的写作结构与方法有了更深的认识。

　　此次的课例研究促使我学习、思考。教师的专业成长和发展，关键在于实践性知识的不断丰富和实践智慧的不断提升。在一轮轮"问题——设计——实践——反思"的循环往复中，我的专业素质不断得到提升。更重要的是课例研究使学习成为自我发展的内在需要，成为一种生活方式，成为一种幸福。

以课例为依托论小学语文读写结合点的确立

李海云

目前，在小学阅读课上，越来越重视学生的阅读体验，以读促教的方法在全国语文优质课上已经有所体现。两年来，通过对我校展示的优秀课例的研究，我发现：关注了文本的语言、进行了读写结合训练的课更容易获得满堂喝彩。这时，学生的表现一般会高于学生平时的水平，这就是教学的艺术所在。教学实践充分证明，利用学生的模仿能力，为学生的语言学习搭建一个平台和环境，学生必将呈现出精彩的生成。但是，科学地安排读写结合训练点，却不是一件很容易的事。读写结合点寻找的不好，学生所写口号式语言居多，就很难实现文本语言的迁移或者激活学生语言表达的激情和库存。那么，应该如何选择有价值的读写结合点呢？这需要教师本身极强的语文意识和专业基础。

一、读写结合点的确立

教师在阅读教学过程中，要抓好读写结合点，科学施教，从读到写，以写促读。读写结合，是"生本、师生、生生"多维对话的平台，是语文"工具性与人文性统一"的佳径，自觉实践，持之以恒，一定能领略到"读写结合风光无限，能力素养提高显著"的喜悦。在读写结合点确立的过程中，我们应该特别注意的是：此连接点一定要与阅读的中心主旨有关，同时还应该是语言鉴赏的一部分。利用这一结合点可以使读写真正结合起来，不再流于形式。另外，在进行此训练的过程中，学生的获得应该是双向的，不仅有语言上的，还要有理解课文主旨上的，这样的读写结合，才最有实效。

二、读写结合，升华主题

1. 以《冰灯》为例，看两次仿写的不同，感受语言习得的重要。

[教学片断]

师：几天过去了，冰灯融化了，但儿子却说："冰灯虽然融化了，但它从此留在了我的心中。"这里的"它"指的是什么？留在我心中的还会是什么？请你拿出手中的纸，自己写一写。

再次出示：冰灯虽然融化了，但_____，从此留在了我的心中。

生：爸爸对我的爱留在了我的心中。

美丽的冰灯留在了我的心中。

师：是啊，留在我心中的不正是父亲对我浓浓的爱嘛！父亲为我做冰灯是父亲对我的爱，而这后悔中不也藏着我对父亲深深的爱嘛！

师：文中的作者深深地感受到了父亲对他的爱，这盏冰灯虽然融化了，但永远留在了他的记忆中。同学们，其实生活中每一位父母都是如此爱着自己的孩子。看，在妈妈的搀扶下，我迈出了人生的第一步，妈妈有力的双手留在了我的心里。在爸爸的背上，我成了当天最小的登山者，爸爸那坚实的背膀留在了我的心里。每天，妈妈为我准备丰盛的早餐，妈妈忙碌的身影留在了我的心里。每天，爸爸把我送进校门，久久不肯离去，爸爸那不舍的目光留在了我的心里。回想这点点滴滴的感动，又有什么留在了你的心里呢？把你的感动写下来。

再次出示：冰灯虽然融化了，但_____，从此留在了我的心中。

生：爸爸那冻僵的双手，从此留在了我的心中。

爸爸磨冰的身影，从此留在了我的心中。

爸爸额头上的点点汗珠，从此留在了我的心中。

[教学反思]

这篇课文的读写结合点，从一开始就定在了"_____，从此留在了我的心中"上。通过两次仿写，课文的主题有所升华，同时，我们借助老师的语言为学生的语言习得建立了模仿的范例，学生在第二次仿写时较之前的语言有了明显的进步。

2. 以《炮手》为例，借助小诗读写结合，最终深化阅读、升华主题。

[教学片断]

出示将军和炮手的图片，介绍将军创作的诗。

师：多年后，将军回首往事，仍然忘不了这位普通的士兵，于是，他满怀深情地给炮手写了这样一段话，让我们借着将军的话把炮手给你留下的最深刻的印象和你最想对他说的话写在学习纸上。

学习纸：

每当想起，

_____，

我就想对你说出这样的话，

_____，

_____。

生接连汇报这一部分，前后部分由师生配合朗读。

成果展示：

可敬的炮手，

我的好士兵。

每当想起，

你斩钉截铁的应答。

我就想对你说出这样的话，

你真是个服从命令的好士兵！

每当想起，

你流满热泪的脸颊，

我就想对你说出这样的话，

你为人民牺牲那么大，大家一定会记住你的！

每当想起，

你流满热泪的脸颊，

我就想对你说出这样的话，

你用你的小家换来的是祖国的未来，

你放心，赶走侵略者，我们和你一起重建家园。

我的好士兵，

请允许我再一次，

用军人的仪式，

向你致以崇高的敬礼！

［教学反思］

在这一课中，重点和难点就在于使学生理解：为什么炮手知道那是自己的房子还要炸？从而理解炮手这个人物的精神所在。通过小诗歌的形式，学生对炮手这一形象有了更深的感触，更好地关注到了炮手的动作、神情和语言，并通过自己想对炮手说的话，抒发了对炮手的敬佩之情、尊敬之意，最终实现了对炮手形象的深入感知，真正做到通过写话，升华主题。

三、结论

　　读写结合，"读"的应该是相当或略高于学生语言发展水平的"伙伴语言"，"写"的应该是平实地、有效地表达的东西，应该是准确地有条理地表达自己看法和描述自己生活的东西。确定读写结合点的关键是要认真备课。首先，我们要认真研究教材，根据课文的语言特点确定读写结合点。其次，我们要根据教学目标中阅读理解的重、难点确定读写结合点。除此之外，我们还要根据学情确定读写结合点，要根据自己所任班级学生的实际学习水平，有选择地进行读写结合方面的训练，不要面面俱到。在此基础上确定的读写结合点，才是语言与思维的双重习得，才能真正做到学生阅读写作水平的双重提高。

发挥例子作用　指导学生练笔

周　燕

"课文无非是个例子。"语文教材中许多课文为学生的写作训练提供了很好的范例。我们可以依托文本，研究作者写作的思维过程，指导学生学文、练笔，让学生学会把在阅读教学中学到的知识和技能向写作迁移，激发学生的写作兴趣，培养学生的写作能力。

下面主要以"亲情"单元为例，谈一谈指导学生在课堂中练笔的粗浅认识。此单元围绕"亲情"这一主题，编排了三篇主体课文和一个语文天地。首篇《礼物》是一首短小、朴实的小诗，通过介绍亲人送给"我"的礼物，以及"我"从这些礼物当中懂得了什么，表达了亲人对"我"的无限关爱和殷切希望。其他两篇则分别记叙了"男孩"和"狐狸妈妈"为了挽救亲人的生命，不惜牺牲自己的感人故事。

1. 学法先行，由仿到创

本单元的首篇课文《礼物》是一首活泼、充满童趣的儿童诗。诗中流溢出的童心童趣为孩子们所熟悉、喜欢。学生学习时表现出了极大的兴趣。这首诗回环整齐，朗朗上口，易于模仿。课上安排了这样一个练笔环节：仿照诗歌的前四节写一写。学生们跃跃欲试。

• 去年冬天，奶奶送我一件毛衣，穿在身上，温暖了我的心，我懂得了奶奶对我的关爱。

• 去年春天，爸爸送给我一架钢琴，当手指在琴键上优雅地弹奏时，我懂得了音乐的美妙。

• 今年春天，妈妈给我一块橡皮，看着橡皮渐渐变短变小，我懂得了节约的重要。

• 去年春天，妈妈送给我一台缝纫机，看着自己亲手制作的衣服，我懂得了成功的喜悦。

• 今年春天，妈妈送我一本《男生日记》，品读着那些有趣的故事，我懂得了怎样成为真正的男子汉。

• 今年春天，爸爸送我一本《汉字的故事》，看着那些古怪的汉字，我开始懂得了汉字的来历，知道了中国文化的博大。

学生在仿写的过程中不仅要明白作者的表达意图，还应反观作者是怎样组织语言文字来表达自己的观点的。了解作者的语言表达方式，如语言的组合形式、文间的留白、段落间的呼应、遣词造句的精妙等。

仿写，注重从读学写，读写结合。多读多写。多读好的文章，读内容和表达方面都可以效法的作品，多吸收好的表达方法，融会贯通，储备起来。除了了解文字意义之外，还要把文字所含的思路条理和语言条理印入脑中，成为熟套的一部分。要多写，一方面，由多读得来的熟悉，必须通过自己的笔才能明朗、巩固，成为熟练。再者，写不只是随着思路走，还是一个整理思路的过程。长期写，内容才会精粹、有条理。

教材中可供仿写的文本例子较多。一些浅显活泼的儿童诗较易模仿，如《爱什么颜色》《我想》等；《小镇的早晨》等结构段式清晰的课文可以作为段式练笔的学习与模仿篇目；《小虾》一课对小虾生活习性的细节描写，自读课文《第一次买东西》中对良子心理活动变化的描写均可模仿。

仿写重在形式的模仿，内容可以有变化。可以仿语言、仿文体、仿片段、仿篇章，也可以仿立意、仿章法、仿表现手法等。

2. 点触情弦，延伸主题

(1)课文主题的延伸

《妈妈的葡萄》一文讲述的故事深深地打动了学生。起初，学生不愿意相信狐狸妈妈永远不会回来的事实，当对课文内容有了进一步的理解之后，学生认识到这是狐狸妈妈为救自己的孩子而做出的牺牲。随着对课文理解的不断深入，学生不禁被狐狸妈妈这种伟大的举动所感动、折服。世界上竟然有这样伟大的母爱，学生朗读时的语调变得低沉起来，沉浸在这感人至深的故事情节之中。"此时，你想到了什么？有什么想说的吗？用笔写下来吧！"言从心生，语言其实是内心情感的物化形式。有了情感体验并受到了情感冲击的学生，埋下头来，笔尖流泻，写下这样的话语。

• 谁也无法阻止母爱。狐狸妈妈宁愿贡献出自己的生命，也不让自己的孩子受到伤害。

• 母爱是多么伟大，狐狸妈妈都可以用自己的生命去救自己的孩子。

• 我觉得狐狸妈妈对小狐狸的爱令人难以想象。原以为她会跟小狐狸一起离开。出人意料的是，她竟然会为小狐狸献出生命。这种伟大的母爱不由得让我佩服。

　　•狐狸妈妈不顾惜自己的生命，去救自己的孩子，她真勇敢、真坚强、真伟大！

　　•这是狐狸妈妈在危机时刻发出的警报，为了保护小狐狸，她不惜暴露自己，母爱真伟大！

　　孩子们正是因为有体会、有感悟、有感动，从而有了感触，产生了表达的需求。此时轻松的写作状态与平时习作时冥思苦想的状态也就大不相同了。

　　语文教材中像《妈妈的葡萄》这样感情色彩强烈的文章其实很多，这样的课文比较适宜安排课堂练笔。如在教学《七色花》一课时，出示："珍妮还有许多愿望没实现，可最后一片珍贵的花瓣没有给自己，为什么还这么高兴？珍妮感到快乐，是因为她明白了_____。"又如在教学《一枚金币》接近尾声时，提出："儿子明白父亲的良苦用心了吗？在书上写一写。联系生活填空。当我_____的时候，我会想到_____。"再如《冰灯》一文，教学时出示："这个故事让你想到了父亲关心你的什么事情？你想对父亲说些什么？把你想对父亲说的话写下来。"

　　正是因为课堂教学具有极强的现场性和生成性，更容易捕捉有价值的生成资源，因此，要抓住时机，为学生提供有效的情感和习作的引导，把学生自己埋藏在内心的"激动""情感"导出来，点触情弦，激发学生写作的内心需求，从而调动他们的写作兴趣。

　　(2)单元主题的延伸

　　主题课文的学习完成后，学生对亲情的认识逐步深入。如果说《礼物》让人感受到的是亲人对自己的关爱和期待的话，那么小男孩为救妹妹愿意跟她平分生命的勇敢和决心更加令人钦佩，而狐狸妈妈为了拯救自己的孩子而牺牲自己的那种义无反顾的精神更是催人泪下，感人至深。学生通过阅读文本感受到了亲情带给我们的感动，并随着单元课文的学习进程循序渐进，愈来愈浓烈，在语文天地"畅所欲言"一环节谈论与家人相处的美好时光时达到高潮。学生对自己亲人的情感被激发出来，有感激、有感动、有愧疚、有体谅。言为心声，此时有了情感的积蓄，在"笔下生花"环节安排一项练笔："给悉心照顾自己的亲人写一封信，写一写你最想跟他们说的话。"学生的笔尖同样饱蘸着深情。

• 您每天都要很早起床去上班，而下班又很晚。您每天还要抽出时间辅导我学习，还要帮奶奶做饭、干家务。周六、周日陪我去上课，最后自己只有一点点休息时间，每天仅有的一点点休息时间，您还要用来思考安排我明天的生活。很晚了，您还要看许多资料，完成单位的任务。您为我做了很多很多，谢谢您抚养我长大，让我知道什么叫甜，什么叫幸福，什么是快乐。谢谢您，妈妈。

• 记得那是个双休日，我要去上舞蹈课。可是，天空下着鹅毛大雪。您为了我不迟到，天刚亮就起来了，帮我准备服装。还顶着大雪骑着车送我去上课。因为雪实在太厚了，骑不动，您就下车推着走。雪没过了您的鞋，您的脸被冻得红红的，这一幕，我永远都不会忘记。

• 奶奶，小时候，我的手划破了缝针时，您着急的模样我还记得。我在治疗室里头缝针，您却一直在外面哭。我的手痛，您的心却更疼。

• 冷冷的大风下，是您到校门口来接我。您微笑着向我走来。您穿得很少，却仍然把大衣脱下来给我穿上。"我不冷，您自己穿吧！"您却摇了摇头，我明白您是怕我冻着。我摸了摸您的手，哇！您的手好凉啊！那一刻，我永远也忘不了。

• 我被您说，还不时地顶嘴。您为我付出那么多，现在想起来，真的觉得对不起您。一想起这件事，就觉得羞愧无比。请您原谅我以前的过错，请相信我，我会改正的，放心吧。

真实的生活情境必然引发学生表达的积极性，只要学生乐于写了，有内容可写了，就会不断增强其作文的信心和动力。

单篇课文教学练笔为单元教学主题的练笔奠定了基础，积累了素材，也积累了情感的体验。单元中的课文都是围绕单元主题来编排的，它们是一个有内在联系的有机整体。"单元教学的初衷本来是要求学生在学习一个单元时，应以能否获得一个完整的生活体验为依据进行组织和实施。"①在练笔时，应该充分发挥单元教学的优势，在单元整体的统领下，注重单元教学和单篇教学的练笔相结合。如在"春天的脚步"单元，安排观察春天给周边生活带来的变化，安排描写春天的练笔；在"可爱的小精灵"单元，借助《小虾》《松鼠》等课文的学习，进行有序观察，描写小动物的生活习性。

---

① 郑国民. 新世纪语文课程改革研究. 北京：北京师范大学出版社，2011.

　　总之，不积小流，无以成大海。课堂练笔是"文思如泉涌"前的积蓄，是语言积累、内化、外显的载体。学生通过有目的、有计划的练笔训练，丰富了表达的手段，优化了原有的表达形式，提高了表达的能力，写作的兴趣浓厚了。不论是学法先行，由仿到创的仿写；还是点触情弦，延伸主题的练笔，都侧重于情感的表达和方法的运用。不论侧重于什么，练笔的安排要做到心中有底，做什么，怎么做，思路要清晰。避免随意性，更要避免为练笔而练笔。

　　但在教学实践中也会遇到困惑的问题。就作文的过程而言，学生一般都是从要表达一个相对完整的内容入手，思路是从整体到局部。课堂练笔在习作训练上承上启下，降低了学生作文的难度，但也容易给学生造成一种错觉，认为写文章是从局部到整体，而不是从整体出发。怎样做到"拓宽提升不忘整体回归，理性思考不乏情趣共生"，是我在今后的教学实践中要着重思考的问题。不过，习作教学应该立足于学生来思考，不仅让学生成为课堂的主人，还要让学生成为习作的主人，这一主旨我始终铭记在心。

　　语文教材无非是个例子，但它蕴含着丰富的教育教学价值。用好这些例子，使之成为练笔习作的例子，成为学好语文、用好语文的例子，成为学生认识社会和人生，丰富情感、陶冶情操的例子。这应该是我这个小学语文教师的责任之所在。

孩子，谁欺负你了？

——《和氏献璧》教学反思

刘春燕

早春的北京总有冷兮兮的感觉。改进《和氏献璧》课堂教学的接力，轮到我已经是第三棒。

春寒料峭，百般纠结

执教前的备课会上，陈晓波博士给了我一个规定："明天的试讲，教师的语言越少越好，不许有过多解释，把时间充分地还给学生，这是规定动作，必须完成！"

教师少说话？那孩子学什么？真是咄咄怪事！但是，不照做恐怕不尊重博士吧。这可怎么办？就这样，还没感受到春风的吹拂，我却在寒凉的春夜里，辗转反侧，纠结不已。

春光和煦，飞舞课堂

第二天出门之前，我就想好要把自己的疑惑告诉博士，争取说服她收回"规定动作"。可一进办公室，看见博士那年轻而且带着浅浅笑靥的面庞，我欲言又止，心中拂过一丝春的暖意，心想，就先按博士的要求上吧。

窗外的空气依然带着几分寒意，却不曾想到今天的课堂上居然洋溢着如此盎然的春意！课堂上，我将时间充分地还给学生，看着他们因为时间的充分而尽情学习的状态，我不禁深深感动。孩子们在吮吸着春天的甘露，像一个个贪婪的杨梅果儿，让我看到了春天的希望。

可转念间，这种得意突然蒸发，我的"经验"又在心底叫嚣着：学生会不会浪费了时间？我的教学任务、目标完成得了吗？带着几分忐忑，终于到汇报环节了。当我再次重复汇报的问题"卞和是怎样献璧的"时，我的心依然卷舒不定：他们能抓住重点词语吗？感受会不会偏离主题？朗读会有情感吗？

尽管春寒料峭，然而春天的阳光总是和煦而跳跃的，犹如一个个调皮而蓬勃的孩子，它们穿透云层，舞进课堂，照在孩子们稚嫩的小脸上。汇报开始了，几乎每一个孩子的回答都出乎我的意料，点点春雨使我清醒——以往的课堂我太吝啬了，低估了每个孩子的潜能！

真没想到，原来，课可以上得如此轻松！随着悦耳的下课铃声响起，我那阴郁已久的心被春日的阳光照耀，暖暖地，轻轻地，像燕儿呢喃着稔熟的语言，但只有我才能听得懂。

春雷乍响，我心忧忧

我的心陶醉了，陶醉在课堂上孩子们如雨后春笋般冒出的小手，陶醉在孩子们热烈而生动的课堂讨论中……"老师，老师，我还想问，卞和……"，这群叽叽喳喳的小燕子们把我团团围住，津津有味地继续讨论课堂上的问题。我的心开始膨胀了！我暗自窃喜于已经将孩子们的兴趣打开，满足和喜悦浸泡着我，心便又开始飘飘然了……

突然有个孩子跑过来说："刘老师，启哭了！"我从孩子们的包围中抽身来到启的面前，蹲下身来，边为他擦泪边问："孩子，谁欺负你了？"显然，在我的关心下，他更加委屈，已经泣不成声了。我竭尽全力用自己无限的温暖安慰着他。良久，他抽噎着，用他那小手指了指还未收起的语文书，我的目光疑惑地寻找着语文书上的答案。是"又"！启用铅笔重重地圈出了那个"又"字！这不正是我板书中缺少的一个关键词吗？昨晚备课时，我觉得孩子们不一定能找出来这个词，对他们而言太难了！可是，启居然发现了它！

启是一个动作慢、不自信、成绩不理想的不起眼的乖孩子，在班里他总是最后一个交考卷，成绩也排在最后，内向的性格使得他的一切都显得那么平淡，也不知道我平时哪句鼓励的言语让这个白皙的小男孩从这学期开始喜欢上了语文。启进步了，书写工整了，听讲专注了，对待每一个小问题也认真了，成绩也在悄然提高。可这一切并没有改变他平淡的状态，所以，虽然我关注到了他的变化，但是并没有给予他更多的呵护。

孩子抑制不住的啜泣声拉回了我的思绪。这一刻我怔住了，刚才自大飘扬的心被无形的大手抓住狠狠地摔在地上。天哪，我都干了什么！我忽视了一个已经破土而出的种子，忘记了应给予他最及时的灌溉！一定是我潜意识里觉得这个问题太难，一定是我先入为主地觉得启这样的孩子不可能知道这么难的问题，一定是我觉得启的变化依然是太平淡太平淡，所以，我刚才才没有看见启多次高高举起的小手吧！天啊，我究竟干了什么！我甚至忘记了大自然物象万千，风有风声，雨有雨音，人有人言，鸟有鸟语……我伤了孩子的心！

此时的我，内心充满了自责，我无法原谅自己的过失。稳定好情绪后，我转向启，很真诚地说："对不起，孩子，老师忽视你了。你的批注准确而精练，是这堂课最好的答案！老师没叫你回答，能原谅我吗？"启很听话地止住了哭泣，但内心的激动依然让他无法用语言向我表达，于是他使劲点头，还挂着泪珠的脸上已经露出孩童纯真的笑容。多么懂事的孩子啊！孩子的心结或许已经打开，因为他收拾好书本跑出教室欢闹去了，但是我的心却陷入无边的灰暗，春天似乎与我渐行渐远……

"春"去"春"又回，我心安然

课后的研讨中，博士称赞我出色地完成了"规定动作"。可是，我怎么也高兴不起来，脑海里始终萦绕着启委屈的样子，忍不住叹气，还不由得自言自语："嗨，我还说谁欺负他了呢？真没想到，罪魁祸首居然是我！唉……"

我心忧忧，连着好几日不能安然。痛定思痛，我反复揣摩着"关注学生"的真正含义。不把学生看作容器，而是看作期待点燃的火把。每个孩子都是一本书，是一朵需要耐心浇灌的花，是一支需要点燃的火把。他们的心理脆弱，情绪易波动。充满爱的关怀，会改变一个学生的行为。苏霍姆林斯基说过："在人的心灵深处，都有一种根深蒂固的需求，这就是希望感到自己是一个发现者、研究者、探索者，而在儿童的精神世界中，这种需求特别强烈。"

在教学中，我们应该关注的不仅仅是知识本身，也应该关注学生在主动参与的过程中与他人和教师之间碰撞出的情感共鸣。对于那些个性有差异的孩子应倾注更多的目光，调动他们的学习积极性，活跃他们的思维，要善于抓住这些机遇，引发碰撞，并引导学生思考，开展争辩，激发学生创新的欲望，才会真正享受到生成带给我们的巨大幸福。叶圣陶说，教育是农业，不是工业。工业是制造产品，农业是栽培植物。人的成长主要是精神和灵魂的发育、成熟和提升的过程，不只是知识技能的无止境的积累。知识是容易教的，技能也是容易训练的，但精神和灵魂的成长发育则需要教育者更多的耐心、爱心和信心。对于这些领悟，我倍感欣慰，而教会我这些的竟是我那天使般的学生。

　　终于明白，关注学生，首先要毫无保留地相信学生，相信他们有能力解决学习中的问题……

　　关注学生，还要心无芥蒂地一视同仁。扪心自问，我心中是不是有好孩子、差孩子的明显区别？这种先入为主的好差之分是不是无意识地让我忽视很多孩子的潜力？

　　关注学生，还要多一把尺子看待学生。多元评价，多给孩子一个机会，尤其是我们惯常认为的差孩子。

　　关注学生，更应该小心地呵护每一个孩子向上、向好、向善的努力！要用放大镜来发现这些细微处的萌动，要"夸张"地去表扬孩子萌动的愿望，要小心、小心、再小心地呵护他们的成长。

　　……

　　时光若水，点滴都是生命之痕。无声的水承载了太多的怀想，每一个季节都流淌着深处的记忆。很想把那些感动的瞬间一一记下，但苦于自己才疏学浅，也无奈于懒惰的蔓延，无论如何，的确放走了许多美好。很多时候遗憾总会存在，但精神胜利法马上又会让我找到心灵的平衡点，可唯独这一幕让我轻飘飘的心倾斜了，蹲下身来怯怯地问："孩子，谁欺负你了？"从春至夏的这一问啊，终于给了我顿悟的机缘！此刻，从我心灵里流淌出一种奇特的声音，这种声音比任何声音的形式都丰富，比任何声音的韵律都动听，也比任何声音的内涵都深刻，那就是生命成长的声音。明白了，在我的语文课上，我不仅仅是给孩子传授知识，更是和孩子一起经历着心灵和精神的成长！

　　春归夏至，炎热逼人。而我内心的"春天"终于又回来了——相信孩子，呵护孩子的精神成长——我心安然，守望着下一个春天的到来。

从文本表面的意思读到文本背后的情感

——"时间词"原来如此重要

周　艳

"新版课标"在中年级段阅读教学中指出："能联系上下文，理解词句的意思，体会课文中关键词句表达情意的作用。"这也就是说，在中年级段，教师要注重引导学生体会文中关键词句的意思，并从中体会作者的情感。本文将以《瑞雪图》的教学为例，谈如何抓住"时间词"带领学生从文本表面读懂文本背后的情感。

一、我的眼里没有"时间词"

初读课文后，我依据教参及自己对文章的理解撰写了一份教学设计，重点围绕第 3、4 自然段展开教学。首先，出示自学提示，让学生围绕"这是一场怎样的雪"这个问题在文章中进行批画；然后以学生汇报、老师重点点拨的形式进行分析和感悟，学生与老师的配合十分默契，学生们能抓住描写景物的句子感受到"雪很大、雪很美"；在理解最后一句话"好一幅北国寒冬瑞雪丰年的图画"时，我出示了背景资料，借助背景资料让学生体会到了"这是一场及时雪"。

二、我的眼里被注入了"时间词"

课后，听课的老师与我一起探讨了整个教学过程，虽然学生在课堂上与老师对答如流，整节课都很顺畅，但是细细想来，"雪大、雪美"似乎是课前学生就能读懂的内容，学生在这节课上又有了什么新的收获呢？对于最后一句话的理解，难道仅仅只能依靠背景资料吗？能不能依据教材本身来挖掘呢？

这些问题被抛出后，我们坐下来一起细细研读了文本。我们发现，这篇文章是按照雪前、雪时、雪后的时间顺序来描写的，并且每一部分中都含有大量的时间词，这些时间词又有什么作用呢？为什么作者会用这么多篇幅去写时间呢？细细品读后，我们终于明白了作者的深意，这些时间词与作者的情感表达息息相关，这正是对雪的一种殷切的盼望和喜爱。

三、我的眼里终于有了"时间词"

有了一起研讨的发现，我如获珍宝。在对学生进行前测的基础上马上调整了设计思路，学生已懂的内容少讲，学生捕捉不到的内容精讲。因此，在学习第1、2自然段时，引导学生抓住时间词来体会作者对雪的盼望之情。以下是我的课堂教学片段。

师：孩子们，让我们一起把目光聚焦到下雪前的部分。请默读课文第1、2自然段，画出描写时间的词语。

（生边读边画）

师：谁来说说你画出的时间词？

生：我画的有"11月17日、第二天下午、连日来、一清早、中午、黄昏时分"。

师：真不错！孩子们，我们一起来看看这"第二天下午"是哪天下午。

生：是11月18日下午。

师：那"一清早"呢？

生：是11月19日的早晨。

师：那好，我们看，作者连续几天在关注着天气呢？

生：三天（一起）。

师：作者连续三天，时时刻刻都在关注着天气的变化，联系你的生活实际想一想，在什么情况下，你会非常关注时间呢？

生1：心里总想着一件事的时候。

生2：特别盼望一件事的时候。

师：那这些时间词又表达了作者怎样的心情呢？

生：盼望这场雪快点儿下。

师：是啊！作者时时刻刻都在盼望这场雪呀！

在教学时，我先引导孩子画出第1、2自然段中的时间词；然后让孩子联系自己的生活体验来思考，人在什么情况下，会不断地关注时间；最后再回到课文中，想一想这些时间词表达了作者怎样的情感。学生水到渠成地就理解了作者内心对雪的期盼之情，在这里也为学生理解"瑞"埋下了情感的种子。

这样的时间词不仅仅出现在雪前，同样，在雪中作者仍然使用了一系列的时间词，这些时间词对表达作者的情感有什么作用呢？经过几次试讲，我在引导学生理解"雪下得很大"这一部分时，也紧紧抓住了这些表示时间的词语。教学片段如下。

师：同学们，这场雪不仅下得很大，而且也——

生：很稳。

师：同学们，"稳"字平时我们都怎么用啊？能组什么词呢？

生1：平稳。

生2：稳固。

生3：稳定。

师：请同学们想象着下雪的情景，想一想这里为什么要用"稳"呢？

生1：说明这雪一直都在下。

生2：说明雪一直都很大，不是时大时小。

师：你从文中的哪些词语看出这雪是一直在下呢？

生：我是从"开始的时候、不久、一会儿、夜里"这些词看出来的，这雪到夜里还在下，说明是一直在下。

师：是啊！这雪就是这样一直在下着，作者也是一直在——

生：看着。

师：作者不只在白天看着，夜里还在——

生：听着。

师：那作者此时会是什么心情呢？

生1：高兴。

生2：激动。

生3：兴奋、喜悦。

师：作者就是怀着这样的心情在看、在听的，全身心地投入进来了，乃至夜不能寐。如果说之前是盼雪，那么此时呢？（赏雪）

教学时，不仅引导学生从描写雪的句子中体会作者对这场雪的喜爱及赞美之情，同时抓住这些时间词，从理解"稳"入手，将作者对雪的喜爱之情进行提升，将喜爱提升到欣赏。这也就将学生对"瑞雪"的理解又推上了一个层次。此时学生的情感已随作者的情感达到了高潮，再读雪后的语句，理解作者对雪后的赞美之情就事半功倍了。

有了盼雪、赏雪、赞雪的铺垫，这时，再适时补充课外资料（这篇散文就写于 1962 年的冬天，当时我们国家连续三年遭受了严重的自然灾害，滴雨未下，旱灾严重，庄稼颗粒无收，许多人因为饥饿而死去，人们是多么盼望这一场雪呀），让学生体会"为什么叫瑞雪图"，学生就会很自然地理解——及时、吉祥的好雪。

综上所述，我们教学生语文，不光要教学生读出文字表面的意思，更要教会学生如何去体会文字背后的情感。这就需要我们语文教师细细解读教材，保持一种对语言文字特有的敏感。只有教师多角度读懂教材，我们的语文课堂教学才会"以最主要的问题和最简洁的线条拉动最丰富的语言材料，以最轻松的方式让学生获得最沉重的收获，以最接近学生的起点带领他们走向最遥远的终点"。也就是说"文本解读有多远，教师的教学就能走多远"。

参考资料：

1. 中华人民共和国教育部．义务教育语文课程标准(2011 年版)．北京：北京师范大学出版社，2012.

2. 鹿寨县城南实验小学课题组．"提高小学语文教师教材解读能力的实践研究"课题资料．

用续写延续我们的作文指导

贺　欣

　　怎样将人物描写得更加具体、生动，是作文教学中，我一直力求想让学生做到的。通过和组内老师不断地教研，结合各课的读写结合点，我们选择了《生死攸关的烛光》这篇课文。文章情节生动，一波三折，伯瑙德夫人母子三人的机智勇敢，深深地吸引了孩子们的阅读兴趣。而结尾的留白，更是给了孩子们无限的遐想空间。

　　经过组内教师的教研、上课、磨课，我进行了第三次教学尝试。回顾本次执教的过程，我对作文教学有了更加深刻的认识，收获颇丰。

一、插上想象的翅膀，激发写作的兴趣

　　陶行知先生曾经说过："处处是创造之地，时时是创造之时，人人是创造之人。"生活中无时无地不充满着创造的机会。我们的语文教学中也无时无地不洋溢着创新的火种。在教学《生死攸关的烛光》一课时，通过有感情地读、绘声绘色地讲、设身处地地演等多种形式的理解体验，学生已深深地感受到伯瑙德夫人一家镇定自若、热爱祖国的精神品质，但课文的结局就像无数的疑团笼罩着充满好奇的孩子们："德国军官会不会中途回来？""德国军官走后，小女儿杰奎琳说了什么？""伯瑙德夫人对两个孩子说了什么？"等。这正是孩子们感兴趣的地方，也正是我们读写结合的训练点，努力为孩子们的思绪铺上一条想象之路、创造之路，充分调动学生写作的积极性，将原本枯燥的创作变得生动。学生由认识、思维到想象，由寻找、发现到创造，创作的积极性和主动性也大大地提高了。

二、注重方法的指导，让学生有据可循

　　本节课注重了在续写过程中，如何将人物写具体、写生动。例如，分析雅克时，我提问："如果我们去掉这些描写性的词语，你觉得怎样呢？就以雅克为例，谁来谈一谈。"正是通过对人物语言、动作、神态的细致描写，展现了人物的内心世界，让学生感受到了人物伟大的精神品质。这也正是描写的

好处。不仅如此，还让学生通过人物描写之间的互换，体会描写应注意准确性，即关注人物的年龄、性格特点等。

当然，教学本身就是遗憾的艺术。这节课突出的是续写，因此，课堂上应将教师的讲解再精简，把更多的时间留给学生进行课堂上的即兴创作。另外，既然是续写，那么教师应在学生续写前，充分地创设故事的情境，让学生沉浸其中，将自己化身为课文中的人物，展开想象，大胆创作！

用一句经常勉励学生的话语来总结我对习作教学的感受，那就是"有志者事竟成"。对于写作，这块难啃的硬骨头，我还会坚持不懈地研究下去，相信我的学生一定会拥有一双善于发现的眼睛、敢于创作的双手，更会在教师的引领下，爱上写作，成为书写自己生活的小作家。

层次清晰学"契"字

——以《刻舟求剑》为例谈文言文重点字词的学习

向　昆

字词教学贯穿了小学甚至初中、高中各年级段语文教学的始终，是语文教学的重要内容。在阅读教学中，如果忽视了对重点字词的理解，可能会引起阅读课文的障碍，甚至可能会对课文产生误读。特别是有关文言文的字词教学，更是如此。

有感于此，我在教学《刻舟求剑》这篇课文时，特别关注了重点字词的学习。"契"是刻舟求剑中"刻"的意思，但离学生的生活较远，同时又是课文生字表中的认读字，它在课文中的重要性不言而喻。因此我把它作为自己教学的其中一个重点。

一、步步登阶学"契"字

关于"契"字的教学，我分为了如下所示的五个教学环节。

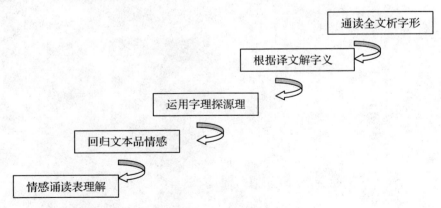

通读全文析字形
根据译文解字义
运用字理探源理
回归文本品情感
情感诵读表理解

教学过程及设计意图如下所示。

环节一：通读全文析字形

学生通读全文后，教师："你能说说课文中哪些字的字形与字音值得大家注意吗?"

学生关注到"契"字。

教师："你能分析一下这个字的字形吗?"

学生分析"契"字字形。

【设计意图】学生分析后,对"契"字的字形有了初步的认识。

环节二:根据译文解字义

在学生根据译文自学课文后,教师出示"契"字。教师说:"请你根据译文想一想这个字是什么意思?"

学生很容易地从译文中找到"契"是"雕刻"的意思。

　　　楚人有涉江者,其剑自舟中坠于水,遽 契 其舟,曰:"是吾
　　　　　　　　　　　　　　　　　　(立刻)(雕刻)
剑之所从坠。"

【设计意图】学生运用"金钥匙"中看译文的方法,了解了"契"字的意思。

环节三:运用字理探源理

教师:"古人造字的时候,这个契字是这样的——㓞,它的下半部分表示的是一个人,你能结合契的意思猜一猜这个字上半部分的意思吗?"

学生:"右边好像一把刀,左边好像是刀刻出来的笔画。"

教师:"你能结合各部分的意思,说一说这个字的意思吗?"

学生:"一个人拿着刀刻记号。"

造字本义:古人用刀具在龟甲、兽骨上刻划记号

小篆　　　　　　楷体

成年人　　　像纵横交错的刻纹　　刀,刻刀

此时,教师评价:"从无到有是一种创造,你们看,我们的古人充满了智慧,创造出来的字形与字意结合得多完美呀!你们也同样非常有智慧,能够

猜出古人造字的意思。"

【设计意图】学生对于"契"字的来源，有了深刻全面的认识，同时对于古文字充满了兴趣。

环节四：回归文本品情感

教师："通过遽契其舟，你能想想这个涉江者当时的心情吗？"

学生："着急的心情，因为他看到自己的宝剑掉入水中，他立刻刻上一个记号。"

环节五：情感诵读表理解

教师："那就体会着涉江者的心情来读一读这句话。"

学生读古文。

【设计意图】此时，学生已经能根据自己的理解读出情感，读出画面感。

二、案例反思：如何把握文言文重点字词的学习

通过磨课，我对如何把握文言文重点字词的学习，有了一个初步的认识，总结如下。

1. 在通读课文的前提下关注重点字词

学习一篇文言文，通读全文很重要，学生能在通读后，自己整理出重要的字词，并进行识记，不会的做好标注，课上与大家进行交流。教师在课上只对共性问题和重要的语句进行讲解。这样做既节约了时间，又培养了学生自主学习的能力。课上，我让学生自己通读全文，找一找哪些字的字形与字音值得注意，引出"契"字的教学，这样不但培养了学生自主学习的能力，而且激发了学生学习词语的兴趣。

2. 在文本中多走几个来回学习重点字词

可以采用多种教学策略来学习文言文重点字词的音、形、义。例如，可以根据译文找出重点字词的意思，可以尝试回到文字的本源，用分析字形构造的方式对文言文中出现的重点字词进行理解，还要根据意思读出自己的理解。总之，要通过多种教学策略让学生在文本中多走几个来回，使学生扎实地掌握重点字词的音、形、义。"契"字的教学，学生经历了从"注意字形——了解意思——追溯本义——理解朗诵"的过程，教学环节环环相扣，深入浅出的理解使学生把这个字深深地印在了自己的脑海中。

3. 在文化背景中理解重点字词

学习文言文的重点字词可以从文化背景的角度寻找能够提高学生学习兴趣的方法。对文言文字词的正确理解是阅读的基础，是领会先贤思想精髓、领略传统文化的基础工具。另外，我们还要看到，汉字不仅是工具，而且是一种文化。如果能够把汉字中所蕴含的文化因素呈现在学生的面前，就能让学生看到汉字中丰富多彩的一面，从原本熟悉的汉字中看到不熟悉的东西，以此帮助提高学生学习文言文字词的兴趣。根据课文内容，本节课设计了"契"字的有关字理的教学，把字词教学和古代厚重的文化知识融为一体，激活汉字的生命力，让它从平面走向立体，从单元走向多维，从静止走向变化，生动形象地阐释汉字的表达，激发学生对汉字学习的兴趣。

《凡卡》备课省思

刘　莹

应该说，最初确定课例研究的课文为《凡卡》时，我内心是十分忐忑的。想到这篇课文是我小学就学过的，这许多年，有多少优秀教师把它作为公开课进行展示，其中不乏已经成名的老师。作为最后的第三教——全校展示课的教师，我能翻出什么新花样呢？

但当自己静下心来，按照张光缨老师讲过的"备课五步走"的方法，开始仔细揣摩文章，尝试写批注的时候；当我不知不觉地走入一个九岁的孤儿凡卡的内心世界，为他注定悲惨的结局唏嘘的时候；当我拜读了指导老师撰写的阅读感悟思考突感豁然的时候，我发现自己已经被这篇小说深深地吸引了，契诃夫在小说结尾的留白，那看似甜蜜的梦，每每读起来都为小凡卡只能在梦中盼望着这毫无希望的希望而感到心酸。我也终于感悟到张光缨老师常说的所谓"作者胸有境，入境始与亲"这句话的含义了。教师动之以情，晓之以理，真真切切走进教材，走进作者和主人公的心灵世界，为之感动，有和作者同呼吸共命运之感，这是走进课堂的起点，是上好课的关键。

前两轮研究课，教师尝试从两个完全不同的路径诠释这篇经典的小说，在此基础上，我结合本班学生的情况精心设计了前测题目，据此发现学生在阅读中的"真问题"。前测的质疑中，学生集中提出的问题是：1. 凡卡的爷爷为什么把他送去当学徒呢？2. 凡卡的信中为什么描述莫斯科这座城市？3. 写信前，凡卡为什么看窗户、神像、楦头？4. 为什么把对乡下生活的回忆穿插在写信过程中描绘？而针对前测题目——"凡卡在乡下的生活给你留下了怎样的印象"的数据分析，发现71.4％的学生认为乡下的生活是快乐、幸福、自由的，只有28.6％的学生意识到乡下生活其实也是很艰难的。也就是说，对于"乡下的生活"，不少学生还存在着肤浅的误读。针对前测题目——"读了凡卡写给爷爷的信，从中你体会到了什么？从哪儿体会到的？"分析发现学生更多地体会到的是凡卡生活的痛苦来自老板的打骂，伙计的欺负，而对文字的内在联系及文字背后凡卡内心的孤苦无依没有意识。

其实，无论是质疑，还是误读，问题的根源还是我们聚焦的那个核心问题——信息推想能力。在把握了这些真实的学情后，我在展示课上呈现了这样的教学思路：

环节 1：浏览凡卡的信，回忆凡卡的心愿；环节 2：品读凡卡的信，推想并体会凡卡的悲苦；环节 3：学习插叙，联系全文，适当结合资料，推想并体会凡卡生活的绝望；环节 4：关注结尾，正确理解作者的本意，初步体会结尾的精妙。

在一年多的实践中，我们亲身体验了何为课例研究。我们熟悉了从文本解读、学情调研、教学设计到课堂观察、持续改进、课后反思的研究步骤，练习了文献阅读、设计工具等基本研究方法，习得了聚焦主题、重视证据、持续反思、落笔沉淀等研究意识。我们不再仅仅满足于经验的丰富，而是更自觉地追求思维方式的彻底转变。我们不再忽视文本解读中的"小"问题，我们敏感地捕捉教学中的"证据"。只要有一种研究的态度和视角，常态的教学工作处处皆可探索。同时我更感受到了团队合作力量之强大，空间之广阔。一个小小的课例，进步的是一个群体，成就的是一个学校的科研团队。

厚学魅力文言　古今有机对接

——小学高年级文言文教学策略探究

樊微微

　　文言文是语文教学中不可或缺的一部分。作为传承祖国优秀文化的"活化石"，文言文以其言简意赅、韵味十足、内涵丰富等诸多特点，熏陶、滋养、润化着我们。小学生通常在第一学段就接触浅显的古诗，从四年级开始接触寓言类文言文小故事。小学阶段文言文学习的重点在于"记诵积累"。文言文教学中应重视引导学生借助注释和译文理解文言文的意思，并在理解的基础上熟读成诵。

　　教学这类文章，不应仅仅枯燥地"译"完了事，而是要做到短文厚学。即基于短小的文章，不断形成更多元的思考，使一篇短小的文言文的内容和内涵在学生眼前变得丰富起来。结合《活见鬼》一课的教学，我把执教心得梳理如下。

一、一元变多元，思维品质升

　　初读文言文时，学生一定会从诸多角度产生质疑。课堂教学时，我利用课堂点评帮助学生引导归纳质疑角度，如学生提出"撩"的读音时，归纳为"你在读音方面遇到了问题"；如学生提出"'愈益恐'什么意思"时，归纳为"在理解文意方面，你遇到了困难"。在点评归纳的同时，做副板书"音、意、理、法"等并做记录。

　　这样的引课是在帮学生梳理思维问题，实际上更是关注学生思维品质的提升。问问题带出的是学生的思维，我们在梳理问题的时候便把问题归结到"点"上，实际上是梳理思维的角度——从这个角度去提问题，从那个角度去提问题。当学生遇到其他文言文的时候，也会从这几个角度去提问。一个善于阅读的学生一定不是看着一个内容脑子里只想这一点，他的思维呈现的是一种多元化的发散状态。长此以往，学生在今后读文言文时，不会单纯地对内容提出一个问题，不会单纯地提出"这个人为什么会这样去做"的问题。他可以提出来"这句话为什么放在这儿",甚至可以提出来"作者是怎样想的"这样更理性、更值得研究的问题。

二、巧妙用译文,意境相结读

译文的处理要形成对接。所以在教授《活见鬼》一课时,我直接利用译文与学生对接。在对接之前,做好抑扬顿挫的语气对接准备。

师：我读译文,同学们读相应的古文。

(提高声调)我的声音高——

生：(模仿提高声调)我的声音也高。

师：(降低声调)我的声音低——

生：(模仿降低声调)我的声音也低。

师：(加快速度)我的速度快——

生：(模仿加快语速)我的速度也快。

师：(放慢速度)我——的——速——度——慢——

生：(模仿放慢语速)我——的——速——度——也——慢。

师：我做好准备了!

生：我也做好准备了!

有了这样的铺垫,一来学生明白了"对接"的形式,二来集中了注意力,三来为更深层次的合理断句埋下伏笔。下面略举几例。

［例1］

师：正赶上。

生：(惯性使然)值大雨。

师：(加重声音)正赶上。

生：(部分学生意识到)值。

(部分学生依旧)值大雨。

师：(再加重声音)正赶上。

生：(全部)值。

师：下大雨。

生：(全部)大雨。

师：正赶上(稍停)下大雨。

生：值(稍停)大雨。

〔例 2〕

师：过了好（拖长音）——一阵。

生：久（拖长音）——之。

师：（声音很轻很轻）也不说话。

生：（声音很轻很轻）不语。

〔例 3〕

师：（用尽力气喊）大喊有——鬼——！

生：（用尽力气喊）号呼有——鬼——！

这样的设计，使学生在教师的引导下读出了抑扬顿挫，读出了长短结合。这样去读，实际上传达的是这篇文章的语意和语境，自然而然地影响到了学生，他们有意识地通过模仿来表现他们对这篇文章语意和语境的认知，对学生感知语意、语境、语法，乃至运用都是有好处的。

三、走入人物心，打开新局面

我设计从文章中没有的东西打开局面，让学生进入到人物的内心去，让学生去想：人物会说什么心里话？学生自然而然地联系到生活。有的学生说道："小时候避雨者的奶奶一定给他讲过鬼是没有脚的。"还有的学生说道："鬼最爱在夜晚出来夺人命。"学生结合了自己的生活进入到文中人物的内心世界了，这样最后谈"皆因心作祟"就显得十分有力了。文中没有写避雨者的心理状态，我进行了这样的设计：

当望着夜幕中的大雨"立檐下"时，他想——

当见一人"持盖自蔽"走过来时，他想——

当同行一段"久之不语"时，他想——

当被奋力挤到桥下时，他想——

当他在水中垂死扑腾的时候，他想——

当他几近窒息从河里爬上岸时，他想——

当他终于见到有人家的灯光时，他想——

在这样的情境中，学生与人物巧妙地融为了一体。这样就有了一个从"明其意"到"入其境"的过程。加上教师的语言渲染和课件的环境渲染，学生自然而然地达到了"知其心"，然后通过朗读表达出来的便是"生其情"。

此外，这篇短小精悍的小文还极适合表演，用表演打开新局面。但如果只是为了营造一个活跃的氛围就肤浅了。于是，我在设计中留了"后手儿"：让学生在表演中形成对话。即两位表演者定格在相视愕然，哈哈大笑的一瞬，让同学们帮助小演员设计接下去的台词。一有这种对话，实际上就把这"理"融在这"境"当中了。在此基础上，我还留有另一个"回手儿"：你们说得都特好，但是文章怎么不写了？古人写文就是这样，一定要留有三分回味的余地，那才叫说理，直接说出理来就没味儿了！把悟心说理、读写结合和体会写法三者有机地融合在了一起。

四、结构记忆引，水到渠成背

有了上述环节的铺垫，到了背的时候，学生是自然而然，水到渠成的。有了大量的读做基础，背的速度显著提高，那么背诵的牢固程度如何保障呢？学生知道"世上本无鬼，皆因心作祟"，这是知道理。但读一篇文章不应光知道理，关键还要知情。特别是高年级学生要感知一些成文方法：这么一篇短短的文章，怎么别人的感受就那么深呢？它怎么就说理了呢？它可循的章法是什么？

细品文章，你会发现作者说疑心生暗鬼，这个"心"就在文章当中的两个字上——"疑"、"恐"。从这个心理往前捯，"疑"之前都在说现象：雨、夜、同行、不语，这四个现象整合在一起，就造成了"疑"。这四个现象都是很平常的现象，因为文中人物在心里把它看得不平常，所以才生出"鬼"来。接下来作者说的是人物"恐"的表现。一"疑"一"恐"，一前一后，分别写了现象和表现，即前写现象，后写表现，中写内心。抓住这样的结构让学生理一理，对于记忆有极大帮助。我们不难发现，在高学段中，即使很短的文章也有"四梁八柱"，也有一个构思的途径。这样，我们在引导学生背的时候会很有好处。例如，我在教学中引导学生：现象是什么？心情怎么样？"恐"的表现又在哪儿？这样的背诵叫结构记忆，它不再是单纯的语言记忆，学生的头脑里先呈现出结构。文章虽然短小，但是它却有一定的技法：它先说什么，再说什么，最后说什么，其中什么是关键。这正是作者彰显的、文章要呈现的一个道理。在这样的基础上告诉学生：怎样读一篇文言文才叫完美？那就是知其意，悟其理，明其法！

锤炼内功，腹有诗书气自华

——听王崧舟老师《枫桥夜泊》一课有感

葛　岩

上学期，我聆听了王崧舟老师执教的《枫桥夜泊》一课，虽然已时隔一段时间，但是回味起来仍然意犹未尽。课后，我反复琢磨，王老师课的魅力到底在何处呢？"自然流畅，收放自如，扎扎实实为学生。"我想这就是我听课之后最大的感受。

这次听课引发了我的思考，如何做一名合格的语文教师？崔峦主任在总结发言中提道："语文教学要达到真、纯、实、活的教学境界，努力实现'简简单单教语文，完完全全为学生，扎扎实实求发展'的教学理想。"这一境界，这一理想，要做到谈何容易？它需要我们不懈地努力与追求。

一、潜心研究巧设计，做睿智的老师

王崧舟老师是"诗意课堂"的倡导者和践行者。他执教的是古诗《枫桥夜泊》，闭眸回想此课，似乎还可以隐约地听见那一声声幽远的钟声向耳边袭来，内心竟泛起了无以名状的淡淡轻愁。于是，情不自禁地吟咏道："月落乌啼霜满天，江枫渔火对愁眠。姑苏城外寒山寺，夜半钟声到客船。"这"夜半钟声"更衬托出了夜的静谧、夜的深沉，而诗人难以入眠、卧听钟声的那种无以言传的情感便不言而喻了。正因为如此，王老师以"钟声"为线，以"愁眠"为眼，营造了一种空灵旷远的境界。听者似乎不是听课，而是随着王老师跨过千年与作者同感同受。

四个环节的设计可谓匠心独运，那一"启"，便是引我们踏上寻觅的道路。我们随着王老师欣赏了陈小奇的《涛声依旧》："留连的钟声，还在敲打我的无眠。尘封的日子，始终不会是一片云烟……"教者抓住"无眠"展开了词语的训练，当然也是为后面理解"愁眠"做铺垫。"无眠"的近义词有哪些？学生只能说出一两个，但教者仍然追问，学生不会，不怕，教者启发：难以入眠就是——学生回答，难眠；不能入眠、未曾入眠……接着，教者又按顺序向大家介绍了清代王士祯《夜雨题寒山寺寄西樵、礼吉》中的"十年旧约江南梦，独听寒山半夜钟"。明代高启《泊枫桥》中的"几度经过忆张继，乌啼月落又钟声"。宋代陆游《宿枫桥》中的"七年不到枫桥寺，客枕依然半夜钟"。就这样，我们在一遍遍的吟咏中感受着寒山寺的钟声魅力，在文化的语境中一步步地走到了唐朝张继的身边。于是，诗还未讲，情感的基调已经铺就。我认为，这正是大师的独到之处，正所谓"未成曲调先有情"，大概就是这个意思吧！

二、静下心来读文本，做虔诚的读者

我觉得作为一名合格的语文教师，在教学生之前，自己首先应以一个读者的身份研读文本。要让学生读出感觉，教师必须自己先有感觉；要使学生被文本感动，教师必须自己先被感动。对于同一篇文章，不同的人有不同的理解和感受，但是对于文章的基调与主题的把握应该是一定的。从王崧舟老师课上的四步教学流程——启：夜半钟声越千年；承：张继卧听寒山钟；转：月落钟声对愁眠；合：钟声悠悠情满天，不难看出王老师对文本把握的是如何的"准"。

三、蹲下身来想问题，做认真的学生

崔峦主任在阅读大赛的总结发言中也提出："教师要以学生的视角，思考可以学什么、不学什么，学习中的困惑是什么，哪些可能是学生学习的疑点、难点、兴奋点。"这是充分考虑到学生的需要，真正体现以学生为本，为学生服务。在《新课改背景下关注学生需求视角和方法》一文中有这样一段文字："新课程提倡向生活世界回归，强调课程教学与生活的联系，是非常必要的。缺少生活经验的课程是不完整的课程；缺少对学生生活经验的关注，同样是不完整的关注。因此，教师关注学生的生活经验应包括对已有经验和有待生成经验的关注。教师对学生已有生活经验的关注应从两方面入手：一是关注学习内容与学习者个体生活经验的联系。在保证知识的逻辑性、系统性的同时，须将所学内容与学生的已有生活经验有机结合，进而使抽象的知识活化、统整到学生的已有经验之中。二是关注教学与学生现实生活的联系。改变课堂等于教室、学习资源仅限于书本的观念，将变幻的、多彩多姿的实际生活纳入教育教学之中，使书本知识与学生的生活实际贴近，与学生的已有经验贴近，体现知识从生活中来，再回到生活中去的过程……"可见，教师应该实实在在地考虑到学生的需要，考虑到他们可能接受的程度，鉴于此，教师要在学生的原认知基础上，提升学习，在学生不惑之处点拨。

课上，学生们刚开始读诗时，语速较快，这首诗用轻快的语调怎么能读好呢。我在想，王老师一定范读，或是说"同学们要这样读"。可是不然，他只是与学生合作着读，他用他低沉、极富感染力的嗓音，在无形中就给了孩子们示范。一先一后的顺序，合作了两三次，学生很自然地就读好了。读好了，才能谈感觉。这时，王老师问孩子们："你内心泛起的是什么感觉？你能用一个词来说说吗？""为什么读张继的诗会有这种感觉？请你们静静地读，找一找哪个地方向你们传递着这个感觉。"学生又一次地读，并边读边画着。请看，王老师是如何评价学生这样边读边画的。他说："你画的不是记号，而是思考、收获。"这样的语言，在很大程度上激励了学生主动学习、主动思考的欲望，对培养他们良好的学习习惯有很大的帮助。

当学生很自然地画出"愁眠"二字时，教师又一次地巩固了这个词的含义，不眠、未眠、难眠等，正与前文遥相呼应。正因为作者睡不着觉，所以作者看到了什么？学生们畅所欲言。有的说"月落"，有的说"江枫"，有的说"渔火"，可是王老师说："不对，你们看到的是表面的字。"王老师让学生闭上眼睛去想象。教师在音乐声中，向学生描述那时那景，我们大家也随之感受着那景那境……

此时，王老师轻声问大家："作者的身体有一种异样的感觉，你能在诗中找到吗？"学生一下子就找到了"霜满天"。在这里，王老师提出质疑，引用了李白的"床前明月光，疑是地上霜"，王老师要把此句改成"月落乌啼霜满地"，学生们不同意，当然就要说出理由。我还清晰地记得有一个学生是这样回答的："我认为这是运用了夸张的手法，秋天夜晚的'霜'透着浸骨的寒意，从四面八方围向诗人夜泊的小船，使他感到身外茫茫夜空中正弥漫着满天霜华……"这位学生刚回答完毕，满堂的掌声。最后一环节，再次复现与寒山寺钟声相关的诗歌，进一步感受钟声的文化影响力。王老师带领孩子们想象未来生活，感悟经典文化的精神力量。从今入古，从古至今，此时，古今已经融合在一起。这首古诗，也深扎在孩子们以及所有听课者心中。

课罢，我们久久回味着诗的韵味。在那淡淡轻愁中，那一遍遍的钟声就这样跨过千年向我们一次次袭来……

综观整节课，我们陶醉于诗的意境美，我们感受着语言的深度美，我们钦佩着师生之间的和谐美，我们更被诗意课堂中文本与学者的灵魂碰撞深深感动。正如王崧舟老师所说："语文充满劳绩，但我们依然诗意地栖居在大地之上。"

总之，这次听课，我收获颇多，不虚此行。我觉得最重要的一点是，要通过学习，启发自己的思考，学贵有疑，学贵有思，在不断的反思中提升自我，提高教育教学水平。作为一名语文教师，"简简单单教语文，完完全全为学生，扎扎实实求发展"将成为我今后工作的座右铭。

行走在路上

朴英兰

从教 20 年有余，一直在语文这条探索之路上行走着，尤其是 2011 年参加海淀区学科带头人展评活动以及 2012 年参加"北京市校本研修与整校推进"的项目之后，对于研究有了更为深刻的理解，慢慢地有了自己上课的风格与特点，比如教学《花脸》《小抄写员》这一类叙事性作品时注重抓住文章隐藏的暗线，采用情节曲线的教学策略，收到了较好的教学效果。

然而，刚刚结束的海淀区第七届世纪杯教学基本功展评活动的参赛经历却使我发生了凤凰涅槃般的蜕变。

在学校领导的鼓励下，我报名参加了第七届世纪杯教学基本功展评活动。首先参加学校一轮的初赛，经过两天的悉心准备，我自信地走上了说课赛场。"……你的设计缺少咬文嚼字，缺少对关键词语的品味，还有就是这几次教师的引读目的性不强，效果欠佳……"学校请的评委——特级教师陈延军老师的点评无疑给了我当头一棒。我的心里真是五味杂陈，极不是滋味。

"小朴，没关系的！其实今天陈老师的点评不仅仅说的是你一个人在目前教学中走入了一个瓶颈，我们海淀区很多语文老师在教学上都陷入了这样一种模式，其实每一位有所建树的教师在专业发展上都不会是一帆风顺的，我们需要这样走几个回合。相信通过这次的磨炼，你一定会找到一条更加适合自己、更加符合学生语文实际的语文教学之路！"郭红霞副校长在电话中这一番耐人寻味的话语，使我茅塞顿开。是呀！陈老师说得对！不能在原有的水平上原地踏步，必须要走出固有模式，语文课堂不仅充满情感，更应该充满智慧！

这次经历使我沉淀下来，利用一切可以利用的时间加紧学习，反复聆听张立军主任在世纪杯动员会上的讲话，认真将自己的所得记录下来，不断吸收内化。

3 月 3 日学区赛课，这次我抽到的是《牛和鹅》一课。在两天的准备时间里，在智囊团老师的无私帮助下，我们一次次走进文本，寻找这样一篇充满童真童趣的文章中更为深层次的内容，从学生的阅读起点出发，终于确定了教学思路。这次我思考的不再是如何通过教师大量的渲染让学生受到情感的熏陶，因为文本浅显易懂，是一篇儿童文学作品，五年级的孩子对于内容的理解没有丝毫的困难。我思考的重点放在了如何更为理性地分析文本，培养学生辩证地看待问题的思维方式。于是，通过引导学生两次画线索图的教学策略，既理清了人、鹅、牛的关系，理解了金奎叔对"我"的教育，同时理解了作者的构思：从角度，到现象，再到变化。表明什么样的角度决定什么样的行动，即角度不同，结果不同。在处理详写的内容时，不是通过引导学生抓字词来体会，而是引导学生关注文本的语言表达形式。仿照第 3 自然段进行读写结合，把具体描写"鹅不怕人"的语句概括地表现出来。从语句的构成上读懂作者的思考：想要夸大什么，表现什么。借"人不怕牛"，概括对"鹅不怕人"的理解，明白作者是怎样安排详略、组合材料的，体现对高年级整体把握文章能力的培养。这节课给人耳目一新的感觉，受到了评委们的一致认同。

终于冲到了海淀区的赛场上，我的内心既忐忑又期待。没想到这次抽到的课却是《奇异的激光》，一篇说明文。这对我，对我们学校的语文团队来说都是一次全新的尝试，在此之前我们从来没有对说明文这种文体的教学研究。一切都从零开始！由于我们有了课例研究的经验，从文本解读、教材梳理，到学情调研、资料拓展，都在有条不紊地进行着。经过了 5 次试讲，多次研磨，4 月 17 日上午我终于自信地站在了海淀实验小学的赛场上，展现我们的研究成果。由于《奇异的激光》是北师大版小学语文教材事物性说明文的最后一篇主体课文，因此在教学中我引导学生通过两次勾连，把这篇课文作为帮助学生提高阅读说明文能力的载体，践行并总结阅读说明文的方法——把握顺序，抓住要点，了解说明方法，品味语言，建立联系，梳理归纳。同时，在整个课堂上虽然并没有过多的品读感悟（说明文语言特点决定的），但是在体现说明文知识性和科学性的同时，充分体现出了语文味，比如通过改写说明方法，与书上的句子进行比较，感受到恰当地使用说明方法，能更加贴近读者，易于接受。再比如体会本篇说明文语言特点时，与不同文体的课文以及之前学过的说明文进行比较，感受《奇异的激光》一课语言严密、平实的特点。整节课扎实、朴实、真实，引领着学生徜徉在语言文字之中，让他们真切地感受到说明文也是如此地充满魅力。

"我真是爱上了激光！"记得赛后郭红霞副校长既有些调侃又是发自内心地这样说道。我明白，郭校长想表达的意思其实是我们都爱上了研究，从研究中真正感到了快乐与幸福！

是啊！唯有亲历研究的每个阶段，才能获得丰厚的研究经验和人生积累，才能获得真正的成长！每一步成长的足迹，都让我品尝到教育事业的无穷乐趣，体验到了教育研究的无比幸福，窥见了教育真谛的无限风光！

在语文教学研究的漫漫征途上，我将不懈求索，继续行走在教育的幸福之路上。

小学文言文教学浅析

——以《学弈》为例

许亚南

语文，作为其他学科的基础，帮助人们在知识积累、情感表达、提升境界等方面起到了重要的作用。而凝结了先哲们语言、思想、行为等方面精髓的文言文，更应该成为当前语文教学的重点。对于小学高年级的学生而言，不能像高中一样一味分析词语活用、虚词用法、句式特点，而是要调动学生的学习兴趣，让学生喜欢上文言文，感悟其中的美，能够通过课堂学习得言、得意、得法。

一、找准基石，现真问题

学生从四年级开始接触文言文，《学弈》是学生接触的第 14 篇文言文。学生能够运用"看译文、查资料、查字典"的方法学习文言文。学生对古文诵读中怎样读出韵律有困难，需要教师的断句和范读。"新版课标"指出："有些诗文应要求学生诵读，以利于丰富积累，增强体验，培养语感。"同时，文言文语言凝练，需要教师自己先读出文言文的深层意韵，体会出作者用字行文过程中那颗鲜活的心，才能引导学生深入领悟文言文。那么，教师对文言文有了独特理解后，如何引导学生领悟出意韵呢？

二、激趣导入，方法指导

兴趣是最好的老师。学习兴趣是驱使学生学习的强大内部动力，浓厚的学习兴趣会使学生感到学习有极大的吸引力，能带动学生主动愉快地去努力求知，乐而不倦地勤奋钻研。在古文的教学过程中，也必须运用故事调动和培养学生的学习热情和兴趣，才能达到事半功倍的效果。

针对本篇课文内容，将兴趣点放在"弈"的书写，通过古字的演变和今字的对应勾连古今，激发学生学习文言文的兴趣。通过对题目的理解，揭示"弈"字在不同语境中的意义，引发学生品味文字的激情。教材"金钥匙"指出：

"1. 学习古文，要大声朗读。要读熟，最好背诵下来。2. 学习古文要一边读一边对照译文了解故事的整体意思，不必一字一句地直译。"高年级的学生即将小学毕业，要给学生梳理一定的学习古文的方法。

通过预习和初读，生生交流读音难点，有针对性地正音，提高指导效率。对多音字的指导渗透"据义定音"的学习方法。授学生学习文言文乃至现代文中多音字之"渔"。

三、重字教学，书读百遍

汉字是中华民族精神的积淀和外化，教学生学习汉字，把握其人文属性，使学生既习得了语文能力，又认识了中华文化的丰厚博大，渗透了民族情感、民族思想和思维方式，激发了民族自豪感及责任感。学古文更是学文化，根据课文内容，本节课设计了"弈"字的有关字理的教学，把字词教学和古代厚重的文化知识融为一体，生动形象地阐释汉字的字义，激发学生对汉字学习的兴趣。而且只有将汉字学习的基础打牢，才能为以后学习现代白话文和文言文打好基石，做好铺垫。所以，从低年级学生入学伊始，就要让他们感受到汉语发音和字形的优美，让他们发自内心地爱上汉字。

"百遍"并不是无谓的单调重复，而是引导学生自读自悟，读出理解、读出韵味、读出感动，享受阅读的过程。

教学片断如下所示。

1. 自由读古文，借助工具书读准字音，重点关注以下字音。

易错音：使弈秋诲二人弈

　　　　一心以为有鸿鹄将至

　　　　弗若之矣

据义定音：思援弓缴而射之

多义字：惟弈秋之为听

　　　　为是其智弗若与

2. 指名读古文，其他同学默读。

3. 自由练读古文，读准字音，读通句子。

初读古文，读准读通，是学习古文的第一个层次，也是教学的"底线"。学生通过初读古文，找到易错的读音，全班订正后，再读古文，通过多种形式为接下来的读懂、读好打下基础。

四、积极引导，读懂文意

在课堂讲解中要积极引导学生，激发他们的想象力、创造力。要让学生在借助注释的前提下自读，让文章意境走进他们的内心。这样才能充分调动学生的主观能动性，而不是像以往的"填鸭式"教育，不能出现让学生抄写古诗一千遍的现象。小学生学习的积极性主要来源于兴趣，兴趣是最好的老师。如果学生能够发自内心地喜欢上文言文，那就是教育最大的成功，但做到这点又谈何容易。所以，在小学古文教学中，教师要把激发兴趣当作重中之重，并以此为主旨贯穿于教学全过程，以"兴趣激发情感"，使课堂妙趣横生。

1. 学生自学

(1)出示合作学习提示：

一人读古文，一人读译文。两人逐句读，对应解文意。

(2)师生合作对译，理解文意。

(3)全班齐读，试着读出古文的韵味。

2. 汇报交流

(1)运用成语，评价人物：根据小资料及课文内容介绍弈秋。用恰当的成语评价弈秋的两个弟子。想象两个学生当时的样子，指导朗读。

(2)对比想象，感悟写法。当弈秋"诲二人弈"的时候，想象一下两个人当时的动作和神态分别是什么样的，写一写。

其一人专心致志，＿＿＿＿＿＿＿＿＿＿；一人虽听之，＿＿＿＿＿＿＿＿＿＿＿。

学生交流后，教师引读，学生背诵这两句。

通过古今对译发现对应不吻合的问题，教师读现代文，有意识地在现代文中断句，并通过语调、轻重、长短音的变化，引导学生获得给文言文断句和抓重点字词的意识。文中抓住了两个人的不同表现，运用了对比的写法，使学生感悟到他们的学习态度不同，结果也不同。教学过程中，教给学生感悟、品味的方法，教师的作用体现在方法的指导和思路的点拨上。在汇报交流时，通过发散学生的想象力，揣度人物的动作、神态，体会出当时两个学生不同的心理，感悟对比的写作方法，最后落实在读出自己的理解。

五、感知深意，互文阅读

文言文教学，需要强调字词积累，但不能只停留在理解字词和翻译的浅层上，更要引导学生领悟文言文蕴含的感情，体会文言文用词用句的深层意韵。只有如此，才能让学生对文言文阅读产生兴趣，从而感受到古代优秀作品的美。

本节课设计了走进内心、领悟道理的环节："虽与之俱学，弗若之矣。"联系上文想一想两个"之"指的是谁。引导学生发现这些词都和心有关，这是指他们对待学习的态度不一样。教师借助书中语句顺势而导：

为是其"智"弗若与？曰（　　）　为是其"师"弗若与？曰（　　）

为是其"境"弗若与？曰（　　）　为是其"心"弗若与？曰：然也！

通过对比学习，学生看似模糊的两个人物更加立体化、形象化了。做到乐读趣学，学有所得。互文阅读《蜀僧》既拓展了课外阅读知识，又加深了学生对"在鲜明对比中彰显深刻道理"这种写作方法的感悟。

六、文言教学，有章可循

笔者认为，首先，对于文言文的教学要小心翼翼培养兴趣。兴趣是激发潜能的动力，小学文言文教学尤其不能让学生望而生畏。其次，依据学情设定目标。要根据学生的实际水平制定适度的目标，让每个学生积极参与，尝到阅读文言文的成功喜悦。再次，读通文言文才能整体地把握课文的内容，初步领悟文本内涵，为进一步探究和赏析文言文奠定基础。我们要求学生读准字音，注意停顿，读出语气感情，让学生在诵读中理解文意、体味情感、感受作品意境、提高语言感悟能力。对学生的诵读指导要有针对性，要根据作品的要求在节奏、语气、语调等方面做好指导。每次的读都要有不同的明确的要求，是读准字音、读出语气还是在读中掌握思路、体味情感、感悟意境，都要给学生以具体明确的导向，从而达到"理解的朗读"这一目的。总之，文言文教学作为语文教学中的一个特殊内容，在小学阶段是个难点。俗话说，"教无定法贵在得法"。只要我们抓住文言文内在的语言特点，巧妙合理地运用一些较为合理且切合学生实际的教学方法，就会收到事半功倍的良好效果。

参考文献：

1. 彭玉华．文言文教学的有效性思考．新课程研究（基础教育）．2007(5).

2. 唐凌真．浅谈小学文言文教学．优秀教育科研成果教育论文选编．2008.

利用前测　以学定教

周　燕

教学是教师的教和学生的学两个方面的活动。课要上得有效、高效，需要教师对学生的知识基础、认识水平、能力状况、内心需求做一番研究，充分了解学情。以学情为依据，准确定位教学的逻辑起点，讲在学生不懂处，讲在学生似懂非懂处，讲在对于学生来说最有价值之处。

北师大版六年级下册的《野草》一文是抗战中期夏衍先生所写的一篇号召力极强的杂文。文章运用象征的手法，通过对种子、野草生命力的歌颂和肯定，表达了他对黑暗现实重压的蔑视，对民众力量的信赖，揭示了民众（野草）的力量是不可战胜的真理。文章寓意深刻，哲理性强，作者描写的是自然界的生物现象，影射和隐喻的却是社会生活现象。

一、前测及结果呈现

测试题目	测试结果呈现
1. 我需查字典了解的生字词有_____。	此篇课文除了作家的名字"衍"是生字外，其他字词学生都已基本掌握，但"解剖（pōu）"、"哄（hōng）笑"、"机械（xiè）力"几个易读错的字音需要注意。
2. 我认为这些词语对于我学习此课有帮助_____。	学生多选择"纷纭、哄笑、韧性、钻、挺"等。
3. 初读感受。	从学生的初读笔记中可以看到，全班学生都能初步感受到野草或种子的力量之大，生命力之强。有8名学生还能在此基础上谈到对文章隐含寓意的理解，占全班人数的18.6%。
4. 根据课文内容填空：（　　）的野草	当要求初读课文后的学生用一个词语概括野草的特点时，学生集中填写的词语有：坚韧不拔、能屈能伸、不畏艰辛、不屈不挠、勇于斗争、力大无比、奋然向上等，主要集中在对生命力的理解上。
5. 质疑。	学生的质疑统计如下： 　为什么它是一种"长期抗战"的力？6人（占全班人数的13.9%）

测试题目	测试结果呈现
5. 质疑。	为什么说可以傲然地对养鱼的盆花哄笑？9人(占全班人数的20.9%) 野草力量最大，为什么没有人叫它大力士？17人(占全班人数的39.5%) 为什么要赞美种子(野草)？7人(占全班人数的16.3%) 种子为什么有这么大的力？23人(占全班人数的53.5%) 课文一直写种子，为什么不围绕题目来写野草？4人(占全班人数的9.3%) 为什么以"野草"为题？5人(占全班人数的11.6%)
6. 查找资料。	从查找资料的情况可以看出，学生虽然围绕抗战时期查找，但缺乏针对性，夏衍先生的资料多集中在新中国成立后，对本文的学习帮助不大。

二、前测结果分析

从前测可以看到，学生的质疑集中在"种子为什么有这么大的力"，"野草力量最大，为什么没有人叫它大力士"，可以看出这部分学生并没有真正读懂课文内容，未能围绕课文内容进行质疑，问题缺少思考价值，质疑能力还有待提高。

综合分析前测2、3、4、5题，可以了解到：学生通过初读课文就能对植物的种子、野草顽强生命力的认识获得基本了解。这是学生的"已知"，应成为学生学习此文的"基点"，而不是以前教学中认为的教学重点。学生对野草的"韧性"这一特点理解不到位，野草的力量之所以如此之大，在于它的"韧性"，这是课文理解的重点。"韧性"一词，上勾下连，与后文理解"长期抗战的力"遥相呼应，是篇章的核心词，需要多关注。

野草"一般人看不见"的特点，与作者的写作意图紧密相关，作者正是希望唤起如默默无闻的野草般的民众自觉意识到自身的力量，进而积极行动、团结一心，夺取抗战的胜利。

再者，从初读感受和质疑两题还可以发现，学生对体会野草的象征意义存在困难。原因有三：其一，本文写于距今70多年的抗日战争中期，课文内容与学生实际生活有较大距离；其二，文章全篇运用象征手法，含义深刻，学生理解起来有难度；其三，学生初次接触"杂文"这种文体，缺乏学习此类课文的经验。因此有必要引导学生更有针对性地查找相关资料帮助理解。

因此，从前测分析可以得出这样的结论：学生的已知点是野草顽强的生命力，教学以此为基点展开。教学重点定位在通过进一步认识野草坚韧、易被忽视的特点，理解野草的象征意义，体会文中"长期抗战的力"、"傲然对养育的盆花哄笑"等难句的深层含义。

三、教学策略的调整

学情了解是课堂教学活动的前奏，"学"是"教"的前提和依据。了解学生的学习动机、兴趣、需求，学生已有的知识和能力状况，学生已有的学习习惯和误区等，是成功地开展教学的先决条件。

再备此课时，利用前测分析学情后，教学的重难点被重新定位。教学重点落在深入理解野草的顽强、坚韧、易被忽视的特点上，教学策略的重心由原来着重体会野草（物）的思路调整到重点理解抗日民众（人）的思路上来，将时间花在野草象征含义的理解上。让学生带着自己的质疑细读文本寻求答案，在讨论中发生思维碰撞，借助相应的课外资料适时补充，初步领悟象征的写作手法，揣摩作者的写作意图，初步认识"杂文"这种文体，从而实现言意兼得的效果。

借助前测，讲在学生疑问处，讲在学生不懂处，讲在学生真正需要的地方。正如"好钢用在刀刃上"，既省时又高效。

立足文体，以文定教

李琢文

教师站上讲台，面临的无非是教什么与怎么教的问题。要解决这些问题，既简单，又复杂。有一定经验的语文老师都能掌握这样一套模式——读文正音、整体感知、体会写法、领悟中心，有时再根据情况插入背景资料与拓展延伸。有了这套模式，整本语文书就算能教下来了。

但仔细思考，如此教学就失去了"语文味"。语文是一门工具性与人文性相统一的学科，这就要求教师在教授方式方法的基础上关注情感态度，从而达到价值观的引导。那么，如何使学生"在主动积极的思维和情感活动中，加深理解和体验，有所感悟和思考，受到情感熏陶，获得思想启迪，享受审美乐趣"，这就成了值得教师思考的问题。

语文课程标准在"评价建议"中指出"应注意考察对内容的理解和文体的把握"。这就要求教师在教学过程中，要培养学生的文体意识。若要培养学生的文体意识，教师在解读教材时就要根据选文的不同文体特点设定不同的教学目标并采取不同的教学策略。这意味着要"立足文体，以文定教"。

回想之前我参与研究北师大版教材五年级下册家园主题单元《只有一个地球》一课时，不同于以往很多老师将其定为"说明文"、"科学小品文"，而是将其作为一篇"公共演讲"——通过饱含感情的事实陈述唤起听者、读者的情感认同，从而达到说服的目的。基于这样的思考，教学流程就分为清晰的三部分。

1. 说一种感受——在充分阅读的基础上请学生自由发表读后的内心感受。

2. 写一个句子——给课文的五项内容各写一个抒情的句子，整理后形成一篇小散文。

3. 谈一个观点——扮演不同角色，谈谈自己的感受。

这样的教学设计，依据文本特点，抓住情感体验这个主要教学内容，使浅显易懂的文本鲜活起来，从而滋润学生的内心。这种将情感体验回归到文章相应言辞的方式，正是感悟言语表达的正确方式，也是"立足文体，以文定教"理念的呈现。

　　有了研究的基础，一年后我在执教北师大版教材六年级下册"珍惜"主题单元《可爱的中国》一课时，有了更多的顿悟与信心。《可爱的中国》曾是让很多教师感到棘手的课文，文章语言学生读得懂，课后习题学生也能独立完成，那老师还教什么？结果这一课经常就变成了"思品课"、"历史课"。如何回归"语文"，让这堂课有"语文味"，也是我思考的问题。

　　在充分阅读后，我发现文章虽然是作者方志敏在狱中所写，但这并不单单是"自述"，文体也不是通常老师们认为的"散文"，而是一篇极具感召力的"公共演讲"。依据《北京中小学语文学科教学 21 条改进意见》中第十条"5～6年级注意篇章整体阅读，品读重点段落，基本理解作品内涵"，结合之前课例研究的基础，思路一下就打开了。从情感体验入手，教学流程自然水到渠成。

　　1. 读后心情，五味杂陈——在充分阅读的基础上请学生谈读后的内心感受（酸甜苦辣）。

　　2. 感悟作者，良苦用心——在深度阅读的基础上请学生写出五个自然段作者的用意。

　　3. 角色体验，深受感召——扮演不同时代的不同角色，谈谈自己读后的感受。

　　虽然作者与学生时隔半个多世纪，但这样的设计可以拉近学生与作者的距离，仿佛学生就在作者面前，被唤醒、被激励，从而与那个风雨飘摇的年代同呼吸、共命运。此外，在不同角色的扮演中，有效自然地连结了课内外知识。学生不仅感受到了方志敏当年为了鼓舞中国人奋起反抗的决心，也真切感受到了如今美好生活的来之不易。变说教为体验，作者的意图与编者的意图在一堂课中达到有机地整合，最大限度地利用了课本的原生价值与附加价值。

　　在语文的教学路上，教师首先要做好一个读者，继而体会编者用心，最后将充满"语文味"的课堂呈献给学生。叶圣陶说过，"课文无非是个例子"，课例研修也无非是个例子。经历了对例子的研究，教师还要多积淀、多反思，学会将课例的典型向普遍延伸，这样才能做到"立足文体，以文定教"。

后　记

　　我校教学研修成果系列丛书《校本研修与整校推进的实践与探索 小学语文》《校本研修与整校推进的实践与探索 小学数学》《校本研修与整校推进的实践与探索 小学英语》的完成，凝聚了北京市海淀区教育委员会、北京市海淀区教师进修学校多位学科专家、特级教师、教研员的心血，尤其要感谢北京教育学院钟祖荣副院长带领的研究团队给予我们的智慧引领及专业支持。研修的过程中，我们力求在最大程度上落实义务教育课程标准的相关理念，深入开展教育理论研究和实践探索，以求提高学生的综合素质，促进教师专业能力的提升。

　　在整个研修及编写过程中，北京教育学院初等教育学院刘加霞院长，作为北京市中小学"校本研修与整校推进"培训项目负责人，带领语文团队：陈晓波（语文项目负责人）、吕俐敏、王蔚、陈莉、卢杨；数学团队：刘琳娜（数学项目负责人）、刘晓婷、刘月艳，以及全国著名英语特级教师刘莹，对我校的校本研修进行了全程深度指导，并承担了指导我们编写、修改稿件的任务。

　　经历研修的全过程，我们收获了专业的知识，更收获了科学的研究方法。知识为日后教学积淀了经验，方法为日后研究提供了不竭的动力，极大地推进了学校、教师的自发展力，使我校校本研修走向了专业化。在此，衷心感谢各位领导、专家给予的引领与支持。

　　由于研究水平和实践条件的限制，本书仍存在诸多有待进一步研究的问题。真诚欢迎各位领导、专家、教师朋友在参阅过程中不吝赐教，提出宝贵意见与建议。我们将虚心学习，在今后的工作中加以改进，使其更加完善。

北京石油学院附属小学编者